权威·前沿·原创

皮书系列为
"十二五""十三五""十四五"时期国家重点出版物出版专项规划项目

BLUE BOOK

智库成果出版与传播平台

河北蓝皮书
BLUE BOOK OF HEBEI

河北文化产业发展报告
（2025）

ANNUAL REPORT ON CULTURAL INDUSTRY OF HEBEI (2025)

场景赋能与跨界融合
Scenario Empowerment and Cross-Boundary Integration

主　　编／吕新斌
执行主编／陈　璐　王春蕊
副 主 编／吴向军　张玉涛　李树奇

社会科学文献出版社
SOCIAL SCIENCES ACADEMIC PRESS (CHINA)

图书在版编目(CIP)数据

河北文化产业发展报告.2025：场景赋能与跨界融合/吕新斌主编；陈璐，王春蕊执行主编.--北京：社会科学文献出版社，2025.8.--（河北蓝皮书）.
ISBN 978-7-5228-5683-4

Ⅰ.G127.22

中国国家版本馆CIP数据核字第202511AK67号

河北蓝皮书

河北文化产业发展报告（2025）
——场景赋能与跨界融合

主　　编/吕新斌
执行主编/陈　璐　王春蕊
副 主 编/吴向军　张玉涛　李树奇

出 版 人/冀祥德
组稿编辑/高振华
责任编辑/王玉霞
文稿编辑/李小琪
责任印制/岳　阳

出　　版/社会科学文献出版社·生态文明分社（010）59367143
　　　　　地址：北京市北三环中路甲29号院华龙大厦　邮编：100029
　　　　　网址：www.ssap.com.cn
发　　行/社会科学文献出版社（010）59367028
印　　装/天津千鹤文化传播有限公司

规　　格/开本：787mm×1092mm　1/16
　　　　　印张：21　字数：314千字
版　　次/2025年8月第1版　2025年8月第1次印刷
书　　号/ISBN 978-7-5228-5683-4
定　　价/128.00元

读者服务电话：4008918866

▲ 版权所有 翻印必究

《河北蓝皮书（2025）》
编 委 会

主　任　吕新斌

副主任　彭建强　肖立峰　袁宝东　孟庆凯　吕雪松

委　员　(按姓氏笔画排序)

　　　　王建强　边继云　李　靖　李会霞　李鉴修
　　　　汪　洋　张　芸　张　波　陈　璐　樊雅丽

主编简介

吕新斌 河北省社会科学院党组书记、院长，中共河北省委讲师团主任，河北省社会科学界联合会第一副主席，中国李大钊研究会副会长。

吕新斌同志先后在原中国吴桥国际杂技艺术节组委会办公室、原河北省文化厅、河北省委宣传部、河北省社会科学院工作。在河北省委宣传部工作期间，先后在文艺处、城市宣传教育处、宣传处、办公室、研究室（舆情信息办）、理论处等多个处室工作，后任河北省委宣传部副部长、省文明办主任，2023年10月到河北省社会科学院履新任现职。

吕新斌同志长期从事和负责河北省意识形态、理论武装、哲学社科、宣传领域政策研究、文化艺术、舆情信息、精神文明建设等工作，参与组织全省性重大活动，多次参与河北省党代会等全省性重大会议报告和主要文件起草工作。在《人民日报》《光明日报》《学习时报》《中国社会科学报》《新华智库研究》《河北日报》等报刊发表多篇文章，参与编写或主编完成《战略机遇期的文化建设》《走向沿海强省》《文明让我们的城市更美好》等多部著作。担任中央马克思主义理论研究和建设工程重大项目和重点项目首席专家。参与完成《习近平新时代中国特色社会主义思想学习纲要》《习近平新时代中国特色社会主义思想三十讲》等多部重要读物编写任务，获中宣部办公厅致函表扬、省委主要领导同志高度肯定、省委宣传部通报表扬；曾获"全省政研系统先进个人""全国法制宣传教育先进个人"等称号。

摘　要

本书是河北省文化产业发展的年度报告，是河北省社会科学院主持编撰的河北蓝皮书文化产业卷，由河北省社会科学院经济研究所组织省内外科研机构、高等院校、文化企业相关专家学者撰写。本书以习近平新时代中国特色社会主义思想为指导，以河北省委、省政府高度关注的重大决策问题，以及河北省文化产业发展领域的重大理论和现实问题为研究内容，客观、全面、准确地反映了2024年河北省文化产业发展的基本形势，总结分析了当前河北省文化产业发展中存在的困难，并提出了一系列具有针对性的对策建议。

党的二十届三中全会提出，要加快适应信息技术迅猛发展新形势，培育形成规模宏大的优秀文化人才队伍，激发全民族文化创新创造活力。这为我们聚焦社会主义文化强国建设明确了方向。2024年也是文化产业快速发展的一年。依托虚拟现实、人工智能等科技赋能，大唐不夜城、龙门石窟等推出的文化新空间、新场景，让观众获得沉浸式、互动式体验。中国首款3A游戏《黑神话：悟空》上线后获得空前关注，它的爆火将一些文旅景区带火出圈。"这么近，那么美，周末到河北"也进一步释放了河北文化产业发展潜力。

本书分为四个板块，总报告客观描述了2024年河北省文化产业的产业结构、新兴业态、市场主体、空间布局、产业园区及产业聚集等发展特征，重点分析了新质生产力发展、数智融合、扩大内需、区域协同等新趋势，深入剖析了河北省发展文化产业新质生产力面临的问题，从创新发展理念、培

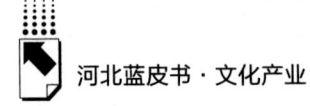

育文化新业态、完善文化创新体系、加强专业化人才引培等方面提出了对策建议；产业跃升篇主要从数字文化产业、文化制造业、沉浸式文旅新业态、影视产业、"夜经济"、"实景演出"产业创新、村镇文化产业等角度提出了文化产业高质量发展的思路与建议；宏观视野篇主要围绕文化与科技融合、文化产业区域协同、文化贸易、河北与乌兹别克斯坦文化产业合作、文化创新赋能社会治理、文化产业跨界融合等领域，分析了当前面临的问题与不足，并提出了相应对策建议；创意策划篇主要针对"微短剧+文旅"、全域旅游"迁西样本"、滨海文化创意产业、河北梆子传承发展、长城沿线非遗活化、太行八陉（河北部分）活化发展、无人机演艺主题公园等文化产业新业态，提出了有针对性的发展建议，以期为河北省文化产业高质量发展提供理论参考和智力支持。

关键词： 文化产业　场景赋能　跨界融合　业态创新

Abstract

This book is an annual report on the development of cultural industry in Hebei Province, and it is the volume of cultural industry of Hebei Blue Book compiled under the auspices of Hebei Academy of Social Sciences. It is written by the Institute of Economic Research of Hebei Academy of Social Sciences, which organises experts and scholars related to scientific research institutes, colleges and universities, and cultural firms both inside and outside the province. The book is guided by Xi Jinping Thought on Socialism with Chinese Characteristics for a New Era and focuses on the major decision-making issues that are of great concern to the Hebei Provincial Party Committee and Provincial Government. The book takes the major theoretical and practical issues in the field of cultural industry development in Hebei Province as its research content, and reflects the basic situation of cultural industry development in Hebei Province in 2024 objectively, comprehensively and accurately. It also summarises and analyses the difficulties existing in the development of cultural industry in Hebei Province at present, and puts forward a series of targeted countermeasures and suggestions.

The Third Plenary Session of the 20th Central Committee of the Communist Party of China proposed that we should accelerate the adaptation to the new situation of the rapid development of information technology, cultivate and form a large-scale outstanding cultural talent team, and stimulate the cultural innovation and creativity vitality of the entire nation. This clarifies the direction for us to focus on building a socialist cultural powerhouse. 2024 is also a year of rapid development for the cultural industry. Relying on virtual reality, artificial intelligence and other technological empowerment, Datang Nocturnal City, Longmen Grottoes and other new cultural spaces and scenarios have been launched to provide audiences with immersive and interactive experiences. China's first 3A game "Black Myth: Wukong" has gained unprecedented success, and along with it, some cultural and tourism scenic spots have been brought out of the circle. "So close, so beautiful, come to Hebei on weekend" has also further released the development potential of Hebei's cultural industry.

This book is divided into four sections. The general report objectively describes the development characteristics of Hebei province's cultural industry in 2024, such as industrial structure, emerging industry, market players, spatial layout, industrial parks and industrial aggregation. It focuses on analysing new trends such as the development of new quality productivity, digital and intellectual integration, expanding domestic demand, and regional synergy. The general report also analyses in depth the problems faced by the development of new quality productivity of cultural industry in Hebei Province. It also puts forward countermeasures and suggestions from the aspects of innovative development concept, cultivating new cultural industries, perfecting cultural innovation system, and strengthening professional talents' attraction and cultivation. The industrial leap chapter mainly puts forward the ideas and suggestions for the high-quality development of cultural industry from the perspectives of digital cultural industry, cultural manufacturing industry, immersive culture and tourism new industry, film and television industry, "night economy", "live performance" industry innovation and rural cultural industry. The chapter of macro vision mainly focuses on the development of culture and science and technology new productivity. The macro view chapter mainly focuses on the integration of culture and science and technology, regional synergy of cultural industry, cultural trade, cultural industry cooperation between Hebei and Uzbekistan, cultural innovation empowering social governance, cross-border integration of cultural industry, analyses the current problems and deficiencies, and puts forward corresponding countermeasures and suggestions. The creative planning chapter mainly put forward targeted development proposals for the "micro drama", regional tourism "qianxi sample", coastal cultural industry, the Hebei opera, the Great Wall along the non-legacy revitalisation, Taihang eight defile (Hebei part) revitalisation, drone performing arts theme park. The editors hope that this book can provide useful theoretical reference and intellectual support for the high-quality development of Hebei's cultural industry.

Keywords: Cultural Industry; Scene Empowerment; Cross-border Integration; Industry Innovation

目 录

Ⅰ 总报告

B.1 2024~2025年河北文化产业发展形势分析与预测
　　　　　　　　　　　　　　　　　……………… 王春蕊　张　彬　裴　旭 / 001

Ⅱ 产业跃升篇

B.2 新一代人工智能赋能河北文化产业高质量发展的应用场景
　　　和实施策略研究……………………………………… 严文杰 / 018

B.3 数字经济助推河北文化制造业高质量发展的路径研究
　　　………………………………………………………… 贾鸿业 / 032

B.4 河北省沉浸式文旅新业态高质量发展思路探究
　　　………………………………… 李学敏　贾艳芬　仇小娜 / 048

B.5 科技创新赋能河北影视文化产业高质量发展研究……… 陈　昕 / 066

B.6 场景创新驱动河北"夜经济"发展的对策研究………… 苏玉腾 / 079

B.7 河北推动实景演出产业创新发展的思路与对策研究…… 高梦彤 / 092

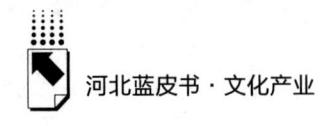

B.8 城乡融合视域下河北省村镇文化产业发展的基础条件
和开发策略 …………………………………………… 于　恒 / 106

Ⅲ　宏观视野篇

B.9 以科技赋能推进河北智慧文旅产业发展的策略研究…… 郭晓杰 / 121

B.10 区域协同下河北文化产业发展动力和途径研究
………………… 李天然　朱骏惠　王小涵　郭秉炎　王金营 / 137

B.11 河北对外文化贸易高质量发展的新思路与新策略
………………………………………………… 高自旺　赵　南 / 152

B.12 共建"一带一路"国家乌兹别克斯坦文化产业发展趋势分析
及与河北省合作前景研究 …………………………… 葛　音 / 165

B.13 "两个结合"视角下河北省文化创新赋能基层社会治理研究
………………………………………………… 徐　颖　罗舒成 / 180

B.14 发挥社会组织作用助力文化产业高质量发展的对策建议
………………………………………………………… 车同侠 / 193

Ⅳ　创意策划篇

B.15 河北推动"微短剧+文旅"跨界融合发展的思路与对策研究
………………………………………………………… 邹玲芳 / 206

B.16 国家全域旅游示范区创建的"迁西样本" ………… 宋东升 / 219

B.17 河北滨海文化创意产业发展与网红项目开发研究
——以秦皇岛阿那亚为例 ………………………… 姚胜菊 / 233

B.18 非遗河北梆子的保护困境、文化传承与创新发展
………………… 张祖群　李潘一　胡雨薇　郭晶瑛　姜智琪 / 247

B.19 河北省长城沿线非物质文化遗产保护和活化利用研究
　　………………………… 白翠玲　雷　欣　李昱瑾　苑满卜 / 265

B.20 太行八陉（河北部分）传统村落的旅游资源基础与文化基因
　　………………………… 张祖群　王　滢　李潘一　杜林鑫　蓝子钧 / 279

B.21 石家庄栾城区无人机演艺主题公园的策划思路与对策建议
　　…………………………………………………………… 张　彬 / 300

皮书数据库阅读**使用指南**

CONTENTS

I General Report

B.1 Analysis and Forecast of the Development Situation of Cultural Industry in Hebei Province from 2024 to 2025
Wang Chunrui, Zhang Bin and Pei Xu / 001

II Industry upgrading

B.2 Research on Application Scenarios and Strategies of the New Generation of Artificial Intelligence Empowers the High-quality Development of Hebei's Cultural Industry *Yan Wenjie* / 018

B.3 Study on the Path of Digital Economy Boosting the High-Quality Development of Cultural Manufacturing Industry in Hebei Province
Jia Hongye / 032

B.4 Research on the High Quality Development of the New Format of Immersive Cultural Tourism in Hebei Province
Li Xuemin, Jia Yanfen and Qiu Xiaona / 048

B.5　Research on Technological Innovation Empowering the High-Quality
　　　Development of Hebei's Film and Television Cultural Industry
Chen Xin / 066

B.6　Research on Countermeasures of Scene Innovation Driving the
　　　Development of 'Night Economy' in Hebei Province　　*Su Yuteng* / 079

B.7　Threads and Countermeasures for Promoting Innovative Development
　　　of Live Performance Industry in Hebei Province　　*Gao Mengtong* / 092

B.8　The Conditions and Strategies for the Development of Rural Cultural
　　　Industry in Hebei Province from the Perspective of Urban Rural
　　　Integration　　*Yu Heng* / 106

III　Macroview

B.9　Research on Strategies for Promoting the Development of Smart
　　　Cultural Tourism Industry in Hebei Province through Technological
　　　Empowerment　　*Guo Xiaojie* / 121

B.10　Research on Development Drivers and Approaches for Cultural
　　　Industries in Hebei under Regional Collaboration
Li Tianran, Zhu Junhui, Wang Xiaohan, Guo Bingyan and Wang Jinying / 137

B.11　New Ideas and Strategies for High Quality Development of Foreign
　　　Cultural Trade in Hebei　　*Gao Ziwang, Zhao Nan* / 152

B.12　Analysis on the Development Characteristics of Uzbekistan's
　　　Cultural Industry in Countries Along the "Belt and Road" and
　　　Research on the Prospects for Cooperation with Hebei Province
Ge Yin / 165

B.13　'Study on Cultural Innovation Empowering Grassroots Social Governance
　　　in Hebei Province under the Perspective of 'Two Combinations
Xu Ying, Luo Shucheng / 180

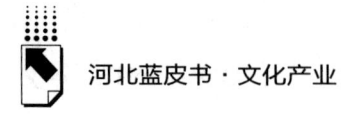

B.14 Countermeasures and Suggestions for Playing the Role of Social Organizations in Assisting the High-Quality Development of Cultural Industries *Che Tongxia* / 193

Ⅳ Creative Planning

B.15 Ideas and Countermeasures to Promote the Cross-border Integration and Development of "Micro-Short Drama + Culture and Tourism" in Hebei *Zou Lingfang* / 206

B.16 The "Qianxi Sample" of National All-for-One Tourism Demonstration Zone Construction *Song Dongsheng* / 219

B.17 Analysis of the Development Strategies of Hebei Binhai Cultural and Creative Industry and the Study of Internet Celebrity Projects
　—*Take Aranya in Qinhuangdao as an Example* *Yao Shengju* / 233

B.18 The Protection Dilemma, Cultural Inheritance and Innovative Development of Hebei Bangzi Intangible Cultural Heritage
Zhang Zuqun, Li Panyi, Hu Yuwei, Guo Jingying and Jiang Zhiqi / 247

B.19 Study on the Protection and Activation Utilisation of Intangible Cultural Heritage along the Great Wall of Hebei Province
Bai Cuiling, Lei Xin, Li Yujin and Yuan Xiaobu / 265

B.20 The Tourism Resource Foundation And Cultural Genes of Traditional Villages In Taihang Baxing (Hebei part)
Zhang Zuqun, Wang Ying, Li Panyi, Du Linxin and Lan Zijun / 279

B.21 Planning Ideas and Countermeasure Suggestions of Shijiazhuang Luancheng Drone Performing Arts Theme Park *Zhang Bin* / 300

总报告

B.1 2024~2025年河北文化产业发展形势分析与预测

王春蕊 张彬 裴旭*

摘　要： 2024年，随着稳增长、扩内需、促消费系列政策措施的出台，河北文化产业稳定发展，新技术推动"文化+"向更广领域推进，新业态、新模式不断涌现，为满足人民日益增长的美好生活需要提供了有力支撑。面向新质生产力新要求，河北文化产业在技术创新、产品创新、服务创新、场景创新方面仍有很大发展空间。本报告在分析全省文化产业发展总体特征的基础上，科学研判了当前文化产业发展形势，聚焦文化产业新质生产力面临的问题，从创新发展理念、培育文化新业态、完善文化创新体系、加强专业化人才引培等方面提出对策建议。

---

* 王春蕊，河北省社会科学院经济研究所副所长、研究员，主要研究方向为区域经济、产业经济与创新创业等；张彬，河北省社会科学院经济研究所副研究员，主要研究方向为区域经济、产业经济；裴旭，河北省文化和旅游创新发展中心副研究馆员，主要研究方向为文旅产业发展、数字文化。

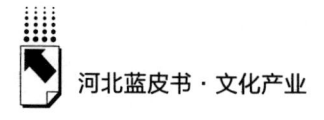

关键词： 新质生产力　文化产业　"文化+"业态

党的二十届三中全会提出，"中国式现代化是物质文明和精神文明相协调的现代化"，要"探索文化和科技融合的有效机制，加快发展新型文化业态"。近年来，随着经济社会发展水平的快速提高，人民群众对文化产品和服务的需求日益多元化、高端化、个性化，推动文化供给端加快转型和变革，从而适应人民群众不断升级的文化消费需求。尤其是新质生产力背景下，其高科技、高效能、高质量特征必然要求文化产业更加突出创新引领，通过思想创新、技术创新、产品创新、服务创新，生成新业态、新产品、新服务、新场景，为满足人民日益增长的美好生活需要提供有力支撑。

一　2023~2024年河北文化产业发展总体特征

（一）文化产业呈缓慢增长态势，增速低于全国平均水平

从全国来看，在稳增长、扩内需、促消费系列政策刺激下，文化产业保持稳步增长态势。据相关数据统计，2024年全国规模以上文化及相关产业企业（以下简称"文化企业"）实现营业收入141510亿元，按可比口径计算，同比增长6.0%。①从河北来看，2024年全省规模以上文化企业实现营业收入885.1亿元，同比增长4.0%，占全国规模以上文化企业总营业收入的0.6%，占比基本和上年持平。可见，2023年以来，河北文化产业活力逐渐恢复，河北规模以上文化企业营业收入呈现缓慢增长态势，但文化产业发展后劲仍显不足。

---

① 《2024年全国规模以上文化及相关产业企业营业收入增长6.0%》，国家统计局网站，2025年1月27日，https://www.stats.gov.cn/sj/zxfb/202501/t20250127_1958489.html。

从区域来看（见表1），2024年东部地区规模以上文化企业营业收入呈快速增长态势，营业收入为112100亿元，同比增长6.1%，增速高于全国平均水平。中部地区文化产业发展态势良好，规模以上文化企业营业收入及其增速分别为16466亿元和7.1%，增速高于全国平均水平。西部地区规模以上文化企业营业收入增速（4.2%）虽然低于全国平均水平，但文化企业营业收入占全国的比重（8.3%）相对较高。受整体经济下行趋势影响，东北地区规模以上文化企业营业收入及其增速均呈缓慢增长态势。河北规模以上文化企业营业收入增速（4.0%）虽高于东北地区，但与东部和中部地区相比仍有差距。

表1　2024年全国各地区规模以上文化企业相关指标

单位：亿元，%

地区	营业收入	同比增长	所占比重
东部地区	112100.0	6.1	79.2
中部地区	16466.0	7.1	11.6
西部地区	11697.0	4.2	8.3
东北地区	1247.0	-1.3	0.9
全国	141510.0	6.0	100.0

注：表中部分数据因小数点后一位进行了四舍五入，故存在总计与分项合计不等的情况。
资料来源：国家统计局网站。

（二）文化制造业占据主导地位，文化服务业增速加快

从文化产业分类来看，2024年全国文化制造业营业收入为42191.0亿元，同比增长4.5%；文化批发和零售业营业收入为23300.0亿元，同比增长3.5%；文化服务业营业收入为76019.0亿元，同比增长7.7%（见表2）。全国文化制造业、文化批发和零售业、文化服务业结构为29.8∶16.5∶53.7，文化服务业占据主导地位。从河北来看，文化制造业营业收入为405.4亿元，同比增长3.4%；文化批发和零售业营业收入为194.7亿元，同比增长5.7%；文化服务业营业收入为285.0亿元，同比增长3.7%。河北

文化产业结构为45.8∶22.0∶32.2，对比2023年同期发展情况，河北省文化制造业占比有所降低，文化服务业增长较快。

表2 2024年全国及河北文化产业分类

单位：亿元，%

文化产业分类	全国			河北		
	营业收入	同比增长	所占比重	营业收入	同比增长	所占比重
文化制造业	42191.0	4.5	29.8	405.4	3.4	45.8
文化批发和零售业	23300.0	3.5	16.5	194.7	5.7	22.0
文化服务业	76019.0	7.7	53.7	285.0	3.7	32.2

资料来源：国家统计局网站、河北规模以上文化企业季报数据。

（三）文化新业态稳定增长，动漫、游戏数字内容服务增势较好

2024年，全国文化新业态企业实现营业收入59082.0亿元，同比增长9.8%，增速高于全部规模以上文化企业3.8个百分点。文化新业态企业营业收入占全部规模以上文化企业营业收入的41.8%，对文化产业的贡献越来越大。可见，全国文化新业态快速发展，对文化产业增长的贡献率持续提升。

从河北来看，2024年文化新业态规模以上文化企业数为67家，占同期全部规模以上文化企业数（1233家）的5.4%；文化新业态从业人员期末人数为6909人，占规模以上文化企业从业人员（11.3万人）的6.1%；实现营业收入74.2亿元，占文化企业全部营业收入（885.1亿元）的8.4%。从细分行业来看，新业态中的互联网搜索服务、增值电信文化服务营收出现负增长，动漫、游戏数字内容服务和娱乐用智能无人飞行器制造增速较快。但从企业盈利情况来看，文化新业态中除了动漫、游戏数字内容服务处于正增长，其他行业小类利润总额较同期均有所下降（见表3）。相比全国水平，河北文化新业态总量偏小，业态类型相对较少，对文化产业的拉动力不足。

表3　2024年河北文化新业态发展情况

名称	规模以上文化企业数(家)	从业人员期末人数(人)	营业收入 总量(亿元)	营业收入 增长(%)	利润总额 总量(亿元)	利润总额 增长(%)
广播电视集成播控	1	36	0.1	15.1	0.0	-81.1
互联网搜索服务	1	37	0.2	-27.5	0.0	-93.0
互联网其他信息服务	17	3393	15.3	11.2	0.8	-22.5
其他文化艺术业	4	132	1.7	4.6	0.0	-346.3
动漫、游戏数字内容服务	1	65	0.5	109.8	0.1	93.6
多媒体、游戏动漫和数字出版软件开发	9	850	10.9	8.6	-0.7	-193.2
增值电信文化服务	4	433	3.3	-1.0	0.0	-118.1
互联网广告服务	24	1626	39.8	10.5	0.2	-24.0
版权和文化软件服务	2	130	0.5	5.9	0.0	-38.3
娱乐用智能无人飞行器制造	3	118	1.3	58.9	0.1	-39.1
其他智能文化消费设备制造	1	89	0.6	13.4	0.1	-21.7
合计	67	6909	74.2	10.4	0.6	-79.6

资料来源：河北规模以上文化企业季报数据。

（四）文化企业以中小型为主，总体规模呈下降趋势

2024年，全省共有1233家规模以上文化企业。其中，大型企业仅35家，占比2.8%；中型企业166家，占比13.5%；小型企业860家，占比69.7%；微型企业172家，占比13.9%（见表4）。从营业收入来看，除了大型规模以上文化企业营收略有下降外，全省中型、小型、微型企业营收均呈增长态势。大型、中型规模以上文化企业利润总额呈增长态势。

表4　2024年河北按企业规模分文化市场主体数量及营收情况

企业规模	规模以上文化企业数(家)	从业人员期末人数(人)	营业收入 总量(亿元)	营业收入 增长(%)	利润总额 总量(亿元)	利润总额 增长(%)
大型	35	25777	214.0	-1.2	13.8	9.4
中型	166	40164	240.2	5.3	12.2	2.2
小型	860	45583	396.2	6.0	6.5	-36.0
微型	172	1459	34.7	6.5	-9.8	-1.1
小计	1233	112983	885.1	4.0	22.7	-8.3

资料来源：河北规模以上文化企业季报数据。

（五）各地区文化产业发展差异化明显，省会城市发展势头强劲

从区域来看，受各地文化资源和产业基础的差异化影响，其文化产业发展表现出不均衡的特征。相对而言，石家庄作为省会城市，在规模以上文化企业数、从业人员期末人数、营业收入和利润总额各项指标均好于其他地市，规模以上文化企业数、从业人员期末人数、营业收入占全省的比重分别为23.8%、26.7%、36.1%（见表5）。

从规模以上文化企业营业收入增速来看，唐山、保定和沧州等地文化企业营业收入增速较为平缓。承德、秦皇岛、定州等地的营业收入增幅较大，分别为17.1%、11.2%、10.1%（见表5）。张家口和辛集规模以上文化企业营业收入处于负增长状态。从企业盈利情况来看，唐山、邯郸、邢台、保定、张家口、定州、辛集等地文化企业利润总额均呈增长态势。

表5 2024年河北省各地市规模以上文化企业情况

河北各地市	规模以上文化企业数（个）	从业人员期末人数（人）	营业收入 总量（亿元）	营业收入 增长（%）	利润总额 总量（亿元）	利润总额 增长（%）
石家庄	293	30136	319.1	3.8	19.1	-10.0
唐山	129	10714	109.2	0.7	-6.4	1.6
秦皇岛	59	6890	58.0	11.2	1.3	-16.9
邯郸	119	8578	56.0	6.6	1.5	11.3
邢台	109	10347	64.3	5.2	1.6	3.5
保定	120	13941	92.5	0.8	6.1	61.8
张家口	37	2272	8.2	-7.2	-0.3	266.7
承德	38	6259	26.8	17.1	-0.4	—
沧州	115	8734	46.8	0.2	0.2	-68.6
廊坊	120	8890	57.5	2.8	-1.3	—
衡水	60	4931	37.4	7.8	0.8	-48.0
定州	11	366	2.6	10.1	0.1	40.2
辛集	7	272	1.4	-11.2	0.2	124.8
雄安新区	16	653	5.3	7.9	0.1	-42.5
合计	1233	112983	885.1	4.0	22.7	-11.9

注：定州、辛集为县级市非地级市，雄安新区在区划上不属于地市。
资料来源：河北规模以上文化企业季报数据。

二 2024~2025年文化产业发展形势分析

（一）新质生产力为文化产业向新向上发展提供了科学指引

新质生产力是指创新起主导作用，摆脱传统的经济增长方式和生产力发展路径，具有高科技、高效能、高质量发展特征，符合新发展理念的先进生产力质态。一是新质生产力为文化产业向新向上发展提供了科学指引。文化新质生产力是指以科技创新为主导，以新一代信息技术为支撑，以数字经济为背景驱动，追求文旅融合的高科技、高效能、高质量和绿色低碳效益。二是新质生产力为文化产业向新向上发展拓展了新内涵。在发展文化新质生产力方面，既包括用新思想、新技术改造提升传统产业，催生新业态、新模式，也包括公共文化服务方式、内容的创新，同时，对文化产业从业者的技能素质也提出了更高要求。文化新质生产力更加突出科技性、创新性、可持续性，尤其是新技术在文化领域的深度应用，为文化产业多业态、多形态、多场景发展开辟了更广阔的空间。

（二）新一代信息技术为文化产业数智化提供重要支撑

近年来，随着新一代信息技术在经济社会领域的广泛应用，推动"文化+"向更广领域延伸。新技术的迭代应用不仅对传统产业产生了深刻影响，也催生了一批新兴业态。

一是数字技术为文化新业态、新场景的打造提供有力支撑。例如，将增强现实（AR）、虚拟现实（VR）、裸眼3D、全息投影、数字光影、智能感知等技术和设备投入到建设智慧旅游项目中，拓展了消费体验新空间。2023年7月，文化和旅游部发布20个沉浸式文旅新业态示范案例，包括又见平遥、重庆·1949、知音号、遇见大庸、寻梦牡丹亭、天酿、不眠之夜7个沉浸式演艺案例；西安大唐不夜城、夜游锦江、北京国际光影艺术季"万物共生"、奇妙·夜德天、梦境光雾山5个沉浸式夜游案例；扬州中国大运河博物馆、北京世园公园植物历险记探索体验展、上海天文馆（上海科技馆分馆）、新四军江南指挥部纪念馆4个沉浸式展览展示案例；长安十二时辰、花山世界·花山谜窟主题园区、沈阳中街步行街、teamlab无界美术馆4个沉浸式街区/主题娱乐案例。① 这些案例来自14个省（区、市），场景多样，体现了沉浸式文旅新业态区域性均衡发展的态势，展现了5G、增强现实、虚拟现实、人工智能（AI）、元宇宙等技术的深度应用。

二是以生成式人工智能为代表的新技术不断打造"文化+"新场景。从国际来看，生成式人工智能（Generative AI）及其衍生产品人工智能生成内容（AIGC）成为新兴数字应用技术。2023年3月，美国开放人工智能研究中心OpenAI发布语言模型ChatGPT-4；2024年2月，OpenAI发布文生视频模型Sora。5G、物联网与AIGC、Sora融合，与影视、动漫、游戏等行业合作，打造具有吸引力的文旅IP。例如，对动物、人物、建筑细节的生成，可以帮助创建历史场景的复原视频，让游客更直观地了解历史和文化。从国内来看，国内通用大模型以抖音、百度、阿里巴巴、腾讯等互联网龙头企业开发的产品为主，加之大模型"五虎"（智谱AI、月之暗面、百川智能、MiniMax、零一万物）各具特色的产品，基本形成了对标GPT的国内通用大模型阵营，为文旅大模型的应用奠定了良好基础，主要包括AIGC内容创作、文化和旅游AI信息检索与服务、AI旅游数字营销、AI文化和旅游治理。

（三）扩大内需战略加速文化产业供给端、需求端向更高水平跃进

近年来，随着国家出台系列稳增长、扩内需、促消费政策，文化消费市场逐渐回暖，河北拥有规模庞大的人口优势，居民的文化娱乐支出不断增长，为激活文化消费提供了良好基础。

一是河北人均可支配收入不断提升。2023年，河北人均可支配收入为

---

① 《20个沉浸式文旅新业态示范案例发布》，"中国旅游报"百家号，2023年7月7日，https：//baijiahao.baidu.com/s?id=1770751226040525667&wfr=spider&for=pc。

32903元，比上年（30867元）增长6.6%。2023年，河北人均消费支出为22920元，比上年（20890元）增长9.7%。2023年，河北人均教育文化娱乐支出为2309元，占人均消费支出比重为10%，比2022年提升0.1个百分点。

二是庞大人口规模为文化产业提供了广阔的市场空间。据统计，截至2023年末，全国总人口达到14.1亿人，常住人口城镇化率为66%。从河北来看，2023年总人口为7393万人，常住人口城镇化率为63%。庞大的人口规模优势为河北文化产业提供了广阔的发展市场。

三是公共文化服务供给日益丰富。据文化和旅游部发布的2023年文化和旅游发展统计公报，全国各类文化和旅游单位达30.4万个，公共服务体系不断完善，县级以上的公共图书馆中被评定为三级公共图书馆的共计2723家，各地文化合作项目364个，全国共有非物质文化遗产保护机构2406个。[①] 可见，文化公共服务设施和功能持续完善，文化消费环境不断升级，为释放居民文化消费潜力奠定了良好基础。

（四）京津冀协同发展战略纵深推进，为文化产业链式发展开辟新空间

近年来，随着京津冀协同发展战略的深入推进，北京、天津、河北三地在文化产业领域取得了显著成效。北京文化创意产业高度发达，与河北以文化制造业为主的产业结构形成了互补。未来，在京津冀文化产业协同发展中将探索出更多新路径。

一是京津冀文化产业协同发展的政策环境持续优化。2024年，京津冀三地文旅部门共同出台《京津冀文化和旅游产业协同发展行动计划（2024—2026年）》，该行动计划围绕三地的区域文化、旅游产品、文体旅产业等方面，通过优惠政策、合力宣传、招商引资、重点项目建设等措施，

---

① 《中华人民共和国文化和旅游部2023年文化和旅游发展统计公报》，文化和旅游部网站，2024年8月30日，https://zwgk.mct.gov.cn/zfxxgkml/tjxx/202408/t20240830_954981.html。

将产业链、供应链和创新链深度融合，三地文化产业规模越来越大，品牌效应不断释放。

二是国家对新技术的政策支持力度不断加大，为推动文化科技融合提供了有力支撑。2024年以来，我国密集出台了一系列人工智能领域的相关政策，如《关于推动未来产业创新发展的实施意见》《国家人工智能产业综合标准化体系建设指南（2024版）》等。上海、北京、浙江、吉林、湖南、广东等地明确提出有关人工智能、大数据、大模型等数字技术的发展战略。这为河北连接北京文化创意产业，打造北京高科技成果中试、转化和产业化应用新场景提供了更多可能性。

三是京津冀文旅产业协同发展持续向好。在京津冀文化协同方面，河北积极与京津文旅市场对接，走进京津举办各类主题推广活动，如"春暖花开·香约河北""中国坝上草原欢乐季"等。同时，通过短视频宣传，如邀请知名人士出镜宣传等，提高河北的知名度和影响力。例如，东方甄选河北行活动直播观看超1.5亿人次，全网点击量超10亿人次。活动策划、产业协同为京津冀文化产业协同发展奠定了良好基础。

三 当前河北文化产业高质量发展面临的问题

（一）文化产业创新意识不强，创新基础较为薄弱

一是文化产业创新发展意识不强。河北文化资源丰富，拥有红色文化、历史文化、海洋文化、太行山文化、坝上草原文化等多个业态，但对文化资源深度、系统性开发的意识不强，在文旅市场同质化竞争日益激烈的背景下，文化新产品、新业态、新模式偏少，尤其是文化科技类产业规模小、占比低，导致文化产业创新度和竞争力较低。

二是文化产业创新体系不够完善。从产业基础来看，河北以文化制造业为主，已初步形成乐器、红木、童车、瓷器等系列品牌产品，曲阳石雕、蔚县剪纸、衡水内画、吴桥杂技等特色产业集群，百亿级以上产业集群达到4

个（乐器、石雕、红木家具、童车）。但很多文化企业对研发投入重视不够，建立技术研发中心、成果转移转化平台的企业相对较少，有些企业虽然在省内本行业内部发挥龙头企业带动作用，但整个行业缺少完整的创新体系，导致文化产业的创新基础、创新能力均比较薄弱。

三是运用新技术发展文化产业的意识淡薄。当前，国内先进省份将人工智能、AIGC大模型等广泛应用于文化内容创作、短视频制作、非物质文化遗产活化等领域，打造出一系列爆火产品。相对而言，河北内容创作类企业数量较少，相应的产品和服务尚未形成品牌化。

（二）文化领域新业态占比低，文化数字化和数字文化化程度较低

随着人工智能、大数据和云计算等技术的推广普及，文化与科技的有效结合，文化数智化、平台化将成为主要趋势。与先进省份相比，河北文化领域新业态占比较低，平台经济发展缓慢。

一是文化领域新业态体量小、类型少。文化领域新业态中的可穿戴智能文化设备制造、娱乐用智能无人飞行器制造、多媒体游戏动漫和数字出版软件开发均属于科技含量较高行业，而河北新业态整体发展较为缓慢。从统计数据来看，2024年上半年，河北文化领域新业态营业收入仅为60.6亿元，而同期江苏营业收入为3412.5亿元、四川营业收入为1941.1亿元、安徽营业收入为689.9亿元、湖南营业收入为320.39亿元，[①] 河北仍存在较大差距。

二是文化产业数字化进程较为缓慢。一方面，河北文化企业利用新场景和AIGC大模型构建的虚拟博物馆、数字化电影、虚拟演唱会和全息影像等领域仍是空白。另一方面，在地文化资源深度挖掘不够，科技在创新文化品牌、培育文化IP方面的应用场景不足，科技在文化生产创作、传播流动和消费体验等链条上的应用不深。

---

① 数字来源于河北规模以上文化企业季报数据，其他省份数据来源于全国规模以上文化企业季报数据。

三是数字文化产业发展体系不完善。当前，河北的平台经济主要集中在工业制造业领域，而在文化领域延伸、连接的较少，文化领域人工智能、区块链、新零售等互联网新业态、新模式较少，大型的综合性文娱平台出现空白，富有活力与竞争力的数字文化产业生态尚未形成。

（三）文化产业聚集发展程度低，文旅跨界融合水平不高

近年来，随着"这么近，那么美，周末到河北"品牌影响力不断提升，"文旅+"不断向更广领域推进，但由于省内各地文化产业基础各异，在推动文化跨界融合发展方面仍存在短板。

一是文旅跨界融合浅层次合作多，系统化项目偏少。目前，河北文化与旅游、文化与体育、文化与工业、文化与农业、文化与科技、文化与商业等领域在融合发展方面均有涉及，涉及面相对较广，但融合发展的深度有待提升。例如，在一些国际、国内赛事的筹办上，很多还是由文旅、体育、商务各自牵头组织筹划，很少将体育赛事与文化和旅游结合起来系统打造，形成文体旅一体化集聚发展模式。

二是文旅跨界融合的业态品牌知名度不高。河北文化底蕴深厚，传统手工艺品有曲阳石雕、蔚县剪纸、易水古砚、衡水内画鼻烟壶等，但是各地缺少对本地特色文化产品的挖掘、打造，整体呈各自发展、量小点散的状态。虽然河北在文旅发展领域提出了"五带"发展战略，但从实践来看，聚焦"五带"整合文旅商等资源的举措较少，缺少能彰显"五带"特色的文化产业、产品和品牌。

三是文化产业与新兴产业融合度有待提升。随着战略性新兴产业、未来产业快速发展，一些新技术将在文旅领域应用普及。例如，医疗领域的脑机接口技术（大脑接口技术）是一种变革性的人机交互技术，通过绕过外周神经和肌肉，直接在大脑与外部设备之间建立全新的通信与控制通道，实现信息的传输和控制。相关技术也将在文旅康养、文化娱乐等领域被广泛应用。而河北尚未对标新技术，未系统谋划文化产业与文旅康养产业深度融合，不利于推动文旅康养产业快速发展。

（四）大企业带动能力不足，区域文化产业联动发展效应不强

一是大型文化企业数量少。2024年，河北共计1233家规模以上文化企业，大型企业仅35家，与其他省份相比存在较大差异，"小、散、弱"一直是制约河北文化产业高质量发展的症结。大规模、高水平、产业链完整的文化骨干企业数量不足，这在一定程度上限制了文化产业整体竞争力和影响力的提升。

二是文化企业集聚效应弱。当前，河北规模以上文化企业主要集中在经济发达地区，如石家庄、廊坊等地，有些地市文化产业基础相对薄弱，且各区域之间尚未形成产业链分工，单打独斗、各自为战的形式居于主流。从文化产业示范园区和基地来看，由于缺少相应支持政策，除了部分地市可能配套专项经费外，大部分地区主要通过授牌方式予以奖励，这对园区和基地的吸引力不强。

（五）文化新质生产力专业人才短缺，人才引育用留体系有待健全

面向新质生产力，既懂文化、科技又懂经营的复合型人才短缺，难以适应文化产业高质量发展需求。一是人才储备不足。由于文化产业基础较弱，相关的人才培养较为迟滞，尤其受京津虹吸效应影响，很多高端人才被京津吸引，造成河北人才流失。二是人才结构失衡。河北虽然拥有一批非遗代表性传承人、工艺美术大师等高级专业人才，但面向新质生产力，文化产业向新发展亟须一批科技型、专业型人才，尤其是懂艺术、懂技术、懂经营的复合型人才，但当前文化领域人才仍以传统文化技能型人才为主，难以将现有的文化资源转化为新质生产力。三是人才培养体系亟须优化。从当前河北文化领域人才培养情况来看，艺术类专业院校主要突出舞台表演类，在教学课程设置上以传统文化分类名目为主，而对艺术与科技融合的学科设置较少，培养的人才也难以满足艺术专业和科技行业融合共通的要求。

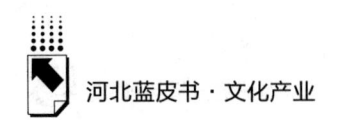

四 推进河北文化产业高质量发展的对策建议

(一)创新发展理念,以科技赋能文化产业提质升级

一是加强新技术在文化领域的深度应用。鼓励文化制造业企业采用先进技术改造传统工艺流程,通过具有自主知识产权的共性技术,培育建设符合新质生产力发展的文化装备制造业产业集群。深入实施文化产业数字化改造和升级。加快提升文化领域 5G 商用水平,适度提前布局 6G 技术,开发信息服务、内容创作的数字化体系建设,加强增强现实、虚拟现实、可穿戴设备、智能硬件、机器人服务、无人机等高新技术和未来技术在文旅装备中的创新应用。

二是推进传统文化资源数智化活化利用。通过网络直播、云演播、虚拟数字人等对历史遗迹、民俗文化、宗教建筑艺术等具有丰富文化内涵和历史价值的文化资源进行实时化和同步化展演,采用线上线下融合方式,为游客提供更具体验性的文旅消费。例如,山西首个超写实虚拟数字人"青鸟"上线后,其以传承山西文化、讲好山西故事为己任,通过数智化设备实现与游客的互动。

三是以科技促进文化产品创意创新发展。可依托声光电以及全息投影、虚拟现实、沉浸式等技术积极研发文旅产品,例如,从"大唐不夜城"到"长安十二时辰",均运用多种数字技术打造沉浸式场景;"鼎盛王朝"运用数字舞台艺术、声光电技术等打造沉浸式虚拟与现实相结合的体验空间。还可通过应用区块链技术、NFT 技术等打造如数字图片、数字音乐、3D 模型等新型数字藏品。

(二)培育文化新业态,带动全省文化产业协调发展

一是依托已有的长城国家文化公园张家口段(万全右卫城)综合改造建设项目、张家口崇礼奥林匹克公园项目、中国武强国际乐器文化产业基地

项目，聚焦三张清单"重点企业、重点项目和重点活动项目""走出去"，以招商会、文博会等为文化产业平台积极引进重点、重大项目。

二是围绕藁城宫灯、丰宁布糊画、蔚县剪纸、曲阳石雕等特色产业，培育更多能够展现河北特色的文化产业集群，做大、做强龙头企业，带动全省其他文化产业协调发展。

三是打破地域限制，建立跨地区的文化产业链条，优势互补，打造更多、更优质的产业园区。例如，充分利用现有生态园，做好企业与学校、科研院所的联合，促进产学研的协同发展。

四是借鉴优势省份经验，如借鉴江苏做大做强文化企业经验，通过创办文化产业沙龙，建立重点文化企业培育库，扶持多家企业挂牌上市，提升文化企业公共服务水平。

（三）完善文化创新体系，推进未来产业与文旅产业深度融合

一是超前谋划布局文化与新兴产业融合。随着我国进入人口老龄化社会，基于文旅康养和银发经济相融合的新技术、新设备成为新兴发展方向。积极推进脑机接口技术在文旅康养、医疗等方面的深度应用，米哈游与上海瑞金医院合作建立实验室，双方就"难治性抑郁症脑机接口神经调控治疗临床研究"项目联合攻关。这不仅给当下的医疗技术难题带来了突破的可能性，也为脑机接口技术在游戏领域的成果转化提供了契机，有助于打造更具沉浸式体验的未来游戏。

二是加快发展示范带动性强的文化娱乐综合性平台经济。依托省内信息服务龙头企业，鼓励其在游戏、影视、购物、社交等领域建设内容平台，吸引文旅信息和产品的内容生成与上传，特别是打造元宇宙平台和 AIGC 平台。通过引进和扶持一批服务全球用户的内容平台，在合法合规的前提下，提供文旅信息和产品，发挥内容平台在信息集成与先进信息技术方面的作用。

三是创新文旅领域大模型具象化产品形态。大力发展基于 AIGC 大模型的文化内容创作、信息服务、场景体验等新业态。鼓励有条件的企业研发文

旅智能体，推进文旅场景下各景区、博物馆、目的地、企业等开发自己的智能体，以豆包、文小言、Minimax等平台为例，建设真人对话式的交互体验场景。

（四）加强专业化人才引培，打造一批高水平专业队伍

文化产业创新发展需要高水平、高素质的专业人才。一是"借智"。引进适应新兴产业发展需求的科技型、创新型高端人才。制定高端人才引进政策，如税收优惠、住房补贴、服务完善等政策，吸引技能型文化专业人才。

二是"育智"。培养符合新质生产力发展需求的文化综合性人才，鼓励省内高校和艺术类职业院校加强艺术与科技融合类专业人才培养，注重培养具有跨学科专业背景的融合型人才，扶持高校与文化企业共建产学研联合体，加大对现有人才的联合培养力度。

三是"增智"。建立全省文化领域人才数据库，充分发挥京津冀协同发展的区域优势，加强合作和交流，打通人才需求供应链，打造"平台+人才+项目+运营+产业"运行机制。

四是"激智"。建立人才引、培、用、留一体化激励制度，在经费支持、职称评审优先等方面给予大力支持，对行业急需人才开辟绿色通道，培养一批跨学科专业人才，以人才融合驱动业态融合发展。

（五）推进公共文化服务资源数字化升级，增强文化消费体验感和获得感

一是加快公共文化服务资源数字化建设。推进图书馆、博物馆等公共文化服务资源中音频、视频以及3D影像等全媒体数字化模式建设。统筹共建公共文化服务体系，以联盟合作的形式与社会各部门企业团体等共同推动图书、视频等各类文化资源的数字化。积极推进文物文化遗产和非物质文化遗产数字化建设，通过数字采集、云端服务和智慧技术等前沿科技，完成采集、存储、展示等流程，实现数字化保存。

二是创新公共文化服务方式。互联网、物联网、元宇宙和人工智能的发

展改变了公共文化服务场景，依托随时随地的终端设施，公共文化服务资源与其服务对象呈现更加复杂的互动关系。要大力发展"嵌入式"公共文化服务，将博物馆、图书馆服务嵌入城区、社区、景区、街区、园区等人群密集区域。将数字图书馆、数字文化馆、数字美术馆、数字博物馆、数字旅游地图嵌入城市旅游线路、城市轨道交通。通过直播、短视频等新兴文化服务方式，搭建新媒体矩阵账号，打造有影响力的IP形象和传播渠道，推进图书馆、博物馆、文化馆等公共文化机构提供线上、线下服务，解决公共文化服务时间和空间受限的问题。

产业跃升篇

B.2
新一代人工智能赋能河北文化产业高质量发展的应用场景和实施策略研究

严文杰[*]

摘 要： 在文化产业领域，由新一代人工智能驱动的文化遗产"数字重生"、文化创作智能应用、文化消费体验升级和文化产业生态重构，为我国文化产业高质量发展注入了新动能。本报告总结了新一代人工智能赋能文化产业高质量发展的进展与趋势，分析了新一代人工智能赋能文化产业高质量发展的典型案例及其对河北的启示和借鉴，在此基础上，提出了打造"人工智能+文化"的通用应用场景和特色应用场景，以及构建"AI+文化"战略体系、筑牢文化数智化底座、实施"三大攻坚行动"和打造融合创新生态等对策建议，以推动新一代人工智能赋能河北文化产业高质量发展。

关键词： 新一代人工智能　文化产业　高质量发展　应用场景

---

[*] 严文杰，河北省社会科学院经济研究所副研究员，主要研究方向为区域经济、产业经济。

新一代人工智能赋能河北文化产业高质量发展的应用场景和实施策略研究

由新一代信息技术推动的文化产业数字化，是健全现代文化产业体系和市场体系的重要内容，也是推动文化产业高质量发展的路径选择。《中华人民共和国国民经济和社会发展第十四个五年规划和2035年远景目标纲要》在扩大优质文化产品供给方面强调"实施文化产业数字化战略，加快发展新型文化企业、文化业态、文化消费模式，壮大数字创意、网络视听、数字出版、数字娱乐、线上演播等产业"，对推进文化产业数字化作出了安排部署。近年来，新一代人工智能（AI）的快速发展为我国文化产业高质量发展注入了新动能。河北是文化资源大省，拥有丰富的历史文化遗产和多元的非物质文化遗产资源，但在文化产业数字化进程中存在数智技术应用不足、场景开发不够、业态创新滞后等问题。未来，河北应进一步探索新一代AI与文化产业的深度融合，以推动河北文化资源数字化、生产模式革新与消费体验升级。鉴于此，本报告结合河北实践，研究新一代AI赋能河北文化产业高质量发展的应用场景和实施策略，为河北文化产业高质量发展提供理论支撑与实践参考。

一 新一代人工智能赋能文化产业高质量发展的进展与趋势

（一）文化遗产"数字重生"

数字化技术打破了物理空间限制，为文化遗产的"活态化"传承与保护、研究与再利用提供了技术支撑，使文化遗产以数字化方式重生。在文化遗产传承上，新一代AI在保护文化遗产原真性的同时，创新表现形式，推动传统文化"活态化"传承。而且通过高精度扫描等AI技术将文化遗产转化为数字资产，构建可追溯、可共享的文化数据库，能够实现文化遗产的永久保存与全球共享。此外，新一代AI还能通过生成对抗网络（GAN）、3D建模等技术修复数字孪生项目，显著提升文化遗产的保护效率和展示效果。例如，河北正定古城利用增强现实（AR）、虚拟现实（VR）技术复原历史场景，使游客通过虚拟导览与历史人物互动，增强了文化沉浸感。

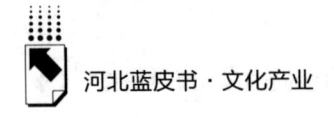

（二）文化创作智能应用

新一代AI通过算法模型重构文化创作流程，推动从"人工主导"到"人机协同"的转变，文化创作流程发生变革，文化创作的效率和质量得到提升。具体来看，一方面，新一代AI通过自然语言处理、图像生成、视频合成等技术显著提升了文化产品的创作效率，例如，新一代AI辅助剧本创作、新闻写稿，可快速生成初稿，缩短创作周期，节约制作成本。另一方面，新一代AI通过分析文学作品、历史文献等海量文化数据，可生成多样化的创意内容，大大突破了传统创作局限，例如，《黑神话：悟空》通过数字技术融合了中华优秀传统文化元素，推动文化IP的全球化传播。

（三）文化消费体验升级

近年来，新一代AI显著增强了用户在文化消费上的体验感，主要体现在文化消费的沉浸式体验、个性化体验和交互性增强三个方面。在沉浸式体验上，VR、AR及全息投影等技术结合AI算法，能够打造沉浸式文化场景。例如，洛阳龙门石窟景区的《无上龙门》沉浸体验馆，通过AI建模与动态渲染技术，让观众零距离感受文化遗产的时空魅力。在个性化体验上，近年来情绪消费与圈层消费快速发展，新一代AI能根据用户偏好生成定制化的文创产品，满足用户多元化需求。此外，电子竞技、虚拟演唱会等新兴业态也融合了AI技术，推动文化消费向年轻化、社交化发展。在交互性上，新一代AI将静态文化资源转化为动态交互体验，增强用户参与感，推动文化消费从"观赏"向"体验"升级。例如，广西融水老君洞景区利用AI技术复原宋代《元祐党籍碑》中的历史人物，游客通过小程序的AI换脸技术"穿越"为碑文中的名人，与虚拟角色对话并参与历史事件演绎。

（四）文化产业生态重构

新一代AI对文化产业生态的重构本质上是"技术逻辑"与"文化逻辑"

的深度适配，一方面技术释放了文化资源的潜在价值，另一方面文化独特性为新一代AI提供了差异化竞争力，两者推动文化产业生态从单一链条到跨界共生。具体而言，新一代AI作为"连接器"，促进跨行业资源整合，推动文化产业与旅游、教育、科技等领域的深度融合，催生沉浸式文旅、数字艺术园区等新业态，形成产业链协同效应。例如，深圳甘坑客家小镇将非遗项目融入主题酒店与餐厅，结合AI导览技术，形成文旅消费新场景。总体来看，新一代AI促进了文化产业的生态重构，表现为生产端从线性创作到智能涌现、传播端从单向输出到精准触达、消费端从被动接收到沉浸参与，促进了产业生态从单一链条到跨界共生。未来，AI技术的深度应用还将加速文化产业的生态重构，推动文化产业从内容生产、传播方式到消费体验全链条变革。

二 新一代人工智能赋能文化产业高质量发展的案例及其对河北的启示和借鉴

（一）新一代人工智能赋能文化遗产保护与数字化传播：敦煌壁画AI修复与虚拟游览

敦煌壁画经历了上千年的风雨，受到地震、洪水、岩体坍塌、风沙、大气污染、动植物损害，甚至人为破坏等因素的影响，产生了褪色、剥落、烟熏等病害，需要进行人工修缮和复原。随着AI技术的发展，新一代AI通过深度学习算法能分析壁画的各种病害，再结合高精度图像识别技术产生修复方案，可逐步替代人工进行修缮、复原。近年来，腾讯和敦煌研究院合作开发的AI病害识别技术，能自动化分割并标注病害区域，对破损壁画进行智能修复，显著提升了壁画修复效率。同时，利用高精度扫描与3D建模技术，还能够还原敦煌壁画原貌，减少人为误差。新一代AI不仅发挥了修复功能，而且实现了线上线下联动。由敦煌研究院打造的"数字敦煌"项目，AI修复技术结合VR游览，游客可突破物理限制，在线参与"文物修复互动"。这种通过VR技术打造的沉浸式虚拟游览场景，吸引了大量年轻用户的参与。"数字敦煌"项目带动线下游客量显著增加,并降低实体文物因参观带来的损耗风险。随着新一代AI的迭代发展,AI技术在我国文化遗产保护和数字化传播方面将发挥越来越大的作用,形成文化IP,提升地方知名度和影响力,从而推动地区经济社会发展。敦煌壁画的AI技术修复与VR游览对河北文化遗产保护和数字化传播具有很大的借鉴和启发意义。河北拥有丰富的历史文化遗产,如长城、大运河、正定古城、承德避暑山庄等,未来要加大新一代AI技术在历史文化遗产的保护、修复和传播方面的应用力度,塑造独特文化IP。

(二)新一代人工智能赋能文化内容创作与生产革新:AI内容创作和影视制作

近年来,新一代AI对文化内容创作与生产革新产生了颠覆性影响,以我国出现的DeepSeek大语言模型为例,DeepSeek通过自然语言处理(NLP)和生成对抗网络技术实现了文本、图像、音频的快速生成。具体而言,当用户输入关键词后,DeepSeek可在秒级内生成完整的文章或故事,并支持生成4K高分辨率图像,这大大提升了内容创作的效率和质量。新一代AI对文化内容创作与生产革新的影响还体现在电影行业,以电影全产业链为例,在影视创作的前期策划与市场预测、中期制作、后期特效与宣发等环节中,AI技术能够实现全产业链赋能。其中,在前期策划与市场预测方面,AI技术能够通过分析社交媒体、影评平台的一系列数据,预测电影热门题材,辅助投资决策。在中期制作方面,AI技术可以应用于影视剧本初稿创作与特效生成,还可以通过AI技术生成低成本虚拟场景,替代传统绿幕预演。从市场反映来看,一些影视公司使用AI技术后制作周期缩短了40%,大大提升了影视制作的效率和质量。在后期特效与宣发方面,AI技术不仅能够利用生成对抗网络技术自动修复画面瑕疵,生成复杂特效,还能够批量生成预告片、海报文案及社交媒体短视频等。例如,游族网络通过AI技术生成《三体》动画宣传素材,大大节省了人力成本。新一代AI赋能文化内容创作与生产革新,对河北的启示和借鉴意义是:在影视、出版、新闻等行业,河北文化产业市场主体要积极融合新一代AI，加快赋能文化内容创作与生产革新，打造文化产业新的增长点。

（三）新一代人工智能赋能文旅体验与消费升级：AI重构文旅产业生态

新一代AI通过技术创新与数据驱动重构文旅产业生态，提升文旅体验，促进文旅消费升级。一是新一代AI推动文旅产业从单向观光转向沉浸共创。通过VR/AR、全息投影等技术，结合新一代AI动态渲染，便于打造虚实融合的沉浸式体验。例如，江苏无锡拈花湾景区利用新一代AI操控1500架无人机打造"天空之环""万里烟花"等视觉奇观，将线上AI视频转化为线下实地场景，吸引了大批海内外游客前来观光体验。二是新一代AI推动文旅产业从同质化供给转向精准匹配。文旅资源供需错配是文旅产业效率提升的障碍，而新一代AI通过分析景区游客停留时长、消费偏好等行为数据能够实时调整旅游路线，大大提升了景区服务效率和质量。例如，故宫博物院推出的"全景故宫"项目可以根据游客兴趣推荐不同路线，大大提升了游客的满意度。三是新一代AI推动文旅产业从传统业态转向智慧生态。新一代AI正在深刻重构文旅产业生态，推动其从传统业态向智慧化、沉浸式、全链条协同的智慧生态转型。打造智慧文旅成为各大景区提升服务的重要抓手。总体来看，新一代AI推动文旅产业从单向观光转向沉浸共创、从同质化供给转向精准匹配、从传统业态转向智慧生态，这是未来河北文旅产业优化升级的重要方向，也是重构河北文旅产业生态的路径选择。

三 新一代人工智能赋能河北文化产业高质量发展的应用场景

新一代AI与文化产业融合是未来发展的必然趋势。河北作为文化资源大省，拥有长城、大运河、西柏坡等丰富的历史文化遗产，打造新一代AI赋能河北文化产业高质量发展的应用场景，要通过AI技术实现文化资源的活化利用、创新传播和产业升级。

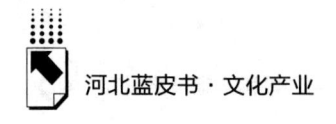

（一）打造"人工智能+文化"的通用应用场景

充分利用新一代AI发展机遇，通过打造通用应用场景，在文化产业领域实施"人工智能+文化"，推动河北文化产业转型升级，促进河北文化产业高质量发展。

1. 关于文化遗产数字化与活化的应用场景

文化遗产数字化与活化是当前文化保护与传承的重要方向，其应用场景的打造需结合技术赋能、文化价值挖掘及用户体验创新。河北应重点从以下几个方面打造文化遗产数字化与活化的应用场景。一是新一代AI文物修复。利用生成对抗网络技术修复破损文物图像，结合3D建模技术复原古建筑、壁画等。对不可移动文物建立包含建筑本体、环境、病害信息的"数字档案"，实现预防性保护。二是建立虚拟数字人导览模式。开发新一代AI驱动的历史人物虚拟形象，在博物馆或遗址场景中提供沉浸式互动讲解。三是古籍智能翻译与知识图谱开发。利用新一代AI对河北地方志、非遗手稿进行文字识别和语义分析，构建可交互的"地方文化数据库"。

2. 关于内容创作与IP开发的应用场景

新一代AI的内容创作与IP开发，正从"人工灵感驱动"转向"数据—算法—场景"协同创新，应重点从以下几个方面打造内容创作与IP开发的应用场景。一是AI技术辅助创作。通过自然语言生成（NLG）技术创作成地方传说、戏曲剧本，或结合河北梆子、皮影戏等元素创作数字动画。二是个性化文创设计。基于用户偏好数据，通过新一代AI生成定制化文创产品，如蔚县剪纸图案、磁州窑纹样的AI衍生设计等。三是影视工业化生产。利用新一代AI的剧本评估、虚拟拍摄技术，降低河北本土影视剧的制作成本。

3. 关于文化体验升级的应用场景

文化体验升级的核心在于通过技术赋能、场景重构与用户参与，将静态的文化资源转化为动态、可交互、沉浸式的体验过程，应重点从以下几个方面打造应用场景。一是元宇宙文旅场景。对一些热门景区构建线上虚拟景区，结合AR、VR技术实现虚实融合游览。二是智能交互驱动的个性化体验场景。打造智能互动艺术装置场景，在公共空间部署应用AI技术驱动的声光装置，例如，以游客动作触发民间舞蹈的数字投影互动。三是沉浸式戏剧与游戏场景。打造沉浸式场景，开发以河北重要历史事件为主题的AI动态叙事游戏，剧情根据玩家选择实时生成。

4.关于文化传播与营销的应用场景

文化传播与营销在新一代AI的驱动下，正从传统的单向输出转向精准化、互动化与全球化。一是多语种智能传播平台。利用新一代AI自动生成短视频、多语言解说等不同形式的文旅宣传内容，精准投放国际市场。二是舆情分析与用户画像。通过新一代AI搜集社交媒体数据，动态调整文化产品推广策略，形成多层次传播矩阵。

（二）打造"人工智能+文化"的特色应用场景

在打造通用应用场景的同时，还需要结合河北历史底蕴和文化遗产，打造特色应用场景，塑造河北文化IP，提升河北国际影响力。

1.关于红色文化的特色应用场景

红色文化是中国特色社会主义文化的重要组成部分，其应用场景的打造需在传承历史精神内核的基础上，融合现代技术手段，构建兼具教育性、互动性与时代性的体验模式。一是西柏坡智慧红色教育基地建设。开发新一代AI虚拟讲解员模拟历史场景问答，利用AR技术重现"三大战役"决策过程，推出AI党史知识竞赛系统。二是红色文旅路线优化。通过新一代AI算法整合狼牙山、白洋淀等红色旅游景点，为游客动态规划个性化旅游路线，提升游客满意度。

2.关于非遗传承与产业化的特色应用场景

非遗的传承与产业化需在保护文化基因的基础上，借助现代技术与商业模式的创新，构建"活态传承—创意转化—市场运营"的闭环生态。一是非遗技艺AI教学系统开发。针对衡水内画、武强年画等开发AR辅助教学工具，实时纠正学习者手法。二是非遗IP跨界联名。利用新一代AI分析市场消费趋势，推动蔚县剪纸与冬奥IP、雄安新区建设主题相结合，生成数字藏品。

3. 关于工业遗产数字化转型的特色应用场景

打造新一代 AI 赋能工业遗产数字化转型的特色应用场景。一是唐山"钢铁记忆"数字孪生场景打造。通过新一代 AI 复原老钢厂生产场景，结合传感器打造可交互的工业遗产博物馆。二是石家庄棉纺厂艺术改造。利用生成式人工智能（Generative AI）设计光影艺术空间，将旧厂房转化为数字艺术打卡地。

4. 关于推动京津冀文化产业协同发展的特色应用场景

一是在雄安新区探索设立文化科技融合试验区。一方面，建设"AI 文化创新实验室"，聚焦数字版权、区块链确权等技术，吸引京津文化科技企业入驻。另一方面，打造"未来文化体验岛"，集中展示河北"文化+AI"前沿应用，如全息戏曲舞台、AI 书法机器人等。二是建设京津冀文化数据中心。在河北建立区域性文化数据中心，整合京津冀三地的文物、非遗、旅游资源数据，为 AI 技术的应用提供基础支持。同时，开发"文化河北"App，集成 AI 导游、文创电商、非遗直播等功能，形成文化消费入口。三是建设环首都文化科技走廊。沿京雄、京张高铁布局 AI 文化体验节点，形成"一小时 AI 文旅圈"，如布局保定直隶总督署 AR 复原、张家口长城数字孪生项目等文化消费场景。

四 新一代人工智能赋能河北文化产业高质量发展的实施策略

把握"文化数字化"国家战略窗口期，通过实施顶层设计、数字基建、场景突破、产业协同、品牌培育、保障机制等策略，将新一代 AI 深度植入河北文化产业基因，推动河北从"文化资源大省"向"文化智造强省"转型升级，实现河北文化产业高质量发展，为全国提供燕赵范本。

（一）顶层设计：构建"AI+文化"战略体系

新一代 AI 赋能河北文化产业高质量发展，关键在于构建"AI+文化"

战略体系。要围绕"AI+文化"加强顶层设计，需从以下两个方面入手。一是制定专项规划。制定新一代 AI 赋能河北文化产业高质量发展的相关专项规划，如发布新一代 AI 赋能河北文化产业高质量发展三年行动计划，明确其发展思路、总体方向、重点任务和保障措施等。同时，由统计部门牵头，编制"AI 文化融合指数"，量化和评估各地市技术应用成效。二是推进政策创新试验。探索在正定等县市区设立"文化科技政策特区"，试点数据资产确权登记、AI 版权交易等制度创新。探索对 AI 文化科技企业实行"税收返还+场景开放"组合激励，如企业研发支出可以享受 150%的加计扣除。

（二）数字基建：筑牢文化数智化底座

推动文化领域大数据中心、AI 基础设施等的建设，筑牢河北文化产业数智化、绿色化底座。一是探索建立燕赵文化大数据中心。建设省级文化数据中心，整合全省文物三维扫描数据、非遗代表性传承人影像库、文旅消费行为数据等。探索开发"文化数据沙盒"，向企业开放脱敏数据接口，如唐山工业遗产 VR 开发企业可调用钢厂历史生产数据等。二是培育特色大模型。培育燕赵文化大模型，包括红色文化模型、非遗技艺模型和文旅服务模型等。其中，建立红色文化模型，基于西柏坡历史文献、河北党史资料等生成红色教育互动内容；建立非遗技艺模型，解析武强年画构图规律、衡水内画运笔轨迹等非遗技艺；建立文旅服务模型，融合河北方言、地理信息等生成智能导游系统。

（三）场景突破：实施"三大攻坚行动"

着力推动新一代 AI 赋能河北文化产业高质量发展场景建设，实施红色文旅智能升级、非遗活态传承 AI 化和工业遗产数字重生"三大攻坚行动"。

1. 推动红色文旅智能升级

一是打造沉浸式体验项目。例如，在西柏坡纪念馆部署"决策模拟系统"，游客可通过 AI 技术推演三大战役不同策略结果。二是建立完善智能服务网络。例如，沿太行红河谷布局"5G+AI"服务站，提供AR行军地图、智能讲解、应急预警一体化服务。三是加大内容生产创新力度。例如，利用人工智能生成内容（AIGC）批量生成多语种红色故事短视频。

2. 推动非遗活态传承AI化

一是为全省国家级非遗代表性传承人建立"数字分身"，通过动作捕捉记录吴桥杂技、昌黎地秧歌等动态技艺，加强非遗数字化保护。二是开发"AI非遗学徒"系统，解决非遗代表性传承人老龄化问题，实现非遗活态传承AI化。三是搭建"河北非遗元素库"，对接雄安新区设计企业推出数字藏品，打造非遗IP。

3. 推动工业遗产数字重生

通过数字化技术对工业遗产进行全方位记录、修复、活化与传播，让工业遗产以动态化、可交互、可持续的形态融入现代生活。例如，利用新一代AI开展唐山钢铁数字孪生项目，复原1958年唐山老钢厂生产场景，结合物联网实现"炼钢工艺AR可视化"。同时，利用Generative AI将废弃高炉改造为光影艺术装置，打造北方最大工业风AI艺术区，实现艺术再生。

（四）产业协同：打造融合创新生态

一是加强载体建设。加强有利于"AI+文化"协同发展的载体建设，如在雄安新区建设京津冀文化科技园，引入字节跳动AI实验室、故宫数字文物库等机构，形成技术溢出效应。再如，将保定"直隶总督署"改造为AI文旅示范园区，部署全息投影衙门断案交互剧场。二是培育"AI+文化"企业。实施"文化科技瞪羚计划"，聚焦河北文化资源禀赋与AI技术优势，通过"精准筛选—资源赋能—生态协同"全流程支持，培育几家具备核心技术、创新模式和市场潜力的"AI+文化"领军企业。通过"文化科技瞪羚计划"系统性解决"AI+文化"企业面临的技术瓶颈、资金短缺、市场狭窄等痛点，实现"企业培育—产业升级—文化输出"的良性循环。三是加大人才引育力度。实施"燕归计划"，吸引京津AI人才通过"周末工程师"方式参与河北项目，给予其京津冀户籍互通待遇。同时，探索在燕山大学等高校设立"文化遗产智能计算"交叉学科，定向培养"AI训练师+文化策展人"复合型人才。

（五）品牌培育：加强品牌建设与国际传播

一是打造战略级文化IP。通过打造文化科技地标、数字文化偶像、现象级产品，塑造具有国际影响力的战略级文化IP。在打造文化科技地标方面，探索将雄安新区、西柏坡等超级IP与AI技术深度绑定，开发沉浸式体验场景。在打造数字文化偶像方面，推出如"赵子龙AI战士"虚拟代言人，参与国际文化交流，结合AIGC形成跨领域商业运营模式。在打造现象级产品方面，发行"AI长城守护者"数字藏品，用户通过贡献算力参与文化遗产保护。二是推动河北文化IP全球化传播。对标《哪吒》《黑神话：悟空》等标杆案例，通过"文化解码—科技赋能—分域运营"的运营策略，推动河北文化IP全球化传播，实现品牌价值的全球共鸣。三是打造"AI+文化"国际交流平台。打造AI文化创新国际论坛等全球性峰会，展示河北文化IP案例。同时，与海外机构开展共建"数字丝绸之路"项目，通过AI技术共享文化资源。

（六）保障机制：筑牢健康发展屏障

在培育"AI+文化"的过程中，要建立完善的保障机制，确保新一代AI在赋能文化的同时避免伦理风险、数据滥用和文化失真。

1.建立文化安全防火墙

一是建立数据安全与隐私保护机制。建立文物三维模型、非遗代表性传承人生物信息等文化遗产数据实施分级分类管理机制，对未公开的核心数据采用国密算法加密存储，仅限授权机构访问，非敏感数据经脱敏后开放共享。同时，建立文化数据追踪系统，记录数据采集、存储、使用、销毁的全流程，确保数据的可追溯性，加强数据全生命周期监控。二是加强文化伦理与内容安全建设。建立"河北文化基因库"白名单，对长城、大运河标志图案等河北重要文化符号设置AI使用禁区，限制AI对核心元素的随意解构或娱乐化滥用。此外，建立 AIGC"双审核制"，即"AI 算法初筛+人工专家终审"，确保生成内容的文化原真性。三是完善相关法律法规。明确 AI 技术应用的法律边界与责任主体，对虚拟历史叙事等高风险场景实施强制合规认证。

2. 加强数字包容性保障

数字包容性保障的本质是"技术向善"与"文化公平"的双向互动，指通过技术创新、政策支持与伦理规范的多维协同，构建"人人可参与、文化无边界"的数字包容生态。一方面，应实施普惠技术推广政策。在县域部署"AI 文化驿站"，在乡村文化站部署"AI 教学终端"，通过降低门槛缩小城乡数字鸿沟，确保技术弱势人群、残障人士等不同群体均能平等参与文化生产与消费。同时，应开展"银发数字赋能"行动，培训退休文化工作者使用 AI 辅助工具进行内容创作。另一方面，应建立包容性评估机制，引入"数字包容指数"，量化和评估 AI 文化产品的可访问性，如视障适配度、多语言支持率等。

3. 建立可持续发展机制

设立"AI 文化发展基金"，对文化遗产数字化、AI 创作工具研发等领域给予财政补贴，且按文旅项目 AI 化改造后的营收增量提取 5% 作为再投资资金。同时，建立"技术迭代预警系统"，对 3 年以上未升级的 AI 文化设施进行强制算法更新。

参考文献

田菊：《国家文化数字化战略经济学范式的体系构建》，《经济问题》2024 年第 1 期。

丁元竹：《促进互联网游戏产业健康有序发展》，《管理世界》2021 年第 10 期。

任波：《人工智能赋能体育产业高质量发展的应用场景与推进策略》，《西安体育学院学报》2023 年第 3 期。

杨仲淑：《新时代出版行业的发展方式探析》，《社会主义论坛》2022 年第 6 期。

章永宏：《商业视角下出版社的数字化路径选择》，《出版广角》2021年第22期。

周杰、李俊男：《国家文化数字化战略视域下的公共数字文化治理能力提升路径研究》，《图书馆》2024年第1期。

宋艺菲：《文化数字化背景下文化消费场景的重塑》，《青年记者》2023年第22期。

《中共中央办公厅 国务院办公厅印发〈关于推进实施国家文化数字化战略的意见〉》，中国政府网站，2022年5月22日，https：//www.gov.cn/zhengce/2022-05/22/content_5691759.htm。

《一图读懂〈上海市贯彻落实国家文化数字化战略的实施方案〉》，上海市文化和旅游局网站，2023年12月29日，https：//whlyj.sh.gov.cn/cysc/20231229/7282681f2a10443ea60b2f59edbac7b1.html。

江西省数字经济研究课题组：《江西省数字经济发展报告（2022）》，江西人民出版社，2022。

> # B.3
> # 数字经济助推河北文化制造业
> # 高质量发展的路径研究

贾鸿业*

摘　要： 为探寻数字经济助推河北文化制造业高质量发展的有效路径，本报告选取"十二五"至"十四五"期间河北文化制造业的营业收入、资产总计、营业利润、R&D经费支出以及新产品项目数五大发展指标，运用灰色关联分析法，探究其与数字经济平台发展水平、基础设施水平相关指标的内在关联。研究发现："十二五"期间，河北软件业务出口额对河北文化制造业的营业收入和新产品项目数有显著正向影响，是推动产业规模扩张和创新的关键因素；"十三五"期间，受国际贸易摩擦影响，河北软件业务出口额对河北文化制造业营业收入的带动作用有所减弱，而河北互联网宽带接入端口数等网络基础设施指标对河北文化制造业资产总计的影响增强；"十四五"期间，数字经济网络基础设施成为影响产业营业收入的关键，技术融合和国际业务拓展对产业多方面发展的促进作用越发显著。总体而言，数字经济与河北文化制造业的内在关联不断深化，对其高质量发展的推动作用持续增强。

关键词： 数字经济　河北文化制造业　灰色关联分析法

一　数字经济助推文化制造业发展的理论基础

文化制造业作为文化产业的关键构成要素，不仅是文化产业稳健发展

---

* 贾鸿业，河北省社会科学院经济研究所助理研究员，主要研究方向为数字经济与文化产业。

的重要支撑,更是其持续拓展的基石。在满足人民群众多元精神文化产品需求、推动地方经济高质量发展进程中,文化制造业扮演着重要角色。党的二十届三中全会通过的《中共中央关于进一步全面深化改革、推进中国式现代化的决定》明确提出"健全文化事业、文化产业发展体制机制,推动文化繁荣,丰富人民精神文化生活",这一纲领性论述为文化产业的长远发展指明了战略方向。党的二十大报告着重强调,要加快发展数字经济,促进实体经济和数字经济深度融合,打造具有国际竞争力的数字产业集群。近年来,河北积极响应国家战略,在文化制造业领域展开了深入探索,秉持创新驱动发展的理念,持续挖掘本地丰富文化资源的经济价值,致力于推动文化制造业迈向高质量发展新台阶,2025年1月,《河北省数字技术赋能制造业高质量发展实施方案》的出台,为这一进程提供了有力支持。该方案以大模型在制造业领域的规模化应用为引领,致力于全方位推进制造业的数字化、网络化、智能化转型,为文化制造业运用数字技术实现创新发展提供了具体的实施路径与政策保障,为河北文化制造业在数字经济时代的蓬勃发展奠定了坚实基础。

当前数字经济与文化产业领域研究成果丰硕。研究重点主要是数字经济对文化产业的整体影响以及文化制造业的创新发展。在数字经济与文化产业的关联方面,着重探讨数字技术在文化产业各个环节,如生产、传播、消费等方面的应用及变革作用。对于文化制造业,研究聚焦于技术创新和商业模式创新如何提升其竞争力,探索文化产业的可持续发展路径。同时,研究还关注数字经济相关技术,如大数据、人工智能、区块链等在文化制造业中的应用现状、发展前景以及面临的挑战。许艳萍和岳强指出,数字技术推动文化产业样态变革,改变生产模式,如数字化使文化产业实现更快速度增长、更好满足个体差异化需求、促使文化服务产业跳出"停滞部门"行列。[①] 周锦认为,数字技术改变了文化产业

---

① 许艳萍、岳强:《数字经济背景下数字文化产业高质量发展路径研究》,《经济问题》2024年第3期。

的传播渠道和消费方式，数字文化产业通过助推乡村传统文化传播和消费，促进乡村产业融合发展。①余宇新和李煜鑫认为，应关注文化制造业的创新发展路径，强调区块链技术等数字技术在激励生产端效率提升、促进需求端市场规模扩大、推动产业链深度融合与聚集等方面的作用，进而提升文化制造业竞争力。②

尽管针对文化制造业的研究已有不少，但对数字经济与文化制造业关系的研究仍较少。已有文献目前主要集中在分析数字经济相关技术上，如大数据、人工智能等在文化制造业中的应用现状及发展前景。例如，张晓欢对我国文化经济的研究涉及文化产业各领域，其分析了文化制造业发展特征、趋势以及面临的问题，探讨了数字经济相关技术在文化制造业中的应用情况。③沈馨怡在研究苏州制造业数字化转型时，也提及了数字技术在文化制造业中的应用现状、存在问题并给出了对策建议，为理解数字经济与文化制造业的关系提供了基础。④从研究对象来看，现有研究多以全国或区域文化产业为研究范畴，而针对特定省份文化制造业的研究较少。以河北文化制造业为例，现有研究缺乏深度和针对性，未对河北的地域特色、产业基础和发展环境进行深入剖析。从研究方法来看，现有文献多仅采用定性分析或简单的定量描述，缺乏严谨的实证分析。这种研究方法难以准确量化数字经济各因素对文化制造业发展的影响程度，无法为政策制定提供精确的数据支持和科学依据。

基于此，本报告的创新性体现在如下两个方面。一是在研究方法上，本报告运用灰色关联分析法。该方法对样本量和数据分布要求较低，适用于样本量有限且数据不完全的情况，能有效打破传统数理统计方法的局限性。通过灰色关联分析法，可以精准量化数字经济各指标与河北文化制造业不

---

① 周锦：《数字文化产业赋能乡村振兴战略的机理和路径》，《农村经济》2021年第11期。
② 余宇新、李煜鑫：《区块链技术促进数字文化产业高质量发展的机制》，《上海经济研究》2023年第8期。
③ 张晓欢：《我国文化经济的主要特征和发展趋势》，《中国市场》2020年第35期。
④ 沈馨怡：《吴文化视角下苏州制造业数字化转型对策研究》，《产业与科技论坛》2021年第23期。

同发展指标间的关联程度，为深入探究两者关系提供有力支撑，使研究结论更具科学性和可靠性。二是在研究视角上，本报告聚焦河北文化制造业这一特定对象，紧密结合河北发展实际，深入分析河北数字经济对文化制造业高质量发展的影响。这种针对特定省份文化制造业的深入研究，弥补了以往研究在地域针对性上的不足。通过挖掘河北文化制造业的独特发展需求和面临的问题，为河北制定更具针对性的文化制造业发展政策提供实证依据，助力河北文化制造业在数字经济时代实现高质量发展，这是本报告区别于以往研究的重要边际贡献所在。

二 数字经济助推河北文化制造业高质量发展的量化方法

（一）灰色关联分析法

灰色关联分析法是邓聚龙教授于1982年提出的灰色系统理论中的重要组成部分，是一种多因素统计分析方法。它通过对系统统计数列几何关系进行比较来分析系统中多因素间的关联程度，以各因素的样本数据为依据，用灰色关联度来描述因素间关系的强弱、大小和次序。

与传统的数理统计分析方法（如回归分析法、方差分析法等）相比，灰色关联分析法对样本量没有严格要求，也不需要典型的分布规律，计算量小，十分便捷，更适用于样本量较少、数据不完全的情况。在实际应用中，灰色关联分析法被广泛应用于社会、经济、农业、生态环境、医学等多个领域。在经济领域，该方法可用于分析不同产业因素与经济增长之间的关联程度，从而探索出可能存在的高质量发展路径，为产业政策的制定提供依据。

灰色关联分析的一般步骤包括：

第一步，确定分析序列。明确参考数据序列和比较数据序列。本报告研究数字经济对河北文化制造业高质量发展的作用，因此将文化制造业高质量

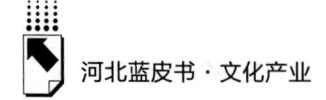

发展指标设为参考数据序列，将数字经济相关指标设为比较数据序列。

第二步，数据无量纲化处理。不同指标量纲和数量级有所差异，需做无量纲化处理，因此本报告采用初值化方法处理数据，即用所有年份数据序列除以2023年数据序列来统一数量级。

第三步，计算参考数据序列和比较数据序列差值。$|l_0(t)-l_i(t)|$，$t=1,2,\cdots,m$ 为年份，$i=1,2,\cdots,n$ 为比较数据序列个数。

第四步，计算参考数据序列和比较数据序列两级绝对差的最小值与最大值。

$$min_i min_t |l_0(t)-l_i(t)|, t=1,2,\cdots,m, i=1,2,\cdots,n; \quad (1)$$

$$max_i max_t |l_0(t)-l_i(t)|, t=1,2,\cdots,m, i=1,2,\cdots,n_\circ \quad (2)$$

第五步，计算关联系数。

$$\varepsilon_i(t)=\frac{min_i min_t |l_0(t)-l_i(t)|+\rho max_i max_t |l_0(t)-l_i(t)|}{|l_0(t)-l_i(t)|+\rho max_i max_t |l_0(t)-l_i(t)|} \quad (3)$$

第六步，计算关联度。为综合比较，用均值法求关联系数平均值后，得到关联度，关联度越高，关联性越强。具体计算过程如下：

$$r_{0i}=\frac{1}{m}\sum_{t=1}^{m}\varepsilon_i(t) \quad (4)$$

r_{0i} 越接近于1，表示关联度越高；反之，r_{0i} 越接近于0，表示关联度越低。

第七步，关联度排序。依据关联度对比较数据序列进行排序，直观呈现各数字经济指标与文化制造业高质量发展的关联程度，为政策制定提供依据。

（二）数据来源及变量选取

本报告的数据来源主要包括2013~2024年的《中国文化及相关产业统计年鉴》与《河北统计年鉴》。由于《中国文化及相关产业统计年鉴》的统计数据最早开始于2012年，因此本报告将数据范围主要聚焦在

2012~2023年。

在研究指标的选取方面，本报告在总结大量文献基础上，选取了一系列反映文化制造业发展水平的指标作为参考数据序列，选取反映数字经济发展水平的指标作为比较数据序列，具体指标选取如表1所示。其中参考数据序列包括1个一级指标和5个二级指标，二级指标分别是：（1）河北文化制造业营业收入，作为衡量河北产业经营规模与市场表现的关键指标，能够直观反映河北文化制造业在市场中的盈利水平与业务拓展能力；（2）河北文化制造业资产总计，可体现河北文化制造业拥有的经济资源总量，展示其产业的整体实力与发展潜力；（3）河北文化制造业营业利润，反映河北文化制造业核心经营活动的盈利能力，是评估其产业运营效率和竞争力的重要依据；（4）河北文化制造业R&D经费支出，表征河北产业在技术创新和产品研发方面的投入力度，关乎河北产业的长期创新发展动力；（5）河北文化制造业新产品项目数，直接体现河北产业的创新成果产出情况，反映河北产业的创新活跃度与创新能力。

表1 参考数据序列与比较数据序列指标体系

	一级指标	二级指标	指代标志	单位
参考数据序列	文化制造业发展水平	河北文化制造业营业收入	l_{01}	亿元
		河北文化制造业资产总计	l_{02}	亿元
		河北文化制造业营业利润	l_{03}	亿元
		河北文化制造业R&D经费支出	l_{04}	亿元
		河北文化制造业新产品项目数	l_{05}	个
比较数据序列	数字经济平台发展水平	河北软件产品收入	l_1	亿元
		河北嵌入式系统软件收入	l_2	亿元
		河北信息技术服务收入	l_3	亿元
		河北软件业务出口额	l_4	万美元
	数字经济网络基础设施建设水平	河北互联网宽带接入端口数	l_5	万个
		河北居民家庭宽带接入户数	l_6	万户
		河北政企宽带接入用户数	l_7	万户
		河北互联网网页数	l_8	万个
		河北IPv4地址数	l_9	万个

比较数据序列包括两个关键层面。第一个层面是数字经济平台发展水平，涵盖河北的软件产品收入、嵌入式系统软件收入、信息技术服务收入以及软件业务出口额。上述指标综合体现了数字经济平台在产品、技术服务以及国际业务拓展等方面的发展程度。第二个层面是数字经济网络基础设施建设水平，包括河北的互联网宽带接入端口数、居民家庭宽带接入户数、政企宽带接入用户数、互联网网页数以及 IPv4 地址数。上述指标从网络接入覆盖、用户规模以及网络内容等角度，全面衡量了数字经济网络基础设施的建设情况。

三　数字经济助推河北文化制造业高质量发展的量化分析

本报告灰色关联分析基础数据如表 2 所示。河北文化制造业各指标在"十二五""十三五""十四五"期间呈现波动变化。具体来看，河北文化制造业营业收入（l_{01}）在"十二五"期间，从 2012 年的 686.3 亿元增长至 2015 年的 959.0 亿元；进入"十三五"期间，出现下降，到 2020 年降至 486.7 亿元；"十四五"期间，上升至 531.2 亿元后，2023 年下降至 360.4 亿元。河北文化制造业资产总计（l_{02}）在"十二五"期间呈持续增长状态，然而在"十三五"和"十四五"期间出现波动下降。河北文化制造业营业利润（l_{03}）在"十二五"期间增长较为缓慢，在"十三五"和"十四五"期间出现大幅下降。河北文化制造业 R&D 经费支出（l_{04}）和新产品项目数（l_{05}）整体呈现波动上升趋势。

河北数字经济相关指标的变化同样呈现多样性。其中，河北软件业务出口额（l_4）在"十二五"期间数值相对较高，此后波动显著。河北软件产品收入（l_1）、嵌入式系统软件收入（l_2）等指标总体呈上升态势。数字经济网络基础设施建设水平各指标，如河北互联网宽带接入端口数（l_5）、居民家庭宽带接入户数（l_6）及政企宽带接入用户数，在"十二五"至"十四五"时期均保持稳步增长。

表2 灰色关联分析基础数据

		"十二五"				"十三五"					"十四五"		
		2012年	2013年	2014年	2015年	2016年	2017年	2018年	2019年	2020年	2021年	2022年	2023年
参考数据序列	l_{01}	686.3	822.8	912.6	959.0	1094.8	851.5	508.8	517.8	486.7	531.2	481.0	360.4
	l_{02}	443.3	494.0	562.2	594.9	624.6	626.4	551.7	539.8	533.7	525.8	524.6	446.0
	l_{03}	61.3	72.7	74.5	76.1	79.9	62.3	32.1	31.2	29.6	28.3	21.4	8.8
	l_{04}	2.1	1.8	3.2	3.6	3.5	3.2	3.4	2.9	3.0	4.6	5.0	5.8
	l_{05}	139.0	148.0	191.0	185.0	196.0	268.0	383.0	387.0	280.0	725.0	810.0	883
比较数据序列	l_1	34.1	35.9	37.1	33.7	36.5	37.0	39.2	47.2	47.4	65.3	61.1	69.9
	l_2	3.6	1.2	1.6	2.0	1.5	3.7	6.7	8.7	10.5	17.2	21.7	27.2
	l_3	93.3	98.3	111.2	148.8	172.2	197.2	217.2	270.0	111.6	357.1	452.2	55.8
	l_4	5021	5362	6620	4158	3805	1086	3800	4895	14378	10480	5421	5022
	l_5	1756	2049	2205	2949	3841	4127	4192	4346	4598	5012	5322	5480
	l_6	964	1032	1128	1317	1612	1910	2160	2360	2534	2797	2993	3180
	l_7	143	151	159	161	193	208	238	247	253	285	331	331
	l_8	26.0	54.3	67.9	63.1	87.3	105.5	102.5	111.6	121.2	127.7	136.8	146.8
	l_9	811	841	956	227	227	965	966	966	971	965	978	964

（一）河北文化制造业营业收入

基于前文的数据来源和研究指标选取，对河北文化制造业营业收入与数字经济相关指标进行灰色关联分析，分析结果如表3所示，不同发展阶段体现出不同的关联特征。

"十二五"期间，河北文化制造业营业收入与数字经济相关指标的关联度差异明显。其中与河北软件业务出口额（l_4）关联度最高（0.89），当时河北积极融入全球化进程，软件业务出口带动了技术交流和市场拓展，为文化制造业创造了新机遇与收入增长点。同时，与河北嵌入式系统软件收入（l_2）和信息技术服务收入（l_3）的关联度也较高，分别为0.72和0.71。这得益于河北在京津冀协同发展背景下，承接北京电子信息产业转移，电子信息产业基础不断夯实。嵌入式系统软件推动了文化制造设备的智能化升级，环绕京津的地理优势也有利于河北文化制造企业获取优质信息技术服务，优化生产管理，进而提升营业收入。

"十三五"期间，河北文化制造业营业收入与数字经济相关指标的关联度有所变化。与河北软件产品收入（l_1）、嵌入式系统软件收入（l_2）关联度保持稳定，分别为0.58和0.72，反映出数字经济平台产品方面的稳定影响。但与河北软件业务出口额（l_4）的关联度降至0.81，这期间国际贸易摩擦加剧，国际市场环境变化较大，使软件业务出口对河北文化制造业的带动作用减弱。比如廊坊部分依赖软件出口技术合作的文化制造企业，订单量大幅减少。与河北互联网宽带接入端口数（l_5）的关联度下降至0.46，反映出随着产业发展，网络基础设施对文化制造业营收的影响程度降低，此时产业发展更依赖于内容创新和市场拓展，而非单纯的网络接入数量。

"十四五"期间，河北文化制造业营业收入与多个数字经济网络基础设施建设指标的关联度显著提升，与互联网宽带接入端口数（l_5）、居民家庭宽带接入户数（l_6）等的关联度均超过0.9。这一时期，河北大力推进数字经济网络基础设施建设，5G网络、宽带网络覆盖范围扩大且质量提升。然而，与河北信息技术服务收入（l_3）的关联度下降至0.49，可能是因为产业结构调整，文化制造业对信息技术服务的需求更加多元化和专业化，市场竞争的加剧也使部分信息技术服务企业需求难以满足，导致其在文化制造业发展中的作用发生变化。

表3　河北文化制造业营业收入与数字经济相关指标灰色关联分析

河北文化制造业营业收入	l_1	l_2	l_3	l_4	l_5	l_6	l_7	l_8	l_9
"十二五"	0.53	0.72	0.71	0.89	0.62	0.69	0.59	0.61	0.56
"十三五"	0.58	0.72	0.65	0.81	0.46	0.52	0.53	0.47	0.50
"十四五"	0.79	0.88	0.49	0.87	0.93	0.93	0.95	0.94	0.89

（二）河北文化制造业资产总计

河北文化制造业资产总计与数字经济相关指标的灰色关联分析结果如表

4所示,"十二五"期间,河北文化制造业资产总计与IPv4地址数(l_9)的关联度最高(0.81)。这一时期,河北互联网产业处于快速发展初期,丰富的IPv4地址资源为文化制造业开展网络业务提供了便利,推动了产业资产的积累。同时,软件产品收入(l_1)、互联网宽带接入端口数(l_5)等指标与文化制造业资产总计的关联度在0.59~0.66之间,反映出数字经济在网络基础设施建设和产品收入方面,对文化制造业资产规模有一定影响。

"十三五"时期,河北文化制造业资产总计与互联网宽带接入端口数(l_5)的关联度大幅提升至0.81。这一阶段,河北大力推进数字经济网络基础设施建设,网络接入端口数的增加为文化制造业的业务拓展、信息交流提供了有力支持,促进了产业资产规模的扩张。与居民家庭宽带接入户数(l_6)等指标的关联度也均达到0.74及以上,此阶段河北文化消费市场的规模随着网络普及而呈现不断扩大的趋势,表明数字经济网络基础设施对产业资产规模的影响持续增强。

"十四五"期间,河北文化制造业资产总计与嵌入式系统软件收入(l_2)、软件业务出口额(l_4)的关联度大幅上升至0.75。这一时期,河北积极推动数字技术与文化制造业深度融合,鼓励文化制造企业创新发展。嵌入式系统软件收入增长,是文化制造业与技术融合创新的成果,促进了资产规模的扩大。与软件业务出口额(l_4)关联度的提升,契合了"双循环"发展格局下,河北文化制造业拓展国际市场,资产积累作用日益重要的发展态势。

表4 河北文化制造业资产总计与数字经济相关指标灰色关联分析

河北文化制造业资产总计	l_1	l_2	l_3	l_4	l_5	l_6	l_7	l_8	l_9
"十二五"	0.66	0.41	0.54	0.48	0.59	0.54	0.60	0.59	0.81
"十三五"	0.65	0.44	0.48	0.50	0.81	0.74	0.70	0.78	0.75
"十四五"	0.68	0.75	0.54	0.75	0.68	0.68	0.79	0.69	0.63

(三)河北文化制造业营业利润

河北文化制造业营业利润与数字经济相关指标的灰色关联分析结果如

表5所示,"十二五"期间,河北文化制造业营业利润与IPv4地址数（l_9）的关联度最高（0.80），这一时期,河北文化制造业开始触网发展,丰富的IPv4地址资源助力产业开展网络业务、拓宽网络市场。与软件产品收入（l_1）和互联网宽带接入端口数（l_5）等指标的关联度在0.52~0.58之间,反映出数字经济部分要素已对产业盈利产生一定影响。

"十三五"时期,河北文化制造业营业利润与嵌入式系统软件收入（l_2）、软件业务出口额（l_4）的关联度显著提升,分别达0.68和0.67。这一阶段,河北推动产业技术升级,嵌入式系统软件发展促使文化制造产品技术升级、附加值提高；同时,软件业务出口额提升,为产业开拓国际市场,盈利空间不断扩大。与软件产品收入（l_1）的关联度提升至0.62,持续助力产业盈利。而与IPv4地址数（l_9）的关联度下降至0.48,说明随着产业发展,其对营业利润的影响逐渐减弱,数字经济网络基础设施建设的作用相对降低。

"十四五"期间,河北文化制造业营业利润与信息技术服务收入（l_3）的关联度大幅提升至0.82,成为关键影响因素。在数字经济加速发展的背景下,河北文化制造业借助信息技术服务创新,如利用大数据精准营销、云计算降本增效等,显著提升了自身的盈利能力。但与多项指标的关联度降至0.5以下,这可能与产业结构调整、市场竞争加剧有关,这些指标对营业利润的影响力被削弱。

表5　河北文化制造业营业利润与数字经济相关指标灰色关联分析

河北文化制造业营业利润	l_1	l_2	l_3	l_4	l_5	l_6	l_7	l_8	l_9
"十二五"	0.58	0.37	0.48	0.43	0.52	0.49	0.54	0.52	0.80
"十三五"	0.62	0.68	0.58	0.67	0.64	0.58	0.60	0.63	0.48
"十四五"	0.46	0.51	0.82	0.51	0.47	0.46	0.49	0.47	0.45

（四）河北文化制造业R&D经费支出

表6为河北文化制造业R&D经费支出与数字经济相关指标的灰色关联

分析结果。"十二五"期间,河北文化制造业 R&D 经费支出与互联网宽带接入端口数 (l_5) 的关联度最高,达 0.72。这表明该阶段数字经济网络基础设施建设对 R&D 经费支出影响突出,丰富的网络接入端口资源为研发活动创造了有利条件,经费投入稳定增长。同时,其与居民家庭宽带接入户数 (l_6)、政企宽带接入用户数 (l_7)、互联网网页数 (l_8) 等的关联度在 0.66~0.71 之间,体现出数字经济的网络基础设施建设和产品收入因素,对文化制造业 R&D 经费支出有一定影响。

"十三五"时期,河北文化制造业 R&D 经费支出与居民家庭宽带接入户数 (l_6)、政企宽带接入用户数 (l_7) 的关联度分别大幅提升至 0.75 和 0.79,成为关键影响因素。这意味着网络用户数量的增加极大促进了 R&D 经费支出,更广泛的用户群体为产业带来了市场拓展和需求挖掘的动力,进而推动了研发投入。此外,与互联网宽带接入端口数 (l_5)、互联网网页数 (l_8) 等的关联度也达到 0.72 及以上,说明数字经济网络基础设施建设对 R&D 经费支出的影响力持续增强。

"十四五"期间,河北文化制造业 R&D 经费支出与嵌入式系统软件收入 (l_2)、软件业务出口额 (l_4)、互联网宽带接入端口数 (l_5) 等多个指标的关联度显著上升,均达到 0.82 及以上。这反映出数字经济在技术融合、国际业务拓展和网络基础设施建设等方面,对文化制造业 R&D 经费支出的影响越发显著。与嵌入式系统软件收入关联度的提升,体现了产业的技术融合创新对研发投入的促进作用;与软件业务出口额关联度的提升,凸显了国际市场拓展对于研发投入的重要性。同时,数字经济的网络基础设施建设水平和网络用户数量的进一步提升,为产业研发提供了更加坚实的支持。

表6　河北文化制造业 R&D 经费支出与数字经济相关指标灰色关联分析

河北文化制造业 R&D 经费支出	l_1	l_2	l_3	l_4	l_5	l_6	l_7	l_8	l_9
"十二五"	0.67	0.40	0.67	0.53	0.72	0.66	0.66	0.71	0.43
"十三五"	0.74	0.50	0.45	0.63	0.75	0.75	0.79	0.72	0.48
"十四五"	0.86	0.83	0.45	0.82	0.97	0.98	0.88	0.96	0.96

（五）河北文化制造业新产品项目数

表7为河北文化制造业新产品项目数与数字经济相关指标的灰色关联分析结果。"十二五"期间，河北文化制造业新产品项目数与软件业务出口额（l_4）的关联度最高（0.89）。这一时期，河北文化制造业积极探索国际市场，软件业务出口带来国际合作、先进技术与理念，有力推动了新产品项目的开展。与嵌入式系统软件收入（l_2）和信息技术服务收入（l_3）指标的关联度分别为0.72和0.71，表明软件技术和家庭网络普及为新产品的研发推广提供了支持。与软件产品收入（l_1）和互联网宽带接入端口数（l_5）等指标的关联度在0.53~0.62之间，说明这些因素对新产品项目数的影响较小，反映了在数字化转型初期，文化制造业对部分数字经济因素的利用不够充分。

"十三五"时期，河北文化制造业新产品项目数与软件业务出口额（l_4）的关联度仍较高（0.81），国际业务对产业创新的重要性持续凸显，国际市场需求和反馈在推动新产品开发上起到关键作用。与嵌入式系统软件收入（l_2）的关联度保持在0.72，稳定支持新产品项目。但与信息技术服务收入（l_3）等多个指标的关联度下降，说明在新产品开发中对信息技术的利用较少。这一阶段河北文化制造业在新产品开发上面临挑战，产业创新步伐放缓，对数字经济相关因素的依赖和协同发生变化，原因可能是市场竞争加剧、技术创新难度加大等。

"十四五"期间，河北文化制造业新产品项目数与多个指标的关联度显著提升，其中，与政企宽带接入用户数（l_7）的关联度最高（0.95）。这说明，随着河北对政企网络建设的推进，其为产业带来更多合作、数据和技术交流机会，极大促进了新产品的研发推广。与互联网宽带接入端口数（l_5）和居民家庭宽带接入户数（l_6）的关联度均为0.93，与互联网网页数（l_8）的关联度为0.94，说明完善的网络基础设施和庞大的用户基础为新产品提供了广阔发展空间。与嵌入式系统软件收入（l_2）等指标的关联度在0.87~0.89之间，说明技术创新、国际市场拓展与新产品开发的协同效应更加显著，反映了河北在数字经济时代背景下推动文化制造业高质量发展、加速创新的趋势。

表7 河北文化制造业新产品项目数与数字经济相关指标灰色关联分析

河北文化制造业新产品项目数	l_1	l_2	l_3	l_4	l_5	l_6	l_7	l_8	l_9
"十二五"	0.53	0.72	0.71	0.89	0.62	0.69	0.59	0.61	0.56
"十三五"	0.58	0.72	0.65	0.81	0.46	0.52	0.53	0.47	0.50
"十四五"	0.79	0.88	0.49	0.87	0.93	0.93	0.95	0.94	0.89

四 结论与对策建议

本报告通过灰色关联分析，对2012~2023年数字经济与河北文化制造业发展关系进行探究，发现不同阶段数字经济相关指标对河北文化制造业的影响差异显著。"十二五"期间，河北积极融入全球化和京津冀协同发展，软件业务出口额对文化制造业营业收入、新产品项目数影响显著，带动了技术交流、市场拓展和新产品研发；同时，数字经济的网络基础设施建设和部分软件技术相关指标，也对文化产业在资产积累、研发投入等方面起到一定的支撑作用。

"十三五"期间，国际贸易摩擦加剧等因素使软件业务出口额对文化制造业营业收入的带动作用减弱，但网络基础设施建设的推进，如互联网宽带接入端口数的增加等，对文化制造业资产总计的影响增强。这一阶段，河北文化制造业在新产品研发上遇到瓶颈，对数字经济相关指标的依赖和协同发生变化。

"十四五"期间，河北大力推进数字经济网络基础设施建设，其对文化制造业营业收入的影响至关重要。同时，技术融合和国际业务拓展对文化制造业资产总计、R&D经费支出、新产品项目数的促进作用越发凸显，反映出产业在技术创新、国际市场拓展与自身发展的协同效应不断增强。总体而言，近年来，河北数字经济与文化制造业的关联日益紧密，对产业高质量发

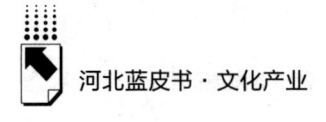

展的推动作用持续增强。

基于上述结论，提出如下政策建议。

（一）强化国际业务拓展支持

河北文化制造企业在国际市场上面临激烈的竞争，且获取国际业务机会的渠道相对有限。河北省政府应积极搭建国际交流平台，例如，组织文化制造企业参加国际软件产业展会、文化科技融合展会等活动，促进企业与国际同行的深度交流合作。还应设立国际业务拓展专项资金，对软件业务出口额增长显著、积极开展国际合作研发新产品的文化制造企业给予资金奖励和税收优惠，扩大企业国际业务规模，提升企业国际竞争力。

（二）优化网络基础设施建设

尽管河北在网络基础设施建设方面取得了一定进展，但仍有较大提升空间，尤其是当前随着人工智能等领域的发展，对大数据传输、在线协同研发等方面提出更高需求。河北省政府应持续加大对互联网宽带接入端口、IPv4地址等网络基础设施建设的投入力度，重点关注政企网络接入优化，为园区企业开展数字化业务、吸引高端人才创造良好网络环境，促进产业集聚发展，巩固网络基础设施对产业发展的支撑作用。

（三）推动技术融合创新

河北文化制造业在技术融合创新方面仍存在不足，自主研发能力和核心技术水平有待提升。持续搭建完善文化制造业技术融合创新服务平台，整合行业内技术、人才、项目等资源，为企业提供技术咨询、成果转化、知识产权保护等一站式服务，加速嵌入式系统软件等创新技术在文化制造业中的应用推广，推动产业在技术融合创新上取得更大突破。

（四）提升信息技术服务效能

河北信息技术服务企业在文化制造业的定制化服务方面存在不足，文化制造业企业的信息技术应用水平参差不齐。建议通过政府购买服务等方式，为中小文化制造企业提供免费或低成本的信息技术服务试用机会，提升产业整体信息技术应用水平。支持文化制造企业与信息技术服务企业共建联合研发中心，围绕产业发展中的信息技术难题开展协同创新，鼓励信息技术服务企业将先进的大数据、云计算、人工智能等技术应用于文化制造业，助力企业提升盈利能力和创新能力。

参考文献

邓聚龙：《灰色控制系统》，《华中工学院学报》1982年第3期。

魏奇锋等：《成渝地区双城经济圈科技创新与经济高质量发展耦合协调度研究》，《科技进步与对策》2021年第14期。

B.4
河北省沉浸式文旅新业态高质量发展思路探究

李学敏　贾艳芬　仇小娜*

摘　要： 随着互联网、大数据、虚拟现实等新技术的快速发展，沉浸式文旅体验已成为文旅消费市场的新热点。河北省积极响应国家政策号召，推动智慧景区示范点和4A级及以上景区打造沉浸式文旅项目、丰富沉浸式文旅产品。然而，河北省沉浸式文旅产业仍面临政策体系不完善、品牌引领力弱、产业人才匮乏和资金投入不足等问题。为此，建议强化政策保障、加强自主创新、加大人才培养力度、搭建服务平台、创新推广方式、提升旅游服务质量，以促进河北省沉浸式文旅新业态的高质量发展。

关键词： 沉浸式　文旅产业　河北省

随着互联网、大数据、虚拟现实等新技术在文旅产业领域加速应用，沉浸式文旅体验覆盖文化旅游过程中食、住、游、娱、购等多个方面，沉浸式旅游演艺、沉浸式展示展览、沉浸式街区等多种沉浸式文旅项目不断涌现，成为文旅消费市场的新热点。

《关于进一步培育新增长点繁荣文化和旅游消费的若干措施》（国办发〔2025〕2号）提出，支持在文博场馆、景区、街区、邮轮、大巴等打造沉浸式体验空间，推出一批沉浸式文旅新产品新场景。支持各地打造超高清、

---

* 李学敏，康旅控股集团康旅产业研究院院长，总规划师，主要研究方向为文旅产业；贾艳芬，康旅控股集团康旅产业研究院产业策划中心主任，主要研究方向为文旅产业；仇小娜，康旅控股集团康旅产业研究院旅游规划师，主要研究方向为文旅产业。

沉浸式、互动式演艺新空间和数字展览新空间。2024年政府工作报告，把"大力推进现代化产业体系建设，加快发展新质生产力"放在首位。《"十四五"文化和旅游发展规划》对沉浸式文旅演艺进行了相应部署，文化和旅游部发布关于推动数字文化产业高质量发展的意见，为沉浸式文旅新业态高质量发展提供了政策支持、指明了发展方向。2023年，文化和旅游部还遴选了首批智慧旅游沉浸式体验新空间24个、沉浸式文旅新业态示范案例20个、"5G+智慧旅游"应用试点项目30个，对沉浸式文旅新业态高质量发展起到了示范带动作用，有效推动了沉浸式旅游发展，也为增加市场新供给、扩大文旅新消费注入了新动能。

河北省亟须紧跟文旅消费新趋势，推动智慧景区示范点、4A级及以上景区等重点打造沉浸式文旅体验项目，推出质量高、内容丰富的沉浸式文旅产品，激发河北省文旅消费的巨大潜力，以新质生产力奋力推动全省文旅产业高质量发展。

一　河北省沉浸式文旅新业态发展现状

河北省人民政府印发的《河北省加快建设旅游强省行动方案（2023—2027年）》提出，要充分利用5G、大数据、元宇宙等新技术，开发智慧旅游新产品、新模式、新场景，推动数字旅游发展。目前，河北省培育了唐山市南湖·开滦旅游景区光影水舞秀、保定市《梦回太行》易水河山水光影秀等一批沉浸式文旅产品，河北省沉浸式文旅产业快速发展。

（一）河北省沉浸式文旅项目建设情况

沉浸式文旅产品进一步丰富。河北省持续推进全省智慧图书馆体系和公共文化云项目建设，进一步提升公共数字文化服务水平，推出云上演出、云上剧场、云上阅读、云上博物院、云上景区等数字文旅产品。河北省推出云演出、云剧场、云阅读、云景区、云文创等数字虚拟体验系列产品，以秦皇岛市山海关区第一关旅游发展有限公司、涉县赤水湾旅游开发有限公司为代表的企业利用数字技术手段，结合地方文化特色，创作推出了《浪淘沙·北戴河》《长城》《那年芳华》《再回太行》《风华涉县》等一批精品沉浸式演艺作品，沉浸式文旅产业活力日益彰显。

沉浸式主题乐园发展各具特色。吴桥杂技大世界打造智慧数据中心、建设宣传推广云平台，线上定期对《江湖》《运河印象》《时代》等杂技剧进行展播，开启"720全景拍""非遗云共享"等杂技盛宴公益活动，还可以进行吴桥杂技特色景点线上畅游，观赏25位国家级非遗代表性传承人的线上杂技表演。邯郸方特国色春秋主题乐园依托邯郸本土文化，创新数字科技应用，打造疯狂成语等娱乐项目。多玛乐园将数字科技融入捕鱼体验产品中，被评为2022年国家旅游科技示范园区。《只有红楼梦·戏剧幻城》打破了"静态观看"的传统戏剧演出模式，融合新情景装置艺术与舞台沉浸技术，带来如梦如幻的沉浸式戏剧体验。

沉浸式文旅品牌影响力逐步提升。2023年，文化和旅游部公布了文化和旅游数字化创新示范案例，河北省推荐的"实景演艺+光影水舞秀"数字化体验新空间荣获"2023年文化和旅游数字化创新示范优秀案例"称号。2024年，文化和旅游部公布首批全国智慧旅游沉浸式体验新空间培育试点名单，河北省推荐的《无界·幻境》智慧旅游沉浸式体验新空间成功入选。

沉浸式主题活动发展态势向好。2024年，第八届河北省旅游发展大会以沉浸式体验为核心，通过沉浸式演艺、展览展示及文化街区等形式，全面展示了河北文旅新亮点。廊坊主会场的梦廊坊国际戏剧公园、户外音乐会及《安墟胜境》等沉浸式体验活动，以及定州分会场的《唯有定州》古典园林沉浸式演艺，均运用现代舞台技术，营造时空穿越效果，生动诠释了河北省的历史文化与自然之美。"Hello！河北"全球推广大会通过常山战鼓、沧州杂技等沉浸式演艺，进一步提升了河北文旅的国际影响力。沉浸式剧情展览、古城夜游等创新形式，打破了传统静态展陈模式，增强了游客的互动体验感。

（二）河北省4A级及以上景区沉浸式文旅项目建设情况

1. 沉浸式演艺项目

据河北省文化和旅游厅发布的4A级及以上景区名录统计，截至2025年6月，河北省4A级及以上景区共175家①，其中开设有沉浸式演艺项目的景区共20家，占比达11.42%。

主题选定多样，表演元素丰富。为吸引游客，省内部分4A级及以上景区结合自身特点，深入挖掘当地主题、特色文化，包含但不限于历史文化、国潮、科幻探险、科普研学、浪漫爱情等主题，并融入丰富的表演元素，呈现精彩演绎的视听盛宴（见表1）。例如，金山岭长城景区围绕家国情怀与民族团结两大主题，融入"历史+艺术+科技+创新"元素，打造了《梦入避暑山庄》沉浸式皇家园林体验剧，生动再现了重大历史事件，让游客感受到独特的民族风情。嶂石岩风景名胜区以梦境、奇幻为主题，融入舞蹈、音乐、动画等元素，打造了大型沉浸式实景奇幻儿童剧《魅力嶂石岩·梦境叶罗丽》，实现了对跨领域深度融合的全新探索。

表1 河北省部分4A级及以上景区沉浸式演艺主题汇总

景区名称	所在地市	景区等级	演艺名称	演艺主题
金山岭长城景区	承德市	5A级	《梦入避暑山庄》	家国情怀、民族团结
清东陵景区	唐山市	5A级	《古韵清风》	历史、文化遗产
野三坡景区	保定市	5A级	《印象三坡》	文化艺术、历史
南湖·开滦旅游景区	唐山市	5A级	《相期吾少年》《那年芳华》	红色、历史
嶂石岩风景名胜区	石家庄	4A级	《魅力嶂石岩·梦境叶罗丽》	梦境、奇幻
丰宁县马镇旅游区	承德市	4A级	《满韵骑风》	历史文化、地域风俗
鼎盛文化产业园景区	承德市	4A级	《鼎盛王朝·康熙大典》	历史文化
鸽子窝公园	秦皇岛市	4A级	《哪吒闹海》	科普
曹妃甸湿地景区	唐山市	4A级	《曹妃情》	爱情、历史
峰峰矿区响堂山风景名胜区	邯郸市	4A级	《千年响堂》	梦幻、国潮

---

① 数据来源于河北省文化和旅游厅网站。

演艺模式创新，增强互动体验。景区的沉浸式演艺重视观众体验效果，不再局限于"台上演、台下看"的传统模式，而是更加注重空间氛围的营造，让观众成为演出中的一部分。例如，秦皇岛市鸽子窝公园的沙滩沉浸式亲子儿童剧《哪吒闹海》，首创儿童剧全沉浸式观演模式，并将物理知识融入剧中，小朋友边看、边演、边做实验，在游戏中学到知识。秦皇求仙入海处的大型户外实景沉浸式剧本游《秦皇幻境求仙》，首创"主题式场景+沉浸式剧情+游戏式互动+实验式剧场+体验式消费"运营模式，依托景区的求仙入海文化，融入寻夫招婿、问道祈福等形式，使游客置身其中，开启专属于每个人的"求仙之路"。

科学技术赋能，升级演艺场景。随着科学技术的发展，增强现实、虚拟现实、人工智能、元宇宙等技术也逐渐应用到演艺场景设计中，科技与舞台、景区自然环境的完美结合，呈现了更加震撼与引人入胜的视听效果。例如，承德市丰宁县马镇旅游区的奇幻秀《满韵骑风》，通过灯光、AR交互和舞台设计，展现出满族地域人情和历史文化的传承。秦皇岛碧螺塔海上酒吧公园的大型海上实景演艺《浪淘沙·北戴河》，将诗词和优美画面呈现于螺旋式观光塔之上，再现了北戴河的前世今生和浪漫情怀。

2. 沉浸式夜游项目

河北省4A级及以上景区中，开设有沉浸式夜游项目的景区共38家，占比达21.71%。

依托当地文化，打造特色IP。为更高效地变"流量"为"能量"，变"客流"为"留客"，河北省各地纷纷挖掘当地文化，打造沉浸式夜游项目。文化IP作为沉浸式夜游项目的核心支撑，也是不同景区旅游产品突破同质化竞争瓶颈的优势。例如，唐山市滦州古城景区依托滦河自然资源优势与滦州三千年文化底蕴，以北方盛世胜景为核心背景，全面整合滦州的历史、文化、经济资源，组织发展夜间旅游业态，以滦州地秧歌、契丹祈福大典、契丹迎宾宴、滦州皮影博物馆、滦州评剧馆五大核心文化项目为载体，带动景区餐饮、住宿、休闲、文创等夜经济发展，构建景区夜经济消费全链条，丰富游客的夜游体验。唐山市南湖·开滦旅游景区以首条花神主题女性消费市集为概念，以凤凰祥瑞文化为引领，浪漫打造"百鸟朝凤"360度沉浸式景观化音乐文创市集，该市集集美食、演艺、文创、非遗、灯光秀于一体，被誉为国内具有人文浪漫色彩的移动市集。

夜游场景多样，光影秀常态化。随着"沉浸+"边界的不断拓展，开发不同夜游场地成为众多旅游目的地城市和旅游景区新的发力方向。各地通过开发公园夜游、古城夜游、海上夜游等沉浸式夜游新场景，丰富游客夜间文旅消费体验。夜游活动中，光影秀、灯光秀较为常见。在开设有沉浸式夜游项目的38家景区中，有32家景区有光影秀、灯光秀表演，占比达84.21%。例如，秦皇岛市山海关景区的长城情境光影秀《观·山海》，光影艺术与数字技术相结合，从内容到形式上让观众身临其境，在沉浸和幻境中完成超现实的视觉表达和感官体验。秦皇岛市碧螺塔海上酒吧公园推出的大型海上实景魔幻秀《塔秀》，借助灯、光、电、水、火等技术应用，让游客沉浸式感受剧情。

3. 沉浸式展示展览项目

河北省4A级及以上景区中，开设有沉浸式展示展览项目的景区共15家，占比为8.57%。

教育科普为主，娱乐游玩次之。在沉浸式展示展览项目的主题选取方面，15家景区中，以教育科普为主题的有9家，包括石家庄市西柏坡纪念馆、石家庄市华北军区烈士陵园、保定市晋察冀边区革命纪念馆、保定市直隶总督署博物馆、邯郸市峰峰矿区响堂山风景区石窟数字展示中心、唐山市乐亭县李大钊纪念馆、张家口市张库大道历史博物馆、张家口市中国怀来湿地博物馆、唐山启新水泥工业博物馆；以娱乐游玩为主题的有6家，包括承德市中国马镇旅游度假区、秦皇岛新澳海底世界海洋动物触摸池、廊坊市梦东方未来世界、邯郸市涉县八路军129师司令部旧址XR幻影空间体验馆、张家口市大青山国际旅游度假区元宇宙科技馆、秦皇岛港口工业旅游区。

线上线下结合，多维互动体验。在展示展览方面，借助线上、线下相结合的方式，通过运用数字科技手段，为观展者创造出超越或增强现实空间的场景体验，并通过多维感知、协作互动，增强展示展览的互动性和趣味性。

例如，石家庄市西柏坡纪念馆，借助海量的文物、照片等历史资料，加之绘画、雕塑、景观、幻影成像、半景画等智慧手段，生动呈现了中国共产党在西柏坡的伟大革命实践，富有教育、思想、科学、艺术意义。廊坊市梦东方未来世界将中国文化与航天科技深度结合，应用太空主题元素，设置虚拟特效、科技互动、探秘、多人协作等13项科普展览项目、18项互动游乐项目、1个多媒体投影秀，形成高科技互动游乐体验模式。

4. 沉浸式主题街区及娱乐项目

河北省4A级及以上景区中，开设有沉浸式主题街区及娱乐项目的景区共8家，占比为4.57%。

巧妙融合文化，植入多元业态。不同于传统商业街区，沉浸式主题街区顺应了新型消费群体重体验、爱互动的消费偏好，通过复原造景、故事化联动以及数字技术加持，集文化、休闲、生活等于一体，形成了综合型文旅商融合模式。例如，秦皇岛市山海关景区将深厚的传统文化与时下网红潮玩相结合，开设星光乐园、非遗工坊、有YOUNG潮街、消夏美食等子项目，打造一步一景、一步百年的文化潮玩街区，让游客在游览过程中感受百年古城的文化与当下时尚潮流激情碰撞的独特魅力，创新游客与山海关古城的文化交流模式。张家口市太舞四季小镇街区以北美风情为主题，复原美式风情不夜盛景，打造含有餐厅、酒吧、KTV、6D沉浸式飞行影院、SPA馆、时尚购物店等的潮流聚集区，节假日举办音乐节、电影节、美食节、狂欢节、艺术节等活动，小镇充满文艺气息，丰富拓展了景区业态。

娱乐主题新颖，创新互动体验。沉浸式主题娱乐体验通过创造特定主题的独特虚拟环境或模拟现实世界空间，使体验者能够全身心地投入娱乐活动。例如，秦皇岛新澳海底世界依托景区多元的海洋文化元素，浪漫水母主题配合"轻柔"与"深邃"的环境，结合AI童话魔幻理念，添加AI亲子互动体验项目，打造"深蓝童话"水母主题网红打卡地，游客能够沉浸式体验梦幻海底世界。唐山市曹妃甸多玛乐园景区除传统渔猎文化体验项目之外，还以"渔文化"为主题，结合现代科技，设置时空快线等50余个自主研发的主题游乐项目,将机器视觉、无人驾驶、智能控制、虚拟现实(VR)等先进技术融入其中,创造出一系列休闲渔业新玩法,让科技真正走进生活。

(三)河北省智慧景区示范点沉浸式文旅项目建设情况

沉浸式演艺科技运用更加广泛,呈现效果更加震撼。据河北省文化和旅游厅评定的智慧景区示范点名录统计,截至2025年6月,河北省智慧景区示范点共42家,其中开设沉浸式演艺项目的共11家,占比达26.19%。例如,秦皇岛市渔田七里海度假区首创大型"沉浸式轻潮文旅演艺"——《渔人的世界》,大量运用裸眼3D、全息投影成像、雾气成像、水特效、烟火秀、增强现实(AR)互动等高科技光影技术,构建出"多个戏剧空间站"的超现实主义场景,为游客呈现集声、光、电、水、火、影、音于一体的立体视觉感官盛宴。秦皇岛市渔岛海洋度假区推出大型实景真人秀表演,运用声、光、电等现代技术,并借助焰火、水炮的表演设备,为观众呈现精彩绝伦的演出。

沉浸式夜游推动景区转型,提质扩容升级。在河北省智慧景区示范点中,开设有沉浸式夜游项目的共18家,占比达42.86%。步入数智化时代,通过科技赋能,推动传统旅游空间转型升级、扩容提质,已成为各景区实现高质量发展的重要推动力。在此发展背景下,不少传统旅游景区实现了从"传统观光景模式"向"沉浸式主题园区"的转型。例如,石家庄市《无界·幻境》行浸式国际光影主题公园通过对现有园林景观空间进行智能化改造升级,将现代科技与自然景观深度融合,创新设计理念,巧妙运用灯光、投影、原创音乐、互动装置、声光技术及3D Mapping技术等数字化手段,精心打造了涵盖12大主题的沉浸式光影艺术空间。为进一步丰富游客体验,园区相继引入剧本杀、话剧、演艺、营地等多元化互动项目,并通过"光影+露营""光影+啤酒美食""光影+音乐""光影+活动"等创新形式,为传统游玩模式注入新的活力。秦皇岛市鸽子窝公园为让老园区讲新故事,焕发新活力,通过全新的数字新媒体与交互艺术装置技术,融入鸽子窝公园的鸟文化元素,并结合光影、特效、交互及声光电等多种新技术,在公园中营造光影变幻的动物奇妙夜新场景。通过沉浸式夜游与体验式娱乐等技术手段，全面打造沉浸式生态夜游项目。

沉浸式展示展览贴近现实生活，展现自身特色。在河北省智慧景区示范点中，开设有沉浸式展示展览项目的共5家，占比为11.90%。例如，廊坊市爱翌安邦公共安全体验馆，实景搭建，模拟地震、火灾、校园安全突发事件等多个应急场景，并结合声、光、电、影视动画等现代高科技手段，联系实际生活，让体验者亲身参与互动，突出体验的知识性、趣味性、互动性。邯郸市方特国色春秋主题乐园，以华夏历史文明和邯郸历史地域文化为基础，创新展现成语文化、神话文化、邯郸历史文化、传统艺术文化、民俗风情文化等多种特色文化，以高科技表现形式为手段，将文化传播与互动体验融为一体，构建了40多个室内外主题项目以及入口广场、民俗小镇、节庆广场等几大主题区域，展现出鲜明的文化特色。

沉浸式主题街区及娱乐升级传统设施，跨界互融共促。在河北省智慧景区示范点中，开设沉浸式主题街区及娱乐项目的共5家，占比为11.90%。例如，唐山市天元谷旅游度假区的大型全室内亲子娱乐主题乐园——魔方玩国，结合VR、光影交互、体感互动等现代虚拟数字技术，打造女娲补天（全息投影魔幻剧场）、黄帝胜迹（飞翔影院）、烽火急速（虚拟过山车）、矿洞奇旅（行进式环境4D探险体验）等13项超前数字娱乐互动项目及儿童小火车、旋转木马、母子观览车、八字转杯等30余项游乐互动设备；此外，场馆内配以《新龟兔赛跑》《小马哥故事会》等民俗主题童话演出，寓教于乐，为亲子互动娱乐、民俗科技科普和儿童游乐提供了沉浸式互动体验。

二 河北省沉浸式文旅新业态案例研究

（一）沉浸式演艺——只有红楼梦·戏剧幻城

1. 基本情况

"只有红楼梦·戏剧幻城"是河北省与文化和旅游部合作的省部级重点

项目——梦廊坊·国际戏剧公园的核心板块，由新绎控股有限公司历时 8 年打造。该项目首期包括 4 个大型室内剧场、8 个小型室内剧场、108 个情景空间及室外剧场，总剧目时长超过 800 分钟。自 2023 年 7 月正式运营以来，该项目已成为京津冀地区文旅产业的新标杆。

2. 特色亮点

创新观演形式。采用浸没式戏剧模式，打破传统剧场"第四堵墙"的界限，演员与观众之间的互动更加频繁。演出空间不再局限于固定区域，而是与场景融为一体，观众不再是旁观者，而是通过情绪表达与反馈直接参与演出，极大地提升了沉浸感与体验感。

创新舞美设计。以"移步异景、迷宫幻境"为设计理念，融合先进演艺设备、前沿舞台科技与情景装置艺术，打造出具有中国式审美的戏剧园林。通过独特的物质材料与光影技术，将《红楼梦》的文化内涵以戏剧形式生动呈现，展现了民族文化的深厚底蕴。

创新演出模式。设置了 16 扇风格各异的大门，通过排列组合形成无数条游览线路，观众可根据个人喜好选择不同线路观看剧目。这种集散型演出模式与高灵活度的产品设计，满足了游客多样化、个性化的需求，契合了当下流行的"盲盒式"沉浸体验，为游客提供了丰富的观剧体验与文化感受。

3. 经验效果

"只有红楼梦·戏剧幻城"为游客提供了同演绎内容进行互动并参与其中的具身体验。游客在体验过程中不受传统演艺场地的限制，可以在不同的戏剧场景中游走，并能够打破戏剧舞台的"第四堵墙"，亲身与表演人员面对面互动。项目不仅推动了对《红楼梦》文化内涵的深度挖掘与活化，也展现了强烈的中国特色文化属性，为戏剧艺术与文学经典的普及提供了成功范例。同时，其创新的演艺模式与设计理念，为景区文化演艺发展提供了宝贵经验，进一步增强了文化自信，提升了民族文化价值的影响力。

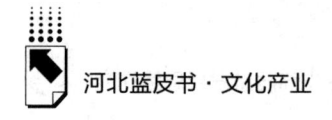

（二）沉浸式夜游——正定古城夜游

1. 基本情况

正定依托深厚的历史文化底蕴，积极推动夜间文旅经济发展，打造了"自豪正定"沉浸式大型文旅演艺项目、"一梦入红楼"沉浸式夜游项目等。"自豪正定"以正定千年历史为背景，融合"九楼四塔八大寺，二十四座金牌坊"的文化资源，通过现代光影技术和沉浸式演艺，生动再现古城历史风貌与名人故事。同时，开元寺、广惠寺景区推出夜间开放服务，旺泉古街、正定小商品夜市等特色街区为游客提供了丰富的夜间消费体验，进一步提升了正定夜间文旅的吸引力。2021年11月，正定古城街区被文化和旅游部确定为第一批国家级夜间文化和旅游消费集聚区。

2. 特色亮点

创新空间利用，打造沉浸式演艺场景。正定将南城门瓮城转化为沉浸式剧场，以城墙为幕布，运用光影技术对正定古建筑（如凌霄塔、须弥塔等）进行动态呈现，虚实结合，营造出震撼的视觉效果，为游客提供身临其境的文化体验。

科技赋能，重现古城历史与名人故事。利用全息投影、音效等现代技术，"复活"建筑学家梁思成、林徽因等历史名人，生动展示正定文化底蕴，增强游客的文化认同感和参与感。

多元化新业态融合，构建夜间文旅消费生态。整合开元寺、广惠寺景区夜间开放服务，以及旺泉古街、正定小商品夜市等特色街区，构建集演艺、美食、购物于一体的夜间文旅消费体系，满足游客多元化消费需求，推动正定夜间经济高质量发展。

3. 经验效果

在项目打造上，正定沉浸式夜游项目深挖本地文化资源，结合现代技术创新呈现形式，如荣国府以红楼文化为核心，借光影技术、沉浸式演艺等打造多维体验，在效果呈现上吸引了大量游客，成为文旅热门打卡地。同时，促进文明建设，借文化共鸣激发内在动力，带动商户文明经营，培育众多文明自发行为。

（三）沉浸式主题公园——《无界·幻境》行浸式国际光影主题公园

1. 基本情况

《无界·幻境》行浸式国际光影主题公园位于河北省正定县滹沱河艺术生态岛，占地面积约9万平方米，由国内十余家顶尖创意团队联合打造。该项目入选由光明日报社、文化和旅游部资源开发司指导，光明网主办的"2022智慧旅游创新企业和项目推选与宣传活动"，成为全国智慧旅游领域的创新典范。

2. 特色亮点

打造主题沉浸式光影艺术空间。以"光途""破晓""暮光"等12大主题沉浸式光影艺术空间为核心，通过灯光、投影、原创音乐、互动装置、声光技术及3D Mapping等数字科技手段，对现有园林景观进行智能化改造，将自然与科技深度融合，打造出兼具艺术性与体验感的视觉盛宴。

打造多元化新业态消费场域。创新融合休闲、娱乐、餐饮、文化等项目，自2021年正式运营以来，持续引入剧本杀、话剧、演艺、营地等互动性和体验性较强的项目，以"光影+露营""光影+啤酒美食""光影+音乐"等形式，为游客提供新潮的行浸式夜游体验，创新了夜间文旅消费新模式。

3. 经验效果

突破传统观演模式，采用行浸式夜游形式，将声、光、电、水、雾等特效与先进科技相结合，实现立体化、多维度的视觉体验，成功将文化再现、场景活化。该项目填补了河北省行浸式光影艺术夜游领域的空白，成为市民休闲娱乐的新选择，为智慧旅游与夜间经济发展提供了可借鉴的经验。

三　河北省沉浸式文旅新业态存在的问题

（一）政策体系不完善，沉浸式文旅发展保障不足

河北省沉浸式文旅产业仍处于探索发展阶段，一些沉浸式文旅业态存

在剧本质量不高、服化道粗糙、同质化严重、环境卫生不达标等问题。一是河北省沉浸式文旅产业相关法律法规有待完善，应建立行政制度保障。沉浸式文旅产业发展的管理条例、法律法规和行业统计体系等相关政策法规有待完善，沉浸式文旅内容安全、未成年人保护、版权保护、消费者权益保护缺乏行之有效的立法和司法管理。二是从业者缺乏自律意识，该行业尚未制定并实施行业标准、组织行业培训、推动内容合规自审自查、开展适龄提示、进行服务等级和信用等级评定等。沉浸式文旅发展的政策法规保障不足，影响沉浸式文旅业态的健康发展。

（二）品牌引领力弱，沉浸式文旅创新驱动不足

一是河北省沉浸式文旅 IP 经营水平有限，缺乏纵深发展动力。当前河北省部分沉浸式文旅项目仍处于市场导入阶段，尚未成功打造出具有历史文化价值的文旅 IP，运营管理水平有限，受众群体不稳定，不利于沉浸式文旅业态的纵深发展。二是部分沉浸式文旅项目过分强调视听震撼感与技术渲染力，沉浸式文旅项目逐渐出现了形式同质化、文化内容单一且不深入、互动感欠缺、剧情不完善等问题，导致游客体验满意度有所下降、沉浸式文旅项目的用户黏性和复购率较低。三是尚未建立起成熟的沉浸式文旅产业链。各地涌现出一批集文化、旅游和科技于一体的沉浸式文旅项目，大多数是依托地方特色文化资源和个性化场景设计而成的，但在内容、渠道及技术等方面缺少行业支撑，其运营管理、场地设备、团队组织等环节的工作开展难度较大。

（三）产业人才匮乏，人才储备和集聚能力不足

一是复合型人才匮乏。沉浸式文旅产业的快速发展对专业人才提出更高需求，但河北省在相关人才的数量与结构上均存在明显不足，难以满足产业发展需要。尤其是兼具综合能力与创新思维的复合型人才匮乏，导致在沉浸式文旅等新兴领域的创意设计与技术应用方面缺乏核心竞争力。二是城市辐射带动作用不强，与京津相比，河北省对高层次人才的吸引力相对不足。此

外，在人才引进、培养、激励等方面，研发单位在机制、经费管理、薪酬体系及成果评价等关键环节的改革力度不够，政策落实不到位，难以形成有效的人才集聚效应。人才的匮乏导致沉浸式文旅产业发展的创新能力不足，这也成为制约河北省沉浸式文旅产业发展的重要因素之一。

（四）资金投入不足，沉浸式文旅发展受限

一是大多数文旅行业企业规模相对较小、实物资产相对较少，在传统金融服务体系下，存在投资风险大、融资困难等问题。沉浸式技术研发企业由于资金紧缺等问题，技术创新速度缓慢，内容开发和业态创新需要消耗大量资金和技术。沉浸式文旅 IP 经营孵化企业的资源整合水平有限，无法高效统筹利用资金、人才及土地等资源，沉浸式文旅项目的市场化运营效果不及预期。二是政府投资的文旅项目在资金规模上难以匹配产业快速增长的需求，资金作为产业发展的核心要素，其配备不足直接影响产业发展的能力与活力。与此同时，民营资本参与文旅产业的积极性未能得到充分激发，多元化的投资体系未能有效建立，社会资本的潜力与动力未能充分发挥，这在较大程度上制约了沉浸式文旅产业的发展。

四 推动河北省沉浸式文旅新业态发展的对策建议

（一）强化政策保障，健全沉浸式文旅政策体系

一是出台多层次政策，对沉浸式文旅产业的发展进行有针对性的协调和扶持，制定相关的配套政策，包括制度设计、规划指导、财税优惠、人才支持、知识产权保护等方面，积极推动构建沉浸式文旅产业发展的长效机制。二是相关部门要加强宏观规划引导和全周期服务，做好配套、援助和监管工作，解决供给侧在资源整合方面的问题，提高新技术的赋能水平，从而打造高质量的沉浸式文旅新业态。三是相关部门要发挥主导作用，构建沉浸式文旅服务平台，在文化资源、旅游空间、专业人才、旅游资产方面发挥整合作

用，提供空间和创意设计、内容定制开发、运营管理等全产业链条服务，创新孵化沉浸式文旅新业态，推动科技与文化成果的转化，为沉浸式文旅产业的发展提供良好环境。

（二）加强自主创新，推动沉浸式文旅项目建设

一是创新文旅产品和场景业态。立足河北省丰富多彩的自然和文化资源，做好文旅产业供给端创新，推进沉浸式项目的体验和应用，丰富A级景区、文商旅综合体、街区等场景，推进沉浸式文旅项目建设，构建多元化、数字化、可视化、智能化的文旅消费场景与体验产品体系，创新文旅体验方式，增强视听表现力和震撼力，为游客提供全新的沉浸式文旅体验。二是推动河北特色沉浸式文旅IP建设。坚持正确导向、深入挖掘、展示中华优秀传统文化内涵，以省内4A级及以上景区、智慧景区示范点为基础，培育沉浸式景区。引导旅游景区创新文化表达，融入多种前沿科技，打造沉浸式景区新场景，从单纯观光向沉浸式体验转变，打造具有影响力的河北特色沉浸式文旅IP。三是完善产业链，强化配套措施。完善沉浸式文旅产业链条，推动跨界融合与协同创新，构建涵盖IP开发、创意设计、空间规划、软硬件集成、投融资及运营管理的全链条服务体系。聚焦景区升级、产业提质、文旅消费激活及夜间经济发展，打造线上线下联动的文旅消费新生态，促进文化科技成果转化、集成创新及优质项目孵化，助力文旅产业高质量发展。

（三）加大人才培养力度，强化沉浸式文旅人才支撑

一是建设高素质、创新型文旅人才队伍。推行"产+学"协同培养模式，强化高校专业化人才培养，增设数字技术、文旅创意等课程，形成"试点—实践—应用"完整闭环。推动地方政府、企业、高校及研究机构合作，利用互联网平台开展线上线下联动的培训项目，鼓励线上教育合作，提升从业人员的数字化素养与能力。二是重点引进"高精尖缺"复合型人才。面向跨专业、跨领域的复合型人才，出台专项政策吸引优秀数字化、创意型人才投身文旅产业。通过邀请专业表演团队参与景区沉浸式项目、允许专业

人才以兼职形式参与文旅工作、组建大学生及景区志愿者队伍等方式，拓宽人才引进渠道，为产业发展注入新鲜血液。三是完善人才留用机制。加快构建科学的人力资源管理体系，强化岗前培训，增强员工的职业认同感与责任感。通过提升福利待遇、优化职业发展路径等措施，解决人才流失问题，为推动沉浸式文旅产业高质量发展提供有力的人才保障。

（四）搭建服务平台，拓宽沉浸式文旅建设的资金来源

一是政府搭建金融服务平台，优化公共服务，建立政府主导、社会组织积极参与的公共文旅产业平台体系，并通过举办银企对接会，加强银行等金融机构与文旅企业的合作与交流，帮助文化创意企业拓宽资金来源，推动更多的文旅企业研发创新沉浸式文旅项目。二是设立专项资金支持沉浸式文旅产业发展，加大财税政策支持力度，引导金融机构加强对示范项目及重点工程的信贷支持，多渠道扩大财政投入规模，为推动沉浸式文旅产业高质量发展提供坚实的资金保障。

（五）创新推广方式，提高沉浸式文旅对外影响力

一是开展以新媒体为主的创意营销，利用移动端、交互式等新传播方式，紧跟社会潮流和社会热点，创新传统文化的现代表达，精准把控游客需求，推动"流量"变"留量"、"网红"变"长红"。如在抖音、微博、小红书等平台发起"为爱赴山海——河北的山与海在等你""就要去河北看长城"等话题。二是与头部企业或平台（如腾讯、爱奇艺、优酷）加强合作，打造体现河北文化特色的剧集、视频及配套的游戏、剧本杀、沉浸式体验场景等，形成河北的爆款文化IP。三是深入实施"引客入冀"，把部分宣传资金直接补贴给外地来冀游客，例如，与高德地图、百度地图等合作，游客用指定App从外地导航到达指定目的地，可直接扫码领取出行补贴或门票补贴。

（六）提升旅游服务质量，智慧旅游体验更加个性便捷

一是加强智慧旅游与智能旅游服务的基础设施建设，进一步加大旅游信

息基础设施的投入力度，提高信息覆盖面和智能化程度，为游客提供更加便捷、高效的旅游服务。二是完善智慧旅游与智能旅游服务的标准和规范。加强不同景区、酒店等旅游服务机构之间的协调和合作，推动数据格式的统一和信息的共享，促进智能化服务的普及和应用效果的提升。三是提高智慧旅游与智能旅游服务的科技创新能力。鼓励企业和科研机构加强合作和创新，推动具有自主知识产权的核心技术、产品的研发和应用，提升河北在智慧旅游与智能旅游服务领域的竞争力。四是推动智慧旅游与智能旅游服务的跨界融合和创新。例如，引入和应用大数据、6G、云计算等新兴技术手段，进一步推动文旅产业的数字化转型和发展。

参考文献

《第八届河北省旅发大会9月22日至24日举办》，河北省人民政府网站，2024年9月5日，http：//www.hebei.gov.cn/columns/580d0301-2e0b-4152-9dd1-7d7f4e0f4980/202409/05/5beb6417-75a1-46ef-91d6-0a925c524a49.html。

《关于第三批智慧景区示范点评定结果的公示》，河北省文化和旅游厅网站，2023年12月15日，https：//whly.hebei.gov.cn/c/2023-12-15/574749.html。

《国务院办公厅印发〈关于进一步培育新增长点繁荣文化和旅游消费的若干措施〉的通知》，中国政府网，2025年1月13日，https：//www.gov.cn/zhengce/content/202501/content_6998238.htm。

《河北省A级旅游景区名录》，河北省文化和旅游厅网站，2025年4月23日，https：//whly.hebei.gov.cn/c/2025-04-23/576582.html。

《河北省人民政府办公厅关于印发河北省加快建设旅游强省行动方案（2023—2027年）的通知》，2023年3月6日，河北省人民政府网站，http：//www.hebei.gov.cn/columns/b0383d20-7079-42b1-98b6-b72888619055/202308/20/10834b97-07ad-4bcc-a67f-1b3d7ad1a5e9.html。

《火了！正定古城夜游人气爆棚，现场直击→》，"石家庄日报"微信公众号，2024年10月3日，https：//mp.weixin.qq.com/s/IxC_XiWh4l1DN-Y06Fww_Q。

《精读·美丽河北｜只有红楼梦·戏剧幻城：打造文旅新地标沉浸式体验红楼魅力》，"河北文旅公共频道"微信公众号，2025年6月11日，https：//mp.weixin.qq.com/s/cuBLnDvYRoD437ejgOw0nQ。

《文化和旅游部关于印发〈"十四五"文化产业发展规划〉的通知》，文化和旅游部网站，2021年5月6日，https：//zwgk.mct.gov.cn/zfxxgkml/cyfz/202106/t20210607_925033.html。

《文化和旅游部关于推动数字文化产业高质量发展的意见》，文化和旅游部网站，2020年11月18日，https：//zwgk.mct.gov.cn/zfxxgkml/cyfz/202012/t20201206_916978.html。

《文化和旅游部关于公布第一批全国智慧旅游沉浸式体验新空间培育试点名单的通知》，文化和旅游部网站，2023年8月3日，https：//zwgk.mct.gov.cn/zfxxgkml/zykf/202308/t20230803_946380.html。

《文化和旅游部办公厅工业和信息化部办公厅关于公布第一批"5G+智慧旅游"应用试点项目的通知》，文化和旅游部网站，2023年11月23日，https：//zwgk.mct.gov.cn/zfxxgkml/zykf/202311/t20231123_949883.html。

《无界·幻境｜用文化点燃城市假期，焕新文旅融合新场景！》，"无界幻境"微信公众号，2023年5月3日，https：//mp.weixin.qq.com/s/jH_GT0mhxdRKEJNSR7Hx9Q。

《政府工作报告——2024年3月5日在第十四届全国人民代表大会第二次会议上》，中国政府网，2024年3月30日，https：//www.gov.cn/gongbao/2024/issue_11246/202403/content_6941846.html。

B.5
科技创新赋能河北影视文化产业高质量发展研究

陈 昕*

摘 要： 影视文化产业高质量发展是增强文化软实力、推动经济转型升级的重要引擎。对河北而言，发展影视文化产业既是响应文化强国战略的必然要求，也是实现文化与经济协同发展的重要抓手。本报告首先分析了科技创新驱动下我国影视文化产业的发展趋势；其次分析了科技创新赋能影视文化产业飞跃式发展的背景下，河北影视文化产业的发展现状及存在的问题；最后提出以"政策+科技+资本"驱动机制破解发展规模困境、以"园区+科技+平台"助力体系突破市场转型瓶颈、以"基础+科技+人才"部署战略提升科技渗透浓度、以"应用+科技+服务"生态模式增强核心竞争力等对策建议，以期助力河北筑建影视文化产业新高地，为打造传统影视文化产业转型的可推广模式贡献河北智慧。

关键词： 科技创新 影视文化产业 高质量发展

中国式现代化是物质文明和精神文明相协调的现代化，在经济由高速增长向高质量发展转变的过程中，迫切需要扎实推进文化产业高质量发展。影视文化产业作为文化产业的中坚力量，积极发挥创造经济价值、提升国家形象、满足精神需求、促进产业融合、带动城乡就业等作用，为促进经济增长和提升国家文化软实力注入新动能，成为满足人民群众日益增长的物质需求

---

* 陈昕，河北省社会科学院经济研究所助理研究员，主要研究方向为公共经济与公共政策。

和精神需求的重要抓手。随着新一轮科技革命驱动各行各业变革式发展，科技创新已成为驱动影视文化产业高质量发展的核心引擎，助推影视文化产业由"规模红利"向"创新红利"跃迁。

影视文化产业的发展受到国家层面的高度重视，《"十四五"文化发展规划》明确提出，要"把先进科技作为文化产业发展的战略支撑，建立健全文化科技融合创新体系"，要"引导和鼓励文化企业运用大数据、5G、云计算、人工智能、区块链、超高清等新技术，改造提升产业链，促进内容生产和传播手段现代化，重塑文化发展模式"。相关部门积极响应国家层面的发展规划，针对影视文化产业中的电视剧、电影、网络剧、网络综艺节目、网络游戏、网络表演、网络直播和网络短视频等类型的作品出台一系列配套政策和措施，以促进影视文化产业的健康、高质量发展。

在科技创新引发链式变革的新形势下，科技正以前所未有的渗透力驱动影视文化作品质的提升和量的增长，把握科技创新赋能河北影视文化产业高质量发展的机遇，探索河北影视文化产业突围赶超的新赛道，对助力河北影视文化产业和经济高质量发展均具有重要意义。鉴于此，本报告将立足科技创新驱动下我国影视文化产业的发展趋势，结合河北影视文化产业发展的现实情况，指出河北影视文化产业高质量发展的痛点所在，并提出科技创新赋能河北影视文化产业高质量发展的对策建议，以期助力河北从"文化资源大省"向"文化创新高地"跨越，为全国影视文化产业高质量发展贡献河北力量。

一 科技创新驱动下我国影视文化产业的发展趋势

在数字经济与实体经济深度融合的背景下，科技创新已渗透影视文化产业链的每一个环节，正在以前所未有的能量驱动影视文化产业发展，重塑影视文化作品生产逻辑、拓展影视文化产品市场边界、丰富影视文化终端消费形态。随着科技的飞速发展，创新性的科技应用催生出很多"影视+"的跨界融合新业态并创造了很多现象级市场，由此带来的经济爆发性与长尾性价值进一步激励着影视文化产业高质量发展。

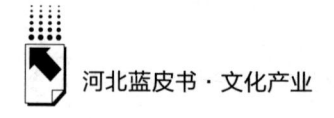

（一）科技创新引领影视文化产业迈入新时代

传统影视文化产业具有劳动密集型的特征，作品的呈现依赖于剧本创作、场景搭建、专业拍摄、后期制作等流程，制作周期长、成本高。影视题材主要聚焦于历史典故、军事战争、戏曲歌舞、记录专题、现实主义等，以电视平台、电影院为主要渠道向大众传播。在科技创新赋能下，影视文化产业逐渐由劳动密集型向技术密集型转变，重塑了新的行业增长轨迹，突破了影视文化产品创作、生产、传播的传统界限，定义了全新的行业标准，实现了传统文化与商业运作的完美结合。

在产业链上游，科技创新能够助力影视文化作品提质增效。例如，当前扩展现实（XR）、人工智能生成内容（AIGC）、分布式渲染（V-Ray）等高科技手段被越来越多地应用于影视文化作品，不仅降低了搭建实体场景的时间成本，提高了后期制作效率，还让影视文化作品呈现更好的视觉效果，提升了感官体验。

在产业链中游，科技创新拓展影视文化作品传播渠道。数字技术推动影视文化作品通过全球流媒体平台实现全球范围内的跨地域传播，AIGC技术降低了影视作品二次创作的门槛，并借助互联网、5G技术促使短视频平台成为影视文化作品裂变式传播的核心阵地。

在产业链下游，科技创新增强影视文化作品消费体验。人工智能算法能够基于消费者的行为偏好将影视文化作品精准推送给目标群体，提高了影视文化市场的供需匹配度。此外，先进影视技术的广泛应用为消费者提供了沉浸式、交互化的体验，强烈的感官刺激和情感共鸣满足了消费者更高层次的精神需求。

（二）科技创新重塑影视文化产业发展新格局

在科技创新的驱动下，影视文化产业打破了国有制片厂主导的垄断格局，向分布式、市场化格局跃迁。在产业升级的浪潮中，以华谊兄弟、光线传媒、博纳影业、爱奇艺、优酷、抖音为代表的民营企业发展强势，在科技创新赋能下，民营企业以灵活的市场化运作机制在影视文化产业链各个环节上持续发力。传统影视机构与新兴流媒体平台协同创新，形成了文化思想、艺术表达与商业价值共生的新图景，实现了影视文化产业百花齐放的市场盛世。

20世纪我国影视文化产业对高额资本、专业设备的依赖程度高，因此，以长春电影制片厂、北京电影制片厂、上海电影制片厂等少数大型制片厂为代表的寡头企业垄断着影视文化产业，在电视、影院等传统传播媒介的限制下，消费者只能被动接受影视文化作品。随着物质生活水平的提高，影视文化产业供求匹配错位导致消费者多元化精神需求难以得到满足。

进入21世纪后，科技创新重塑了影视文化产业格局。在新发展格局下，科技创新打破垄断壁垒，逐步取代资本成为核心生产要素，以满足消费者精神需求为导向加速向市场化转型。计算机生成影像（CGI）、AIGC等技术大幅降低了影视文化作品生产端的制作成本，促进了民营资本的深度参与。流媒体平台打破了影视文化作品传播过程中的时间与空间限制，加速了传播端民营企业崛起。区块链智能合约与非同质化代币（NFT）技术正在重构价值分配机制，将影视文化消费转化为可编程的产权交易，确保影视文化产品版权得到有效保护。大数据算法既拉近了创作者与消费者的距离，使影视文化作品的供给与需求匹配精准度大幅提高，也推动影视文化产业从"供给方驱动"向"需求方驱动"发展。

（三）科技创新延伸影视文化产业传播新路径

传统影视文化作品以线性叙事、物理拍摄和单向性传播为核心范式，以电影、电视剧等长视频为主要载体，在电视平台、电影院等线下渠道传播。在科技创新驱动下，影视文化作品的内容形式在电视剧、电影的基础上，拓展到网络剧、网络直播、微短剧、竖屏剧、互动剧等新形态。传播形式从播出时间较为固定的电视平台、电影院等线下播放，演变到通过互联网、流媒体、社交媒体等平台在电脑、手机、平板电脑等终端随时随地播放。体现出科技创新改变了影视文化产业传播范式，影视文化产业正经历从单向性传播到多维式传播的变革。

根据不同影视文化作品形态,传播方式呈现差异化。以电影为代表的高端制作,形成了线下影院上映与线上流媒体点播相结合的传播路径,扩大了影视文化作品的影响范围和影响力。以网络剧为代表的资源效率型影视文化作品的传播方式呈现多维性,爱奇艺、腾讯、优酷等视频网站涌现大量网络剧,线上传播为主要形式,众多网络剧中优秀的影视文化作品还可以通过电视平台"上星"播放。对于微短剧、竖屏剧等轻量化影视文化作品,以短视频平台为主导、长视频平台为补充的形式传播。

科技创新不仅拓展了影视文化作品传播的物理边界,也通过重构传播权力结构,以互动形式激活消费者的共创价值,增强了我国影视文化作品的全球影响力和市场竞争力。微短剧能及时捕捉观众的反馈信息,可根据观众喜好改变后续剧本中剧情走向。网络剧中的互动剧通过视角切换、分支剧情让观众主动参与,不同选择导致不同结局的形式极大增强了观众的代入感和沉浸感。

(四)科技创新催生影视文化产业消费新场景

传统影视文化作品的消费场景以物理空间为中心,依托影院观影和电视平台定时播放等形式构成单向传播消费链条,而科技创新打破了时间与空间的限制,对影视文化产业消费场景产生变革性影响。在数字化浪潮与体验经济交融的背景下,5G通信、XR和AIGC等前沿技术的渗透重构影视文化产业的消费图景,传统消费场景正在从静态展示空间转向互动和社交的文化综合体,通过突破传统观影模式的界限,观众成为故事情节的一部分,极大地提升了观影体验的深度和广度,在需求侧培育出虚实共生的新型消费场景。

网络直播、网络影剧、短视频等影视文化作品的兴起催生了实时交互的消费场景。除了免费观看影视文化作品,随着观众对高质量内容需求的增加,付费观看和打赏观看的消费方式也逐渐养成。腾讯2024年第二季度财报显示,《庆余年第二季》《与凤行》分别位列2024年上半年中国网络视频平台播放量第一和第二,带动长视频付费会员数同比增长13%,达到1.17

亿人。通过数据揭示出影视文化作品消费市场的广阔性和多样性。

XR技术与物联网的融合，催生了"影视+"跨界消费新场景。例如，影视与游戏构成线上联动消费场景，对同一故事采用两种媒介表达，通过"影游融合"带给玩家观众新的体验模式。此外，影视与文旅、零售等形成线下互动的消费场景，创造了跨行业的经济效益。例如，西安复刻《长安十二时辰》剧中场景，打造"影视IP+沉浸式娱乐+主题餐饮+国潮零售"的消费新场景；3A游戏《黑神话：悟空》因其沉浸式场景设计激活了山西等地文旅消费，同时撬动游戏硬件关联产业消费，呈现"影视+"的乘数效应。

二 河北影视文化产业的发展现状及存在的问题

在文化与经济深度融合的时代背景下，影视文化产业已成为彰显国家文化软实力、驱动经济高质量发展的核心引擎。中国的观众基础庞大，市场规模巨大，伴随人们的物质生活水平不断提高、精神文化需求日益增长，影视文化产业的发展空间不断扩大。北京、浙江、山东等地依托科技创新，打造出国内领先水平的影视文化产业生态圈，为当地经济增长注入新能量。河北处于经济社会转型的关键时期，也面临落实国家重大战略、构建现代产业体系、建设"文化强省"等重大任务。近年来，河北大力发展影视文化产业，力争以数字赋能与内容深耕为核心，通过构建双核驱动、多点支撑的产业格局，推动河北加快从"影视资源大省"向"影视产业强省"迈进。

（一）河北影视文化产业的发展现状

1. 政策持续发力，产业链条扩延

随着国家对文化产业支持力度不断加大，影视文化产业成为各地竞相发展的重点领域，河北高度重视影视文化产业的发展，2021年3月，省文化和旅游厅印发《河北省文化产业发展规划（2021—2025）》，从文化产业发展路径与措施、文化资源挖掘转化利用、文化与科技融合等方面对河北影视文化产业发展给予总体引导，在政策层面有力推动河北影视文化产业转型升级。在具体措施方面，为弘扬主旋律，传播河北红色文化与历史文化，河北省广播电视局对省内优秀影视文化作品给予大力扶持，此外，河北还通过设立省级专项资金、给予税收优惠或补贴等政策，有效激励影视文化作品提质增效。

鉴于影视文化产业兼具社会效益与经济效益，推进"影视+"的产业链条扩延也成为助力河北影视文化产业高质量发展的重要路径。例如，张家口积极打造"影视+文旅"融合发展新场景，借助北接草原天路、南临大境门、毗邻张库古道的地理优势，将清河影视基地打造为影视文化旅游集聚区。邯郸涉县拟围绕娲皇宫景区，构建"影视+演绎+文旅"的场景，打造先祖史诗大剧《娲皇传》、动画电影《女娲补天》、沉浸式演出音乐剧《女娲娘娘》，从而实现文化传播、影视作品、旅游创收等多方共赢。

2.规模不断壮大，产品形式多元

影视文化产业是提升河北文化软实力的重要渠道，凭借独特的文化资源禀赋和京津冀协同政策红利，河北影视文化产业发展规模不断壮大。根据河北省统计局公布的数据，2024年，全省共有1233家规模以上文化及相关产业企业（以下简称"规模以上文化企业"），全年实现营业收入885.1亿元，同比增长4.0%。由于影视文化产业在文化产业中具有较强的新业态特征，因此，在当前缺乏针对影视文化产业详细数据的情况下，可以根据新业态数据推测河北影视文化产业的发展情况。河北省统计局公布的数据显示，2024年，河北文化产业新业态实现营业收入74.2亿元，同比增长10.4%，增速高于全部规模以上文化企业6.4个百分点，成为文化产业发展的中坚力量。

在影视文化产业体量增长之际，影视文化作品形态越发丰富。传统作品形态中的电影、电视剧、纪录片实现了产量与质量双提升。2024年，河北参与出品《志愿军·存亡之战》《出入平安》《革命者》等优秀影片，展现了河北在电影创作方面的实力和成就；此外，2024年河北有10部电视剧入选"与时代同行 与人民同心"电视剧全国展播活动；《京津冀·瓣瓣同心》等3部纪录片在央视播出，《水韵千年》入选国家广播电视总局"记录新时代"纪录片精品扶持项目，《白洋淀》等 4 部纪录片入选国家广播电视总局优秀国产纪录片季度推优目录。除传统影视文化作品外，短视频、微短剧、网络直播等形式的作品也迅速发展，河北连续 5 年开展河北网络视听原创精品征集活动，微短剧《等你三千年》《你好，苏东坡》等 7 部作品入选国家广播电视总局"跟着微短剧去旅行"创作计划推荐目录，数量位居全国前列。

3. 龙头企业带动，小微企业群起

河北影视文化产业在政策扶持与市场创新的推动下，已经形成"龙头企业引领产业升级，小微企业激活创新生态"的双轨发展格局。截至 2024 年，全省广播电视节目制作经营机构达 845 家，互联网视听服务持证机构达 164 家。① 2024 年 9 月 26 日，河北广电无线传媒股份有限公司在深圳证券交易所创业板上市，成为河北第一家登陆创业板的国有控股文化企业，为河北影视文化产业高质量发展做出积极贡献。

龙头企业具备资本、技术和资源的相对优势，推动河北影视文化产业作品向精品化、专业化迈进。例如，中视传媒股份有限公司河北分公司聚焦红色文化与现实题材创作，电视剧《觉醒年代 2》等取得较好的收视效果。河北影视集团在布局涵盖制片、院线、影视城运营的全产业链方面具有优势，2024 年推出的电影《钢铁脊梁》获中宣部"五个一工程"奖，在行业中起到良好的示范带动作用。

小微企业凭借轻资产性、高敏捷度的特点，在直播、短视频等新兴领域发挥作用，成为河北影视文化产业生态中不容忽视的重要力量。例如，中国承德微电影短视频产业孵化园为园区内小微企业提供全产业链孵化平台，通过直播带货、打造"非遗技艺"短视频等方式为承德影视文化产业发展和经济增长注入新鲜活力。

---

① 《河北推动广播电视和网络视听高质量发展取得明显成效》，河北省人民政府网站，2025 年 1 月 2 日，http://www.hebei.gov.cn/columns/580d0301 - 2e0b - 4152 - 9dd1 - 7d7f4e0f4980/202501/02/0685061b-28bc-4e15-b8bd-0696ce2c26f1.html。

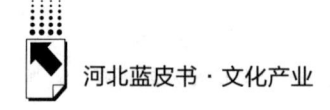

4. 科技创新赋能，产业升级加速

在全球科技创新驱动背景下，河北影视文化产业紧扣"科技创新+产业升级"的高质量发展路径，通过技术赋能影视文化产业作品内容生产、数字技术重构产业生态，积极推进河北由文化资源大省向影视科技强省转型。

通过前沿技术的渗透，科技创新重塑河北影视文化产业作品的内容生产与传播链条。在"云端协助"影视数字产业集群中，中国·张家口影视数字制作产业基地中的张家口塞上文化科技有限公司可以承担影片CG模型、渲染等全流程制作，为张家口打造"北方影视数字制作中心"品牌贡献科技力量。河北廊坊的三河有鱼文化传播有限公司参与了《哪吒之魔童闹海》的制作，主要是为电影中陈塘关被毁前的部分建筑、龙宫遗址建筑、石矶娘娘的魔镜等场景建立模型，表明河北在高精度建模与渲染技术方面具有一定竞争优势。

在数字化时代，传统影视行业面临严峻挑战，通过融合与创新，以河北广播电视为代表的影视文化产业积极转型升级。通过搭建"内容+直播+服务"多元化信息平台，以融合平台建设助力新媒体传播转型升级。此外，借助全媒体指挥调度中心、4K超高清演播室、指挥媒资系统等融合平台建设，加快超高清、5G、虚拟主播、裸眼3D视频等新技术应用开发，河北广播电视台成立"河北广电AIGC联合实验室""人工智能超高清节目制作实验室"等部门，加速培育和释放科技创新力量，赋能河北影视文化产业高质量发展。

（二）河北影视文化产业存在的问题

在科技创新日新月异的时代，影视文化产业不断加速发展，尽管河北影视文化产业已具备一定基础，但是，立足当今人们精神消费需求，从国内其他省份产业发展与竞争趋势来看，河北影视文化产业发展还存在不足之处。

1. 产业规模体量偏小，内容创新性乏力

国家统计局发布的数据显示，2024年我国规模以上文化企业实现营业收入141510亿元，同比增长6%，其中，文化产业新业态实现营业收入

59082亿元，同比增长9.8%，对全部规模以上文化企业营业收入增长的贡献率为65.7%，为文化产业高质量发展提供了有力支撑。从河北省统计局统计数据来看，2024年河北规模以上文化企业营业收入约占全国总量的0.63%，在新业态方面，河北文化产业新业态营业收入约占全国总量的0.13%。由此可见，尽管河北文化产业规模与上年相比有所增长，但与全国总量相比，规模体量仍然偏小。而对于具备数字化、创新性、跨界融合特征的文化产业新业态来说，河北对全国的贡献更显乏力。

2. 产业发展结构失衡，市场化开发不足

根据河北省广播电视局关于2024年河北省网络视听优秀作品的公示情况来看，影视文化作品主要依靠包括河北广播电视台、长城新媒体、河北新闻网等在内的省级平台带动，市、县级融媒体中心积极参与，但是民营企业的参与度较低，被评为优秀影视作品的数量较少。此外，从影视文化作品的类型来看，立足传统文化、弘扬主旋律的纪录片较多，但具有较强影响力和较高经济价值的商业化作品较少，这反映出河北影视文化作品主要依靠政府和头部国有企业制作发行，尽管对小微企业能够产生一定的拉动作用，但因其资本、资源在竞争中处于劣势，民营企业较难突破发展结构失衡的藩篱，导致河北影视文化市场化开发不足，影视文化产业的经济价值未能充分发挥。

3. 数智融合水平滞后，新科技渗透率低

2024年，从河北影视文化作品中的代表来看，当前对增强现实（AR）、虚拟现实（VR）、人工智能（AI）、数字孪生（DT）、区块链等前沿技术的应用较少，较难产生原创类影视IP。尽管部分企业利用新科技参与其他影视文化作品制作，并积极与国内头部影视公司进行合作，有望提高河北影视文化作品的数智融合水平，但是，由于当前科技创新已从单一技术突破向系统性融合转变，影视文化产业链各个环节的新科技渗透率低。

4. 产业生态尚不完善，核心竞争力较弱

在科技创新驱动下，影视文化产业进入新时代，科技创新的应用不仅改变了传统影视作品的制作、推广、消费模式，还改变了融合性的产业生态圈。但河北影视文化产业科技赋能动力不足，导致影视文化产业链上游的剧本开发、高技术拍摄、制作周期及制作效果缺乏竞争力，产业链下游的消费场景缺乏对观众的吸引力。此外，河北影视文化产业生态还不完整，总体核心竞争力较弱，难以满足观众精神文化的消费需求和社会经济增长的发展需求。

三 科技创新赋能河北影视文化产业高质量发展的对策建议

影视文化产业的高质量发展不仅能够增强文化软实力，丰富人民群众的精神文化生活，提高生活品质，还能够促进就业、协同其他产业共同发展，对经济高质量发展也有强大的推动作用。以科技创新赋能影视文化产业，不仅是落实国家"十四五"文化强国战略的必然要求，也是打造河北文化品牌，提升区域文化软实力，促进经济高质量发展，推动京津冀协同发展的关键。为促进河北影视文化产业高质量发展，基于当前河北影视文化产业的发展现状及存在的问题，本报告提出以下四个方面的对策建议。

（一）以"政策+科技+资本"驱动机制破解发展规模困境

突破影视文化产业发展困境需以政策为指引。借助当前全国影视文化产业火热的东风，把脉科技创新与影视文化产业变革的趋势，以编制"十五五"规划为契机，将影视文化产业作为重点培育的经济增长点，全面提升河北影视文化产业的质量和效益。

驱动影视文化产业高质量发展需以科技为支撑。聚焦国内外前沿科技，依托国家级实验教学示范中心平台，汇集专业智慧和社会资源，创建河北影视文化产品智能制作实验室，加强科技创新，在专业人才培养等方面推进产学研深度融合，推动河北影视产业的工业化发展。

推动影视文化产业快速发展需以资本为动力。投融资对影视文化产业非常重要，加大对影视文化产业全链条和新型技术的投资力度，鼓励银行等金融机构以优质内容为投资导向,加强对影视文化企业的金融支持,探索完善影视文化企业信用风险管理机制。

(二)以"园区+科技+平台"助力体系突破市场转型瓶颈

毗邻省内特色影视基地建立影视文化产业园区,积极与国内外头部影视、科技企业建立长期合作关系,为小微民营企业提供创作空间、科技支持,并借助财税、金融政策进一步加大对民营企业的支持力度,促进影视文化产业的小微企业集聚发展。

扩大区块链等技术的应用范围,加强民营企业知识产权保护,营造有利于影视文化产业高质量发展的法治营商环境,并利用知识产权制度发挥保护创新、激励创新和促进创新的功能,规范、健全河北影视文化产业市场化发展。

加强影视文化与科技融合的研发平台建设,共同攻克影视文化作品在剧本制作、虚拟拍摄、宣发推广等环节的难题。此外,积极与短视频平台建立合作关系,不仅有助于微短剧、直播与网络演出等影视文化作品提质增效,也可以为河北其他类型影视作品提供裂变式传播渠道,提高影视文化产业整体影响力。

(三)以"基础+科技+人才"部署战略提升科技渗透浓度

通过基础设施建设为科技渗透影视文化产业链提供基础保障。加强5G、数据中心、算力等基础设施建设,拓展网络基层覆盖范围,稳定网络互联能力,并持续提升算力供给水平,夯实应用分布式渲染、云协作等前沿技术基础。

拓宽引进影视文化技术的渠道,河北毗邻北京、天津、山东等影视文化产业发展较好的省市,在区位优势的加持下,通过企企联合、校企合作等方式广泛引进周边地区的优势技术,提升河北影视文化产业的科技渗透浓度,增强产业链韧性。

增设与影视文化产业链相呼应的学科专业,强化河北影视文化产业相关专业人才培养，同时，加大科技型稀缺人才的引进力度，不断健全生命全周期的人才培养与服务模式，探寻"冀育人才，人才留冀"的长效机制。

（四）以"应用+科技+服务"生态模式增强核心竞争力

结合河北文化特色探索全新的"影视+"消费场景，努力将更多的前沿科技应用其中，增强影视文化产业链各个环节的凝聚力，为不断优化新场景共同发力，形成独具特色的核心竞争力。同时，减少与国内其他省市同质化消费场景的构建，避免因缺乏竞争力而降低"影视+"长尾效应。

结合河北在装备制造等领域的相对优势，促进装备制作与影视文化的跨界融合，对高端摄影机、虚拟拍摄硬件系统、稳定器等影视装备进行核心技术自主研发，力争在全国影视文化产业链中拥有一席之地。

建立影视文化科技成果转化服务平台，为影视文化企业提供技术转移、成果推广、市场对接等服务，积极优化影视文化产业的营商环境，增强对外地文化企业入驻河北的吸引力，从而促进河北影视文化科技成果的产业化、规模化应用。

参考文献

杜鑫：《互联网背景下影视文化产业融合发展的研究》，《中国集体经济》2022年第35期。

冯雪：《影视文化产业在经济发展中的推动力研究》，《现代商业》2018年第5期。

郭超：《虚拟现实技术推动文化产业发展研究——以青岛市为例》，《中共青岛市委党校·青岛行政学院学报》2023年第6期。

何义珠：《文化与科技融合的新型文化业态的形成机理、应然类型与实践样态》，《图书馆》2025年3月11日网络首发。

季哲：《资本助推文化产业蓬勃发展》，《中国经贸导刊》2024年第8期。

赖雪梅、陈小东：《数字赋能文化高质量发展的内在逻辑、困境分析和实践策略》，《理论研究》2025年第1期。

B.6 场景创新驱动河北"夜经济"发展的对策研究

苏玉腾[*]

摘　要： 随着消费结构的持续升级以及城市功能的不断转型，"夜经济"在河北经济高质量发展进程中扮演着越发关键的角色。本报告以场景创新为核心切入点，探讨了场景创新对河北"夜经济"发展的重要性，深入剖析了河北"夜经济"发展的现状与痛点，通过借鉴国内经济较发达地区发展"夜经济"的经验，创新性地提出借助文化IP驱动、科技赋能、业态融合、空间重构等措施，构建丰富且具有吸引力的夜间消费场景，为充分挖掘河北"夜经济"潜力提供切实可行的对策建议，推动河北"夜经济"实现突破性发展。

关键词： 场景创新　夜经济　河北

随着经济的快速发展和人们生活水平的提高，夜间消费已成为拉动经济增长的重要力量。这一新兴经济形态通过时空延展激活"24小时消费链"，在餐饮服务、文娱体验、旅游休闲等领域的跨界融合中持续释放"乘数效应"。河北作为京津冀协同发展的重要区域，拥有丰富的文化资源和庞大的消费市场，且具有得天独厚的"夜经济"发展优势。近年来，河北省政府高度重视"夜经济"发展，出台了一系列政策措施，推动"夜经济"规模不断扩大，业态日益丰富。然而，河北"夜经济"的发展仍与国内先进省

---

[*] 苏玉腾，河北省社会科学院经济研究所助理研究员，主要研究方向为区域经济学。

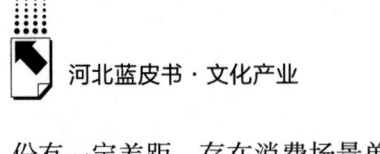

份有一定差距，存在消费场景单一、文化内涵挖掘不足、配套设施不完善等问题，制约"夜经济"进一步发展。在此背景下，探索场景创新驱动河北"夜经济"发展的对策具有重要的现实意义。场景创新可以为"夜经济"注入新的活力，丰富消费体验，满足消费者多样化、个性化需求，进而推动"夜经济"高质量发展。场景创新不仅有助于提升河北经济竞争力，还能为河北居民创造更加丰富多彩的夜间生活，提升城市的吸引力和美誉度。同时，在促进就业、拉动内需、推动相关产业发展等方面也具有积极的推动作用。

一 场景创新赋能河北"夜经济"发展的重要意义

（一）满足消费者多样化需求

随着人们生活水平的提高和消费观念的转变，消费者对于"夜经济"的消费需求日益多样化、个性化。消费者不再满足于传统的餐饮、购物等消费形式，而是追求更加丰富、独特、高品质的夜间消费体验。场景创新能够为消费者提供多元化的消费场景，满足他们不同方面的消费需求。

在文化体验方面，场景创新深入挖掘地域文化价值并赋予现代活力。例如，非遗工坊通过沉浸式手作体验，让游客参与古法扎染、陶瓷烧制等传统技艺，结合增强现实（AR）技术还原历史场景，既传承了文化记忆又满足了年轻人对个性化创作的追求；在老字号街区打造"复古供销社""胡同音乐会"等主题场景，以方言广播剧、怀旧市集唤醒城市乡愁，为消费者提供情感共鸣的精神归属空间；这些创新场景通过"可参与、可互动、可传播"的体验设计，将静态文化资源转化为鲜活消费内容，激发人们对本土文化的认同感与探索欲。在休闲娱乐方面，场景创新引入新颖的娱乐项目和活动形式。例如，一些"夜经济"区域开设了密室逃脱、剧本杀等沉浸式娱乐场所，满足了年轻人对于社交互动和新奇体验的需求；举办音乐节、演唱会等大型文艺活动，为众多音乐爱好者提供了一个释放激情、享受音乐的平台；开展夜间体育活动，如夜跑、夜骑、夜间健身等，满足消费者对于健康生活方式的追求，让他们在夜间保持活力。在亲子互动方面，打造亲子主题的夜间消费场景，如夜间亲子餐厅、儿童游乐园、亲子手工坊等，为家庭消费者提供了亲子共度美好时光的场所，家长可以与孩子一起用餐、玩耍、制作手工艺品，增进亲子感情。

（二）提升"夜经济"的竞争力

在全国"夜经济"蓬勃发展的背景下，各地纷纷加大对"夜经济"的投入和建设力度，"夜经济"市场竞争日益激烈。河北要在这场竞争中脱颖而出，就必须通过场景创新，打造具有独特性和吸引力的"夜经济"品牌，提升自身的竞争力。

河北拥有丰富的历史文化资源、独特的自然风光和民俗风情，这些都是其打造特色"夜经济"场景的宝贵素材。例如，正定古城街区通过对护城河、古城城墙、城楼、古塔等进行亮化，形成了独特的"夜色正定"景观，展现了正定古城的历史韵味和文化底蕴。秦皇岛依托自身的滨海资源及葡萄酒原产地优势，打造葡萄酒节，将海滨风光与葡萄酒文化相结合，为游客提供了别具一格的夜间旅游体验，吸引了大量京津游客，提升了秦皇岛"夜经济"的知名度和影响力。

场景创新还可以引入新业态和新的商业模式，提升"夜经济"的品质和服务水平。例如，一些"夜经济"街区引入 24 小时书店、夜间博物馆等新业态，为消费者提供了更加丰富的文化消费选择；采用线上与线下相结合的商业模式，通过电商平台、社交媒体等渠道扩大"夜经济"的宣传和销售范围，增强消费者的购物便利性和体验感。这些创新举措能够使河北"夜经济"在竞争中占据优势地位，吸引更多的消费者和商家，促进"夜经济"的持续发展。

（三）推动产业融合与升级

"夜经济"场景创新能够促进文商旅体等产业的深度融合，打破各产业之间的界限，形成协同发展的格局，推动产业结构优化升级。

文化产业是"夜经济"的重要支撑，丰富的文化元素能够为"夜经济"增添独特魅力。通过场景创新，将文化元素融入"夜经济"的各个环节，如在旅游景区举办夜间文化演出、打造文化主题街区、开发文化创意产品等，不仅能提升旅游的文化内涵，还能推动文化产业发展。

旅游产业与"夜经济"的融合，能够丰富旅游产品供给，延长游客停留时间，提高旅游综合效益。通过打造夜游项目、开发夜间旅游线路、建设夜间旅游服务设施等场景创新举措，为游客提供更加丰富的夜间旅游体验。

商业与"夜经济"的融合是"夜经济"发展的基础。场景创新能够推动商业业态的创新和升级，打造多元化的夜间消费场景。例如，一些商场、步行街通过举办夜间购物节、开展主题促销活动、引入特色品牌等方式，吸引消费者夜间购物；同时，"夜经济"发展也能够带动周边商业繁荣，形成夜间商业圈，促进商业的集聚发展。

体育产业与"夜经济"的融合为"夜经济"注入新的活力。通过举办夜间体育赛事、建设夜间体育设施等场景创新方式，既满足了消费者对于夜间体育活动的需求，也带动了体育用品销售、体育培训等相关产业的发展。例如，一些城市举办的夜间马拉松比赛、夜间足球赛等，吸引了众多体育爱好者参与，不仅丰富了"夜经济"的业态，也提升了城市的活力和影响力。

（四）增加就业与促进经济增长

场景创新驱动"夜经济"发展，能够创造大量的就业机会，刺激经济增长。随着"夜经济"场景的不断创新和业态的日益丰富，对各类人才的需求也不断增加。从餐饮服务人员、零售店员、文化演艺人员、旅游服务人员到活动策划、市场营销、创意设计等专业人才，"夜经济"的发展为多领域、具有不同技能的人群提供了就业岗位。

"夜经济"的繁荣还能够带动相关产业的发展，从而促进经济增长。夜间消费的增加，直接带动了餐饮、购物、文化娱乐、旅游等行业的销售额增长，为企业带来更多利润，进而促进企业扩大生产和经营规模，增加投资。同时，"夜经济"的发展也会带动基础设施建设、交通运输、物流配送等相关产业的发展，形成产业链效应，推动经济增长。

二 河北"夜经济"发展的现状与痛点分析

（一）现状

近年来，河北高度重视"夜经济"的发展，将其作为促进消费、拉动经济增长的重要举措。在政策的大力支持下，河北"夜经济"呈现蓬勃发展的良好态势。

在政策实施方面，河北省政府及各地市出台一系列鼓励"夜经济"发展的政策措施。例如，加大财政投入，对"夜经济"特色街区和夜市的基础设施建设、配套服务等给予补贴；优化营商环境，简化审批流程，为"夜经济"相关企业提供便利；实施延时经营政策，鼓励商家延长营业时间，丰富夜间消费供给。这些政策的实施，为"夜经济"的发展提供了有力的政策保障。

在市场规模方面，河北"夜经济"规模持续扩大。据相关数据统计，河北"夜经济"消费市场规模逐年扩大，夜间消费占社会消费品零售总额的比重不断提高。越来越多的消费者选择在夜间外出消费，夜间消费的活跃度不断提升。同时，"夜经济"的业态也日益丰富，涵盖了餐饮、购物、文化娱乐、旅游等多个领域，形成了多元化的"夜经济"消费格局。目前，全省已培育形成正定古城夜游、唐山南湖光影秀等特色IP。

在消费群体方面，"夜经济"的消费群体日益广泛。不仅有年轻人，如上班族、学生等，他们追求时尚、休闲的夜间生活方式，喜欢在夜间进行娱乐、购物等活动；还吸引了中老年人、家庭消费者的参与。随着生活水平的提高，中老年人逐渐改变传统的夜间生活习惯，开始参与"夜经济"消费。

家庭消费者则更倾向于在夜间选择亲子活动、家庭聚餐等消费项目，进一步推动了"夜经济"的发展。

（二）痛点

一是缺乏特色与创新性。部分"夜经济"场景存在内容同质化现象，缺乏独特的文化内涵和创新性。许多"夜经济"街区项目在业态布局方面相似度较高，缺乏对当地历史文化、民俗风情的深入挖掘和展示。例如，一些"夜经济"街区以餐饮和购物为主，缺乏文化、艺术、娱乐等业态，难以满足消费者多样化的需求。同时，在活动策划方面，也存在形式单一、缺乏创新性的问题，如常见的灯光秀、文艺演出等活动，在不同地区的"夜经济"场景中频繁出现，缺乏独特性，无法吸引消费者持续关注。

二是缺乏对文化内涵的挖掘和展示。河北拥有丰富的历史文化资源，如承德的皇家文化、邯郸的成语典故文化、保定的直隶文化等，但在"夜经济"场景创新中，这些文化资源没有得到充分的挖掘和展示。许多"夜经济"项目只是简单地将文化元素作为点缀，没有深入挖掘其文化内涵，使"夜经济"场景设计缺乏文化底蕴。

三是基础设施与配套服务不完善。交通、卫生、安全等基础设施和配套服务不完善，对"夜经济"场景发展构成制约。夜间公共交通服务不完善，许多城市的公交车、地铁等公共交通工具在夜间运营时间较短，线路覆盖范围有限，无法满足消费者夜间出行的需求。环境卫生管理不到位，部分"夜经济"街区在夜间存在垃圾堆积、污水横流等问题，影响了消费者的体验和街区的形象。安全保障措施不足，夜间治安管理存在一定难度，给消费者的人身和财产安全带来隐患。"夜经济"活动通常在夜间进行，人员密集、流动性大，增加了治安管理的难度，一些"夜经济"街区和场所存在监控设备不完善、安保人员配备不足等问题，无法及时有效地应对突发事件，保障消费者的安全。此外，食品安全问题也不容忽视，一些夜市摊位的卫生状况堪忧，存在食品安全隐患。

三 全国"夜经济"场景创新的成功案例分析

（一）文化 IP 驱动型场景：地域特色与商业价值的深度耦合

成都经验：成都打造"夜游锦江"项目，对南宋《成都志》记载的"锦江夜市"场景进行现代化演绎，嵌入 MR 数字游船、全息投影等科技元素，实现"千年水脉"与元宇宙技术的融合。"夜游锦江"项目沿线码头，设有成都十二月市、夜游龙门阵、潮玩市集等多元消费场景。除此之外，还将成都美食、茶文化、课堂、剧本杀等内容搬上游船，围绕游船空间打造一系列丰富多元的消费新体验。成都经验的特色在于，以"文化 IP＋沉浸式体验"重构消费链条，形成"游船经济—光影秀—民俗展演"三级营收体系。

长沙模式：长沙以"楚汉文化＋现代消费"为内核，构建"一江两岸、多商圈、多组团"的"夜经济"发展格局。太平老街通过 200 余家老字号与非遗工坊的联动，日均吸引客流达 10 万人次；扬帆夜市拥有商户 400 余家，美食琳琅满目，是湖南目前规模最大的夜市；潮宗街打造酒吧、咖啡、民俗、轻食、书店、密室逃脱等多种业态。特别是"天空剧院"运用声光电技术打造沉浸式烟花秀，实现传统美学与现代科技的深度融合。

洛阳实践：洛阳依托十三朝古都文化底蕴，将汉服文化培育为夜间消费的核心 IP。洛邑古城开发"实景演出＋剧情体验＋角色互动"模式，带动服装租赁、妆造定制等产业发展。隋唐里坊街区通过极光音乐市集，将传统夜市升级为集美食、文创、演艺于一体的休闲娱乐综合体，让"夜经济"场景从单一性夜市向休闲娱乐聚集区转变。

（二）科技赋能型场景：虚实融合拓展消费边界

北京创新：北京温榆河公园千灯夜展览，采用全息投影技术，打造裸眼 3D 体验，从神话仙境到未来宇宙，游客可通过触摸、语音等方式与灯光互动；同庆街以"数字街区＋民俗文化"为特色，通过科技手段重塑传统庙会场景，通过 LED 互动屏、"祈福墙"、"AI 定制年礼"等互动型消费赋能传统年俗，打造"数字年味街"。

自贡探索：国际恐龙灯会 AI 升级，利用 AI 等前沿科技，为传统灯组加载动态捕捉和语音交互系统，可凭借视觉识别、多感知交互以及高精度声源定位等高科技手段与游客进行互动，使游客实现从"看灯"到"玩灯"的体验跃迁。不仅如此，自贡灯会还催生了灯光设计、数字编程等关联产业的技术革新。

（三）业态融合型场景：构建全链条消费生态圈

石家庄样本：石家庄滹沱河艺术生态岛举办"小岛生活节"，融合露营、戏剧、电影、市集等多元业态，其中水岸商业街聚集 20 余家品牌快闪店，销售文创手作、潮流服饰及本地美食，结合"粉红市集"主题提升消费吸引力，并且在夜间推出限定版"露营套餐"，联动餐饮商户提供定制化服务。

青岛案例：青岛"灯光秀+啤酒节"双引擎，依托浮山湾灯光秀 IP，联动啤酒节推出夜宴、夜购、夜演等 8 大主题消费区，打造"光影+狂欢"双主题"夜经济"品牌。通过"一票通享"机制联动奥帆中心、情人坝等核心景区，构建全域沉浸式消费动线。除此之外，还运用 3D 楼体投影、无人机编队等技术，动态呈现海洋主题光影秀与啤酒文化符号；同步开发"AR 干杯互动""虚拟酿酒师"等数字体验项目，增强游客体验感和参与感。

（四）空间重构型场景：存量改造激发城市活力

长沙渔人码头：滨江夜经济与湖湘文化融合创新实践。长沙依托湘江西岸 500 米滨水景观带，将废弃工业码头改造为 23 栋欧式风情建筑集群，融合英国维多利亚风格骑楼、意大利罗马穹顶广场、西班牙阶梯式观景台等建筑元素，营造出浓厚的异域商业风情，形成"江景+美食+娱乐"的复合型消费带。

郑州阜民里：城市微更新激发历史街区夜间活力。郑州采用"留改拆建"四维微更新模式,将20世纪80年代居民区升级为历史文化街区,复原供销社式的复古小卖部,展示老式蜂窝煤堆、搪瓷缸陈列墙,设置"时光电话亭"循环播放80年代郑州方言广播剧,还设置文化体验、潮流消费及便民服务等区域,这种"微更新+场景创新"模式突破了传统的"大拆大建"模式,平衡了"历史记忆留存"与"现代消费升级",通过"最小干预"实现历史价值与商业价值的共生。

总之,经济较发达地区普遍通过"文化符号具象化、技术应用场景化、业态组合主题化、空间改造精细化"实现场景创新。其核心在于,以文化IP构建差异化竞争力、以科技手段提升消费体验、以业态融合延长消费链条、以空间重构激活存量资源。这些经验为河北突破同质化困境提供了可复制的路径参考。

四 场景创新驱动河北"夜经济"发展的路径

(一)强化政策引领,推动"夜经济"体系化布局

立足河北区位特征与文化资源禀赋,统筹制定"夜经济"专项政策体系,是激发消费潜能、助力京津冀协同发展的重要抓手。科学构建"多规融合、分层推进"的"夜经济"发展框架,将"夜经济"纳入全省文旅融合发展战略,明确"一核(雄安新区)、两带(环首都、环渤海)、多节点(正定古城、唐山工业遗址等)"的空间布局。通过整合商贸、文旅、交通等部门资源,精准匹配各地市产业基础与发展定位(如石家庄都市休闲、秦皇岛滨海夜游等),统筹设计"政策扶持+场景创新+数字赋能"的全链条支持机制,推动河北夜间消费与文化体验、生态资源深度耦合,形成具有河北特色的"夜经济"高质量发展模式。

(二)强化市场运作,构建专业化"夜经济"运营体系

人才是推动"夜经济"高质量发展的核心。河北需立足京津冀协同发

展战略机遇，构建"引才聚智+育才强基"双轨机制，重点围绕石家庄湾里庙步行街、唐山唐山宴等标杆性夜间消费场景，建立"头部运营商定向招引+本土企业联合体培育"机制，依托河北经贸大学、燕山大学等高校资源，创新设立"夜间经济产教融合实训基地"，开发"数字营销+场景运营"复合型课程体系，定向培养夜间灯光设计师、文旅动线规划师等紧缺人才。通过京津冀联合招聘会引进夜间消费数据分析师、沉浸式体验内容制作团队等，为雄安数字夜游、正定古城光影秀等项目提供技术支撑，打造专业运营与在地文化深度融合的河北"夜经济"升级范式。

（三）细化安全部署，推进"夜经济"规范化管理

城市"夜经济"规范化发展需要建立健全规范运营和服务保障相结合的管理机制。一是抓实安全基础。定期组织商户开展消防演练、应急疏散培训，通过案例视频、现场教学提升其安全操作能力。建立安全知识线上考核制度，新入驻商户需通过安全知识考核方可营业。二是推动商户共治。实行"安全信用积分"制度，对主动维护公共设施、参与环境治理的商户，给予水电费减免或优先续租奖励。组建商户自治小组，协助监管部门开展日常巡查。三是实施动态防控。在重点夜市布设智能监控设备，实时监测人流密度和排查安全隐患。针对大型活动制定专项预案，每季度组织一次模拟演练，重点检验突发情况处置流程。

五 场景创新驱动河北"夜经济"发展的对策建议

（一）文化赋能，深挖燕赵文化内涵

历史文化场景化演绎：深入挖掘河北深厚的历史文化底蕴，以燕赵文化为核心，打造特色夜游项目。例如，邯郸可依托赵国古都历史，打造"梦回邯郸"沉浸式夜游项目，通过实景演出、光影秀等形式，重现赵武灵王胡服骑射等经典历史场景，让游客穿越时空感受赵国古都的历史韵味。又

如，正定古城可以在现有的《滏源长歌》实景演出的基础上，进一步拓展夜游线路，增加互动体验环节，设置古代集市体验区，游客可身着古装参与集市交易，深度体验古代生活。

非遗文化体验拓展：整合河北丰富的非遗资源，开发一系列非遗体验活动。例如，蔚县不仅可以设立蔚县剪纸体验中心，还可以举办大型非遗文化节，邀请全省乃至全国的非遗代表性传承人展示非遗技艺和销售各类非遗产品。同时，可以开展非遗技艺比赛，如剪纸大赛、皮影雕刻大赛等，吸引更多游客参与，提升蔚县作为非遗文化体验地的知名度。再如，唐山可以将皮影戏与现代科技相结合，打造皮影主题的沉浸式剧场，运用全息投影等技术，让皮影人物仿佛跃于观众眼前，增强非遗文化的感染力和吸引力。

（二）科技融合，打造智慧夜间消费场景

智慧服务平台搭建：开发功能全面的"冀夜通"智慧服务平台，整合全省夜间消费场所信息，包括商家位置、商品及服务介绍、实时客流显示、用户评价等。消费者可通过平台提前预订服务、查询停车位、规划游玩路线，并享受线上支付优惠等。例如，在石家庄的勒泰中心，消费者可通过"冀夜通"查看各商家的排队情况，提前预订热门餐厅座位，还能根据平台推荐的优惠活动选择合适的消费项目。同时，平台利用大数据分析消费者的行为习惯，为商家提供精准的营销策略，如商家可以根据消费者偏好调整商品陈列和推送个性化优惠券。

沉浸式科技体验引入：在景区、商场等夜间消费集中区域，广泛应用前沿技术，打造沉浸式体验项目。例如，在西柏坡纪念馆，利用AR技术开发红色文化探索游戏，游客在参观过程中通过手机扫描特定标识，即可"触发"虚拟的革命场景，实现与革命先辈的"互动"，增强趣味性，提高体验感。再如，秦皇岛的碧螺塔酒吧公园引入VR光影秀，游客佩戴VR设备即可置身于奇幻的光影世界，享受震撼的视觉盛宴，提升游客的体验感和满意度。

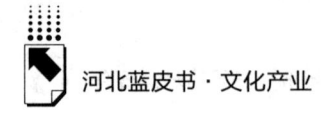

（三）业态协同，构建多元夜间消费生态

"夜经济+"模式拓展：推动"夜经济"与体育、康养、教育等多元业态融合。在体育方面，除了崇礼的星空滑雪夜场，还可在各大城市的公园、广场等地设置夜间体育健身区域，配备智能健身器材，举办夜间篮球、夜间足球联赛等活动，吸引体育爱好者参与。在康养方面，除了北戴河的夜间温泉理疗中心，还可在廊坊等温泉资源丰富的地区，打造集温泉疗养、中医推拿、夜间冥想等于一体的康养综合体。在教育方面，可开设夜间博物馆课堂、非遗技艺培训班等，让消费者在夜间既能享受休闲时光，又能提升自身素养。

产业链整合与延伸：完善夜间消费产业链，建立从生产、供应到销售的全链条服务体系。以夜间餐饮为例，加强"中央厨房+即时配送"体系建设，不仅服务于外卖市场，还可向夜市、酒吧等场所提供标准化食材和成品菜肴，确保餐饮品质和供应效率。同时，推动夜间消费与旅游产业链的深度融合，开发"夜游+住宿+餐饮+购物"一体化的旅游产品，如推出包含夜间游船、特色民宿、当地美食体验和文创产品购物的套餐，吸引更多外地游客前来消费，延长游客停留时间，增加消费频次。

（四）空间优化，提升"夜经济"承载能力

城市夜间空间改造：对城市现有空间进行优化升级，打造富有特色的夜间消费街区。例如，保定的西大街在保留原有建筑风貌的基础上，通过灯光设计、街道装饰等手段，营造出古色古香的夜间氛围。同时，合理规划街区的空间布局，设置文化展示区、特色商业区、休闲餐饮区等，满足不同消费者的需求。再如，石家庄的南三条市场，通过夜间亮化改造，将传统的批发市场转变为夜间购物休闲街区，增加夜间营业商户数量，引入更多时尚、创意的商品和服务，提升街区的吸引力和竞争力。

县域及乡村"夜经济"开发：挖掘县域及乡村的特色资源，开发具有地域特色的夜间消费项目。例如，蔚县乡村利用当地的自然风光和民俗文

化，打造星空露营基地，配套举办篝火晚会、民俗表演等活动，让游客体验乡村夜晚的宁静与美好。再如，沧州吴桥在乡村建设杂技主题的夜间民宿，使游客不仅能观看杂技表演，还能参与杂技培训，深度体验杂技文化，从而带动乡村"夜经济"发展，促进乡村振兴。

综上所述，河北应紧紧抓住发展机遇，以场景创新为核心驱动力，实现从"延长营业时间"到"创造时间价值"、从"单一消费场景"到"复合生活场景"、从"区域分散发展"到"京津冀协同圈"构建的三个转变。建议优先选择雄安新区、石家庄正定新区作为省级场景创新示范区，充分发挥其政策优势和资源优势，重点发展数字夜游、冰雪经济、文化体验等特色业态，打造具有河北特色的"夜经济"发展模式，形成可复制、可推广的经验，带动全省"夜经济"实现高质量发展。

参考文献

毛中根、龙燕妮、叶胥：《夜间经济理论研究进展》，《经济学动态》2020年第2期。

李猛：《关于河南省"夜经济"高质量发展的思考》，《北方经济》2024年第3期。

夏安玲：《扩大内需背景下夜经济对居民消费潜力的影响机制》，《商业经济研究》2024年第3期。

张志新、武传昊、牟国婷：《夜间经济发展赋能居民消费升级》，《消费经济》2023年第3期。

胡林：《新发展格局下夜间经济优化促进消费升级的路径探讨》，《时代经贸》2021年第6期。

B.7
河北推动实景演出产业创新发展的思路与对策研究

高梦彤[*]

摘　要： 实景演出作为文旅融合的重要业态，在丰富旅游体验、传播地域文化等方面发挥着关键作用。河北凭借深厚的历史文化底蕴和独特的自然景观，为实景演出的发展提供了肥沃土壤。近年来，河北实景演出市场呈现蓬勃发展态势，实景演出产业向沉浸化、智慧化、融合化发展，同时面临项目投资风险高、内容和形式缺乏新意、演出市场竞争激烈等挑战。河北实景演出产业需以"文化为魂、科技为翼、协同为脉"，通过差异化IP定位、区域资源整合、科技体验升级，突破传统观光游的局限，打造京津冀文旅新地标，同时注重市场化运营与可持续发展，实现社会效益与经济效益双赢。

关键词： 实景演出　沉浸式　科技创新　产业融合

实景演出是文化消费的重要内容，其以规模大、见效快、带动性强的优势迅速成为各地拓展旅游业态和市场空间的新宠，也成为当下夜间经济发展的重要平台和打造新型旅游目的地的重要抓手。中国演出行业协会数据显示，2024年全国营业性演出（不含娱乐场所演出）48.84万场，同比增长16.27%；营业收入579.54亿元，同比增长15.37%；观众人数达

---

[*] 高梦彤，河北省社会科学院经济论坛杂志社助理研究员，主要研究方向为文旅经济、产业经济。

17618.16万人次，同比增长2.95%。国家出台的促进文旅消费的相关文件政策中多次提到关于加强演出市场管理，促进演出经济健康发展的内容。2024年8月，《国务院关于促进服务消费高质量发展的意见》指出，深入开展全国文化和旅游消费促进活动，扩大文化演出市场供给，提高审批效率，增加演出场次，支持"演出+旅游"等融合业态发展。2025年1月，国务院办公厅印发的《关于进一步培育新增长点繁荣文化和旅游消费的若干措施》提出打造演艺新空间和数字展览新空间。河北也以文旅消费为切入口，将承德"鼎盛王朝"、廊坊"红楼梦"等大型实景演出项目作为重点建设内容纳入《河北省促进服务消费高质量发展三年行动方案（2024—2027年）》，实施演艺设备更新提升行动，推动文艺演出和旅游演艺等场所舞台灯光、音响、显示、机械、特效等设备及相应控制系统设备更新，更好满足舞台内容创作展示需要和观众观演需求。未来，随着技术的深度应用和游客对情绪价值的持续偏爱，实景演出将在旅游演艺市场中持续占据重要地位，对拉动旅游经济和弘扬中华优秀传统文化继续发挥重要作用。

一 发展实景演出对河北文旅产业的重要意义

（一）从"走马观花"到"深度体验"，解决了"有出行没体验"的痛点

当前，河北多数景区的运营模式更多地依赖于人工操作，虽然景区硬件设施建设得到了高度重视，但智慧景区建设仍主要停留在手机扫码入园、安装摄像头远程监控等智能化的初级阶段，对员工培训、营销、软服务等方面的投入严重不足。游客进入景区，要么边听智能讲解边走马观花式的参观，要么吃点特色小吃、选购点文创产品，对景区的印象不深。实景演出恰好解决了这一问题。第一，实景演出采取叙事结构，完整讲述文化故事，游客通过声情并茂的表演，深刻了解景区的历史文化；第二，实

景演出由专业表演团队呈现,演出包括舞蹈、歌唱等艺术形式,让游客感受文化魅力;第三,实景演出经过编导对文化内容的二次创作,结合现代艺术和流行元素,贴近大众生活,拉近古今距离,使游客更接近文化内核;第四,实景演出设置互动环节,让游客直接参与其中,如邀请游客扮演剧中角色,参与简单的剧情表演,或者与演员进行互动,增强游客代入感和参与感。

(二)"过路客"变"过夜客",解决了"有流量无消费"的痛点

河北文旅资源小、散、多,各市、县旅游景点独具特色,游览目的地不分主次、难连成片,导致来河北游客大多是顺路游、打卡游,停留时间短。由于食宿在出行消费中占比较高,文旅业消费比例基本遵循"三七法则",即30%的消费发生在白天、70%的消费发生在夜间。河北旅游目的地游客流量不断上涨,但收益并没有成比例增长,甚至人流、车流拥堵还给城市运转带来了负担。实景演出时长大多为1~3个小时,其中许多实景演出受光影秀条件限制需安排在夜间,因此可以让游客多停留半天。"实景演出+文旅商"融合新业态能满足游客吃、住、行、游、购、娱的全方位需求,实景演出已然成为吸引游客的"流量密码"。

(三)让沉睡的文化资源"活起来",解决了"有文化没项目"的痛点

河北文化资源丰富,作为一个民族文化交融的地区,冀中、冀北、冀东、冀南各有特色,文化特征表现出不同于其他省份的分散性,加上受京、津文化圈的影响,河北文化资源体现出景区大、名气小的特点。河北县域文化也颇具特色,但在传承过程中,当地文旅承载的文化内涵和文化表征较为抽象,没有转化成商业价值,甚至很多记载性的文化资源没有展示空间,文化资源利用率低。一方面,实景演出充当文化传播的媒介,可以深挖文化背后的故事并用表演的形式向外界展示,解决了文化没有载体的难题,让文化传承在表演中得以延续,如,"实景演出+非遗"助力传统非遗的传承和发展,实景演出也因文化加持而更具内涵。还可以通过技术手段将演出记录下

来并在网络上广泛传播，让更多人了解河北文化。另一方面，实景演出可整合多个地区的同类文化，将有相同历史文化渊源的著名文化景点进行串联，为游客提供主题鲜明的旅游路线。例如，将一场历史文化实景演出与当地的古老寺庙、名人故居等景点组合在一起，形成一条能够全面展示当地历史文化的旅游线路，让游客在一次旅行中领略到丰富的文化资源，增强文旅项目的吸引力和竞争力。此外，实景演出可以激活地方小剧种的生命力。结合当地的自然景观、历史遗迹等真实场景，设计独特的剧情发展和表演空间，融合灯光、音效、特效等现代舞台技术，增强演出的观赏性，打造地方旅游新名片。

二 河北实景演出产业的现状总结和特点分析

近年来，河北实景演出项目更加多元化且发展态势良好，演出集中在文旅资源丰富的地区，内容逐渐丰富且形式不断创新。2023年，河北秦皇岛的阿那亚演艺、承德的《鼎盛王朝·康熙大典》被列入文化和旅游部确定的全国旅游演艺精品名录入选项目名单，成为推动河北文旅产业高质量发展的强力引擎。2024年，河北省文化和旅游厅充分发挥全国旅游演艺精品名录示范带动作用，持续加大政策支持力度，连续举办多场旅游演艺招商对接活动，培育了89个旅游演艺项目[①]，积极安排全国重点演艺企业、省内主要文艺院团与文旅企业开展供需对接，推动演出产业向纵深发展。河北实景演出产业具有以下显著特征。

（一）河北实景演出重点项目呈"三核多点"式分布

河北实景演出产业地区分布呈现以承德、保定、石家庄三地为核心、其他地区分散发展的格局。一是河北优质文旅资源高度集中在少数地区。承

---

① 《"演"绘新篇章　"艺"聚璀璨图　旅游演艺赋能河北文旅消费新场景》，河北网络广播电视台网站，2024年8月14日，https://www.hebtv.com/19/19js/zx/tt/11586769.shtml。

德、保定、石家庄拥有全国知名的皇家文化（避暑山庄）、红色文化（白洋淀、西柏坡），这些地区具有打造实景演出的天然优势。相比之下，冀东、冀南地区（如邢台、邯郸）的自然资源和文化资源开发程度较低，缺乏标志性景观或文化IP支撑实景演出项目，导致资源向承德、保定、石家庄三地倾斜。二是政策支持和地缘经济发展策略差异。河北省"十三五"和"十四五"规划中，优先支持环京津地区和重点旅游城市（如承德、张家口、保定）发展文旅产业，政策资金和项目审批向这些区域集中，较容易吸引民营资本和文旅集团投资，更有京津高消费客群支撑演出效益。例如，承德因避暑山庄有"世界遗产"之称，更容易获得国家级文旅项目支持。地方政府通过整合当地资源积极拓展招商引资模式，创新文旅项目运营思路，部分地区发展文旅经济意识不强，缺乏主动策划和资源整合能力，也没有足够的客源支撑，因此难以发展壮大。三是演出产业配套不均衡。河北文旅产业链配套设施建设不均衡，资源多集中在省会城市和重点旅游城市，旅游热点地区通过发展"全域旅游"模式已形成"景区+酒店+演艺+商业"的完整产业链，而其他小的县市因配套设施不足，导致演出项目单一，运营难以维系。

1. 承德：大型实景演出久演不衰，皇家文化的演艺聚集地

承德作为河北实景演出的核心城市之一，依托深厚的历史文化底蕴和独特的旅游资源，实景演出产业发展迅速，形成了以皇家文化为核心、科技赋能为亮点的文旅融合模式。《鼎盛王朝·康熙大典》是国内首部以皇家文化为主题的大型实景演出，自2011年6月首次公演至2025年4月，已累计演出2300余场，接待游客超350万人次，已成为承德夜游经济一张亮丽的名片。[①] 2021年，承德推出国内首部沉浸式皇家园林体验剧《梦入避暑山庄》，填补了当地冬季演艺市场空白，演出虽然是在室内，但并不局限于一个舞台，在形式和内容上都满足了观众的猎奇心理。中国马镇的

---

① 《〈鼎盛王朝·康熙大典〉第十四演出季启幕》，中国新闻网，2025年4月19日，https://www.chinanews.com/gn/2025/04-19/10402288.shtml。

《战神赵子龙》《草原丝路》《汗血宝马》《舞马传奇》等多部实景演出作品涵盖了不同年龄段、不同国界、不同民族喜爱的文化元素，全面体现了河北演艺群的包容性和创新性。

2. 保定：演出内容锚定历史文化，剧目花样多但缺少名气

近年来，保定实景演出产业呈现独特的发展态势，演出项目多元化且市场反响较好。一方面，保定拥有深厚的历史文化底蕴和丰富的旅游资源，为实景演出提供了坚实的创作基础。另一方面，实景演出丰富了保定的文旅产品供给，提升了保定文化知名度，历史文化类实景演出《遇见总督》展现人文思想，民俗生活类实景演出《暮鼓点灯仪式》互动性强，有极强的氛围感染力。让更多人了解保定历史文化和民俗风情，为文旅产业可持续发展奠定了基础。

3. 石家庄：以红色文化为核心，充分发挥政策和区位优势

石家庄拥有西柏坡红色革命圣地和正定文化古城，打造《新中国从这里走来》《梦回西柏坡》《梦回千年——自豪正定》等特色主题演出，通过沉浸式体验情景剧再现革命文化和千古风华，兼具娱乐属性和教育意义。石家庄在《石家庄市文化和旅游"十四五"发展规划》中提出"打造红色旅游演艺品牌"，重点支持西柏坡片区升级，但投资主体仍依赖国有集团，民营资本参与少，运营模式单一。尽管如此，石家庄占据省会资源优势，省级文旅资金支持省会项目力度大，高校资源相对集中，有利于培养本地演艺人才。

石家庄作为省会城市，率先带头在红色文化、现代文化方面发力，全景式打造"摇滚之城"IP，以公益性、常态化的惠民演出活动及大型品牌商演带动文旅新消费，打造国内首个集红色记忆与演艺于一体的行浸式馆演剧目——《石家庄·1947》，一经公演便成为石家庄文化旅游新亮点，汇聚省会城市文化"人气"。河北各地市文旅资源分布概览见表1。

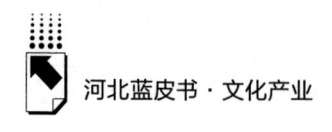

表1 河北各地市文旅资源分布概览

高密度区
承德:拥有世界文化遗产承德避暑山庄及周围寺庙,还有金山岭长城、木兰围场等众多知名景点,是中国摄影之乡,文化和旅游资源丰富且独特;
保定:有白洋淀、野三坡、白石山、清西陵等5A级景区,是传说中尧帝的故乡,是历史上燕国、中山国、后燕立都之地,文物古迹众多,诞生了荆轲、刘备等历史名人;
邯郸:国家历史文化名城,有8000余年文明史,拥有娲皇宫、广府古城等5A级景区,十大文化脉系底蕴深厚,如女娲文化、磁山文化、赵文化、成语典故文化等;
石家庄:作为省会城市,交通便利,有西柏坡这一著名红色革命圣地,还有正定古城、嶂石岩、苍岩山等自然和人文景观;
秦皇岛:因秦始皇东巡求仙驻跸而得名,有"天下第一关"山海关、"夏都"北戴河、鸽子窝公园等景点,是著名的滨海旅游城市
中高密度区
唐山:有清东陵这一世界文化遗产,还有唐山南湖·开滦旅游景区、青山关、李大钊故居等,是中国近代工业的摇篮,评剧的发源地;
张家口:自古为军事重镇,有"长城博物馆"之誉,拥有大境门、鸡鸣驿、黄帝城等名胜古迹,崇礼、赤城有华北地区最大的天然滑雪场;
雄安新区:以白洋淀景区为核心吸引力,着力打造未来城市体验示范样板、国内知名的生态旅游目的地,规划构建"一城、一淀、一门户、三县支撑、廊道成网"的旅游空间格局
较低密度区
廊坊:历史悠久,有"中国龙凤文化之乡"美誉,境内有大辛阁石塔、龙泉寺等古迹,不过相比其他城市,知名旅游资源相对较少;
沧州:"武术之乡""杂技之乡",有沧州铁狮子、献王陵、泊头清真寺等景点,旅游资源富有特色但密集度不高;
衡水:有衡水湖、武强年画博物馆等景点,大禹治水划天下为九州时,衡水所辖冀州为九州之首,文化底蕴有一定特色但旅游资源丰富度一般;
邢台:有3500余年建城史,是华北历史上第一座城市,被誉为"燕赵第一城",拥有崆山白云洞等景点,但旅游资源密集度在全省不算突出

资料来源:根据河北省文化和旅游厅网站、河北省各地市文化和旅游部门网站公布的信息整理而成。

(二)技术融合加深,表演效果和艺术表现力增强

一是多媒体技术广泛应用。大量运用投影、LED屏幕等多媒体技术,打造逼真的场景和奇幻的视觉效果。例如,正定古城的《梦回千年——自在正定》运用3D投影秀、光影互动等创新技术手段,将古城1600多年的历史文化脉络生动地展现出来,使观众穿越千年历史,感受古城变迁。二是

舞台机械与特效助力演出。借助先进的舞台机械技术，实现舞台的升降、旋转、移动等多样性变化，配合灯光、音效等，增强演出的震撼力和观赏性。秦皇岛碧螺塔酒吧公园的海上大型实景奇幻秀《塔秀》中运用威亚等舞台特效，结合舞蹈、杂技等表演，给观众带来惊险刺激又美轮美奂的视觉盛宴。

（三）沉浸式体验成为主流，情绪价值成为重要因素

如今，越来越多的观众把观看演出当作释放压力的方式，尤其是当演出内容使观众产生共鸣后，也打开了观众更多美好的想象，因此，沉浸式体验成为实景演出的关键形式。一是从技术赋能到文化深融，沉浸式体验将进一步向"神经介入式体验"进化。沉浸式体验改变了人们理解文化的方式，利用人工智能（AI）、虚拟现实（VR）、增强现实（AR）等技术，通过第一人称视角深入文旅场景，这种交互性和沉浸感的增强，使游客的情感价值和文化体验被深度激活，大大增强了文化认同感。同时更能击中游客的兴奋点，刺激潜在游客购买旅游服务。如廊坊的"只有红楼梦·戏剧幻城"通过多媒体技术营造出如梦似幻的红楼世界，让观众仿佛置身于大观园。二是实景演出形式不断从沉浸式向行浸式演进，体验范围极大拓宽。强化数字基础设施建设，采取边逛边看的模式，将整个景区都变成演出场地，延长游客体验时间，有利于提升周边产业的商业价值。例如，《大美衡水　湖韵千年》除了主舞台设定，还设置了"仙子迎宾""文武招亲""人面桃花""秦兵列阵舞"等特色点位，将家国情怀的演出主题贯穿游览路线始终；《石家庄·1947》演出设置5个篇章，让观众跟随剧情成为演出的一部分，演出细节被放大，观众情绪更易被感染。

（四）产业融合带动效应显著，提升地方文旅形象

实景演出既可以作为单独的旅游吸引物来运营，也可以和其他旅游项目联合起来运营，形成多个旅游吸引物相互加持的合力。实景演出应与当地其他文化资源、旅游景点、运动养生、休闲娱乐等项目紧密结合，形成不同项

目和不同产业间的联动，实现实景演出与其他文娱产业协同发展。

一是"实景演出+旅游"提升旅游品牌形象。实景演出作为文旅融合的关键业态，促进了文化产业与旅游产业的深度融合。它不仅丰富了旅游产品的文化内涵，提升了旅游的品质和吸引力，也为文化艺术的传播提供了更广阔的平台，推动了文化产业的发展。同时，实景演出的发展还带动了创意设计、演艺培训、道具制作等相关产业的协同发展，形成完整的文旅产业链。

二是"实景演出+非遗"促进文化传承与创新。河北的实景演出大多以当地的历史文化、民俗风情为题材，运用现代的舞台表现形式进行演绎，使传统文化焕发出新的活力。如大型史诗实景演出《韩信·背水一战》将历史故事与现代科技相结合，让观众更好地了解了井陉之战的历史文化，同时也为文化传承与创新提供了新的思路和方法。实景演出作为一种直观、生动的文化展示形式，促进了不同地区文化的交流与传播。

三是"实景演出+文创"延伸文旅产业链条。实景演出的相关创意和元素可以延伸到文创产品的开发中。以演出中的角色、场景为原型，开发文创产品，如玩偶、文具、工艺品等，丰富了文化产业的产品线。同时，实景演出的宣传推广也为文创产品带来了更高的关注度和更多的市场机会。

三 河北实景演出产业发展面临的主要问题

（一）项目盈利困难，投资风险高

实景演出项目投资需求较大，包括场地建设、设备购置、演员排练、营销推广等方面的费用。由于市场竞争激烈，部分项目的营业收入和盈利情况并不理想，投资回收周期较长，存在一定的投资风险。大型实景演出在演出活动筹备、演员背调、艺人活动、经纪管理、活动组织、安全生产、舆情管控等方面都需要详细的评估和风险研判，如果前期缺乏充分的市场调研和科学的规划，盲目跟风投资，就会造成资源浪费和经营困难。

（二）盲目创作，内容和形式缺乏创新

目前，河北实景演出市场还处于探索阶段，存在部分演出内容同质化的问题，许多演出在主题、剧情、表现形式等方面缺乏创新，相互模仿，导致吸引力不足。一些演出过于依赖特效和场景，忽视了文化内涵的挖掘和表达，使观众在观看后感觉千篇一律，难以留下深刻印象，进而影响了产业的整体品质和市场竞争力。

（三）演出市场竞争激烈

河北省内实景演出项目之间存在一定的竞争关系，同时也面临来自周边省市如北京、天津、河南、山西等地实景演出项目的竞争。北京拥有丰富的文化资源和演出市场，各类大型演出和沉浸式演出项目众多；天津的曲艺文化演出独具特色；河南的《大宋·东京梦华》、山西的《又见平遥》等实景演出在全国也颇具知名度。

（四）演出受季节和气候影响较大

实景演出多在户外进行，受自然环境因素的影响较大。恶劣的天气条件可能导致演出无法正常进行，影响观众的观看体验和演出的收益。同时，季节变化也可能限制演出的时间和场次，影响项目的正常运营，如《鼎盛王朝·康熙大典》实景演出通常仅在5月至10月间进行。

四 河北推动实景演出产业创新发展的对策建议

河北实景演出市场在政策支持、资源优势和市场需求的推动下，取得了显著的发展成果。市场规模不断扩大，观众群体日益多元，项目类型和内容也日益丰富。未来，河北实景演出市场应抓住文旅融合与技术赋能的发展机遇，加强创新与合作，不断提升项目品质和市场竞争力，实现可持续发展，为河北文旅产业的繁荣做出更大贡献。

（一）加强内容创新，提升演艺空间的文化价值

一是融合现代艺术元素和时尚潮流元素。深入挖掘地域文化内涵，结合当地独特的历史、民俗、自然景观等元素，邀请传统文化大家和现代艺术家共同参与内容创作，将现代艺术流派融入演出剧情，打造具有独特性和符合当代艺术风格的演出内容。从舞台设计到现场布局，融入时尚潮流元素，借鉴当下流行的赛博朋克、蒸汽波等美学风格，赋予传统故事以现代时尚的叙事元素。如石家庄工业遗址公园利用科技手段将废旧厂房改造成蒸汽朋克风工业遗址公园，历史厚重与现代创意风格相结合，加上高水准策划的动感灯光秀，成为石家庄举办各类演出活动的重要场地，建立了高科技元素的文化IP。

二是根据季节、节假日推出主题演出。深度挖掘季节和节假日的文化内涵，例如，春季以邢台花朝节、桃花女等为主题；夏季在海滨城市举办海洋主题演出，凸显地域风情；七夕节以石家庄灵寿织女山、牛郎庄等为主题；冬季在演出中加入冰上舞蹈、驯鹿拉雪橇等表演等。应梳理全省与季节、节庆相关的文化资源，策划主题鲜明、各有特色的实景演出，增强演出的新鲜感和吸引力。

三是结合演出品牌开发衍生产品和服务。结合演出展现的文化元素，深度开发多元化衍生产品，包括：实物商品，如制作演出角色的形象玩偶，印有演出标志性图案的T恤、帽子、限量版、纪念版商品等；数字产品，演出品牌的数字专辑、虚拟周边，如数字艺术品、手机壁纸、表情包等；体验服务，推出演出幕后探秘之旅，让观众参观演出的排练场地、道具制作间，了解演出的创作过程。此外，还可以打造与演出相关的主题工作坊，提供舞蹈教学、乐器演奏体验等。同时，与时尚品牌、潮流文化团体合作，推出联名款周边产品，吸引不同领域受众，扩大演出影响力。

（二）优化投资与运营管理，提升商业价值

一是加强项目前期的市场调研和可行性分析。充分了解市场需求、竞

争状况和投资风险，制定科学合理的投资计划和运营策略。在策划阶段分析目标受众需求和偏好，结合当地旅游资源和市场环境，确定项目定位和特色。

二是加大政府扶持与专项资金支持力度。政府对符合政策导向的实景演出项目给予财政补贴，例如，当地文化部门设立文化产业专项资金对具有创新性、示范性、促进旅游经济发展的以传承非物质文化遗产为主题的实景演出项目进行扶持。

三是加大项目招商力度，拓宽社会投资渠道，吸引多元投资主体。除传统企业投资外，鼓励社会资本、金融机构、政府资金等参与项目投资，降低投资风险。同时，探索创新的投资模式，如 PPP 模式、众筹模式、知识产权质押融资等，为项目的发展提供充足的资金支持。

四是加强运营管理，提高项目的运营效率和盈利能力。优化演出流程，合理安排演出时间和场次，提高设备利用率和演员的工作效率。加强市场营销，拓展销售渠道，提高项目的知名度和影响力。同时，合理控制运营成本，提高项目的经济效益。

（三）加强演出服务创新，提升观众满意度

一是优化前期信息服务。完善实景演出的官方网站与移动应用，提供详细的演出介绍，如剧情梗概、演员阵容、舞台亮点等信息，同时进行个性化推荐，通过分析观众的浏览历史、购票记录等数据，为观众推送符合其兴趣偏好的演出场次和相关活动信息。

二是优化现场服务体验。采用电子票务系统，提高检票速度，减少观众排队时间，提前向观众发送电子座位表，同时，安排工作人员在现场引导，帮助观众快速找到座位。在演出现场设置餐饮区、休息区、纪念品商店等配套设施，满足观众的多样化需求。在演出过程中，设置观众参与环节，如投票决定剧情走向等。

三是优化后期反馈信息服务。演出结束后，通过在线调查问卷、现场访谈等方式收集观众的意见和建议，了解观众对演出内容、服务质量、观演环境等方面的满意度。对观众反馈的问题进行分类整理，及时采取改进措施，并将处理结果反馈给观众，让观众感受到被重视，进一步提高观众的忠诚度。

（四）加强技术融合，打造沉浸化、智能化、轻量化实景演出空间

一是运用先进的舞台技术，提升沉浸式体验。发展"文化+演出+科技"模式，积极引入虚拟现实、增强现实、全息投影等先进技术，搭建强科技、重体验、高融合的演出新场景。促进实景演出向主题街区扩展，增加演出的互动环节，为观众提供超预期的情绪价值，促进观众积极融入演出场景。

二是打造线上线下融合演出，发展虚实共生的"双轨模式"。开发线上演出平台，通过直播、录播等形式，让无法到现场的观众也能欣赏演出，通过轻量化内容扩大受众范围，实现文化传播与长尾收益。利用5G技术实现线上线下互动，如线上观众可以通过发送弹幕、投票等方式参与演出，增强观众的参与感，构建"线下核心体验+线上衍生增值"的产业生态。设计"线下观演+线上数字藏品"套餐，观众现场观看后获得NFT版演出道具，形成闭环消费。

三是利用互联网经济建立线上线下一体化的宣传推广渠道。利用社交媒体、线上广告、线下活动等多种渠道，对衍生产品和服务进行宣传推广。举办新品发布会、粉丝见面会等活动，邀请明星代言或网红推荐，提高产品的知名度和曝光度。在演出过程中，巧妙地植入衍生产品的宣传元素，引导观众关注和购买。

参考文献

郜学敏：《文旅融合背景下旅游实景演出现状及创新性开发研究——以〈如梦晋阳〉为例》，《市场论坛》2021年第2期。

孔钰钦：《释放演出市场热力活力》，《经济日报》2024年10月30日，第5版。

王忠、李小霞：《旅游演艺沉浸式体验的叙事与空间组织机制》，《南京社会科学》2025年第1期。

曾超：《激发夜间文旅经济发展的措施研究——以城市大型主题文艺演出为例》，《市场周刊》2020年第11期。

邹统钎主编《中国大型实景演出发展理论与实践》，旅游教育出版社，2016。

B.8
城乡融合视域下河北省村镇文化产业发展的基础条件和开发策略

于 恒*

摘 要： 近年来，城乡融合通过要素流动、资源整合、市场对接等机制不断助力村镇文化产业发展，成为实现乡村振兴的重要途径。本文首先总结梳理了城乡融合助力村镇文化产业发展的理论机制、现实途径与地方实践。其次分析了河北省村镇文化产业发展的基础条件和存在的主要问题。最后从深化数字技术赋能、激活非遗资源价值、推动文旅深度融合、强化人才支撑体系、完善政策保障机制等方面，提出了城乡融合视域下河北省村镇文化产业的开发策略。

关键词： 城乡融合 村镇文化产业 乡村振兴

2025年中央一号文件提出，要发展乡村特色产业，开展文化产业赋能乡村振兴试点。近年来，随着城乡融合发展的深入推进，农村地区的文化资源、生态资源正在吸引越来越多的城市资金、人才、技术等要素注入，村镇文化产业呈现快速增长的态势，为村镇带来了良好的经济效益和社会效益，城乡融合成为实现乡村振兴的重要途径。作为农业农村大省，河北省农村地区拥有丰富且深厚的文化资源，既包括历史古迹遗址、传统古村落等物质文化资源，也包括民间艺术、传统民俗等非物质文化资源。在城乡融合视域下实现乡村文化资源的现代化转化和产业化开发，是实现河北省乡村振兴的重要议题。

---

* 于恒，河北省社会科学院经济研究所助理研究员，主要研究方向为产业经济、城乡融合。

一 城乡融合助力村镇文化产业发展的理论机制、现实途径与地方实践

（一）城乡融合助力村镇文化产业发展的理论机制

城乡融合助力村镇文化产业发展，是指在城乡融合发展战略的推动下，城市和乡村通过要素流动、资源整合和市场对接，实现乡村文化资源的产业化开发、现代化转化和市场化运作。

在要素流动方面，城乡融合通过将城市相对丰富的人才和专业知识、资本和企业组织、技术和产业治理等要素注入乡村，助力乡村文化资源产业化开发。例如，城市文化创意人才下乡创业、乡村艺人进城学习数字化运营，形成"引智+育才"循环，实现人才互通；城市资本通过文旅综合体投资或文化众筹平台进入乡村成立文化生产服务企业，实现资金注入；区块链技术应用于农产品溯源、AR/VR技术重现传统村落场景，实现技术赋能；等等。

在资源整合方面，城乡融合通过将各类传统乡村文化资源同现代城市文化资源和消费理念相结合，助力乡村文化资源现代化转化。例如，通过影视、动画、网游、展会、体育赛事等形式，将乡村文化元素转化为IP资产，实现乡村文化资源的符号化再生产；通过打造戏剧小镇、主题文化走廊等沉浸式体验文化空间，实现乡村文化资源的场景化再生产；通过将现代美学风格和新型审美理念融入乡村手工艺品开发，实现乡村文化资源的融合化再生产；等等。

在市场对接方面，城乡融合通过转变消费理念、拓展消费渠道、规范消费市场等方面的规范管理，助力乡村文化资源市场化运作。例如，在城乡融合背景下，城市居民越来越欣赏乡村生活方式和传统民俗文化，愿意购买带有乡村文化印记的产品或服务；互联网和数字技术的发展开通了线上销售的渠道，使乡村文化产品和服务能够实现大众生产和消费，同时发达的城乡交通等基础设施又拓展了线下体验的渠道，使乡村文化产品和服务能够满足个

性定制和小众消费需求；城乡融合带来了城乡消费市场的融合和统一，村镇文化产业市场与城市文化产业市场相互协调，既完善了彼此的供应链，也完善了彼此的下游消费市场。

（二）城乡融合助力村镇文化产业发展的现实途径

城乡融合助力村镇文化产业发展的现实途径，具体表现为产业链层面的长度延伸、产业融合层面的宽度拓展、产业内容层面的深度挖掘三个方面。

从产业链层面的长度延伸来看，城乡融合将村镇文化产业纳入更大的现代产业链中，通过产业链中不同环节紧密的分工协作，促进乡村文化资源的产业化开发。现代文化产业极为庞大且复杂，包括内容创作、产品开发、传播发行、市场销售、衍生品开发、版权管理与保护、投融资等多个环节。大部分乡村地区无法承担全产业链的每个环节，城乡融合的推进可以将投融资、产品开发、传播发行等环节由城市方面承担，将消费体验、生产制作等环节由乡村方面承担，从而促使乡村丰厚的文化资源得到进一步开发。

从产业融合层面的宽度拓展来看，城乡融合促使乡村的文化产业与城市中其他的产业相结合，开发出能够满足消费者多元消费理念和需求的文化产品，促进乡村文化资源的多元化开发。在已有的实践中，文化产业可以和旅游、体育、教育、餐饮、康养、时尚等产业相结合，开发出诸如贵州村超、故宫国风文创、山西面食主题文化景区等多种产品。大部分乡村传统文化产业较为单一，通过与城市中其他产业的互动合作，拓宽了乡村文化产品或服务的市场渠道。

从产业内容层面的深度挖掘来看，城乡融合带来的人才、技术、资金等要素流动，促使村镇文化产业在原有的基础上得到活化创新。如利用现代数字技术构建乡村数字文化数据库，在尊重传统的前提下引入建筑师对传统文化景区进行现代化改造等，即使没有在产业链或产业融合上扩大空间，但是实现了文化资源深度和厚度的增加，也可以实现乡村传统文化产业的转型升级。

（三）城乡融合助力村镇文化产业发展的地方实践

1. 浙江省：充分发挥民营企业经济优势，促进村镇文化产业多元化融合发展

浙江省充分发挥民营企业创新活力，推动"社会资本+文化 IP"双向赋能。推动乡村文化资源与旅游、影视、游戏、小商品制造、电商平台等产业融合发展，实现乡村文化资源的活化创新。例如，嵊州"越都戏剧"共富工坊联合民营企业开发国风戏剧服饰，2023 年，工坊通过电商平台实现年销售额突破 400 万元，带动百余人就业；桐庐县引入吉木丘林农场、稻田咖啡馆等社会资本，打造 18 个艺术乡村，形成"民宿+研学+艺术展览"多元业态，2023 年文旅收入超 29 亿元；腾讯可持续社会价值事业部（SSV）与浙江省合作对千名文化运营人才开展培训，构建"千企联万村"资源对接平台，促进产业与乡村深度链接。

2. 广东省：充分发挥数字技术优势，促进村镇文化产业现代化转型升级

广东省在城乡融合推动村镇文化产业发展过程中，充分发挥数字技术赋能作用，形成了"技术驱动+城乡联动+文化活化"的创新发展路径。借助 VR、区块链等技术破解非遗传承困境。全省建成非遗代表性传承人数据库，对 87%的省级非遗项目进行数字化记录，使乡村传统文化实现"资源—产品—IP"的链式转化。通过打造"科技+文旅"融合新范式，实现农耕文化与旅游体验深度耦合，打破城乡空间壁垒，形成"城市消费—乡村供给"的价值闭环。通过构建多层次数字文化服务网络，"文化广东"平台整合全省28000 个文明实践中心资源，提供非遗展播、在线培训等服务，数字化平台使文化服务从"单向输送"转向"全民共创"，激活乡村振兴的内生动力。

3. 四川省：充分发挥中心城市品牌优势，促进村镇文化产业集群化协同发展

四川省在城乡融合发展过程中，充分发挥城市文旅产业的辐射作用，通过品牌联动、业态互补等创新路径，带动乡村文化产业实现跨越式发展，形成"以城带乡、协同共富"的实践路径。四川省以"天府旅游名牌"体系为抓手，推动城市文旅 IP 向乡村延伸，构建城乡文旅协同网络。通过评选名县、名镇、名村，形成"城市核心景区+乡村特色节点"的全域旅游格局，省级层面出台《四川省乡村旅游提升发展行动方案（2022—2025年）》，编制完成569个片区公共文化设施规划，实现城乡资源联动开发。依托城市文旅核心IP，延伸产业链至乡村。如三星堆博物馆通过考古热度带动文创产品开发，推出盲盒、雪糕等爆款文创产品，并通过电商平台将销售网络覆盖周边乡村手工作坊，形成"城市IP研发—乡村生产—全域销售"的协作模式。

二 河北省村镇文化产业发展的基础条件

根据河北省文化及相关产业统计数据，2024年河北省规模以上文化企业实现营业收入885.1亿元，同比增长4%，文化企业数达1233家。乐器制造、工艺美术、石雕、童车玩具等产业集群产值达百亿元以上，金音集团、鼎盛文化、青竹颜料等优势企业持续发展壮大。在乡村振兴、城乡融合等战略推动下，村镇文化产业是河北省文化产业发展的重要领域，产业基础和发展潜能不断蓄积。

（一）政策支持力度持续加大

近年来，河北省制定了一系列支持文化产业发展的政策，村镇文化产业的发展是其中的重要内容，而城乡融合既是政策推进的重要手段，也是村镇文化产业发展的重要目标。从政策内容来看，河北省发展村镇文化产业主要有以下三个着力点。一是强调文化产业与旅游产业相融合。如培育"冀忆乡情"乡村旅游品牌、实施"千村景区化"行动、开展乡村旅游振兴示范工程等，乡村的文化资源和文化产业为旅游业提供内容支撑，旅游业为文化产业提供经济变现渠道。二是强调乡村非遗资源的挖掘开发和活化创新。如推动"非遗工坊"建设，构建"一县一品"等非遗品牌体系和"百乡千村"等特色文化产业，通过深入挖掘乡村的非遗资源，进而与文创、旅游、影视等产业相结合，实现乡村非遗的社会传承与经济开发。三是强调村镇文化产业基础设施建设。如农村基层综合性文化服务中心建设、乡村旅游公路建设、城乡接合部文商旅综合体建设、乡村数字基础设施建设等，乡村文化基础设施的升级更新为吸引外部投资开发、周边市场客源以及促进产业集群提供基础保障。近年来河北省村镇文化产业政策相关内容见表1。

表1 近年来河北省村镇文化产业政策相关内容

发布日期	政策名称	相关内容
2020年3月	《2020年全省文创产业发展重点工作方案》	1. 推动乡村土特产品、工艺品向文创化转型，开发具有地域特色和品牌效应的乡村文创产品。2. 在部分重点乡村设立文创商品购物店和特色旅游商品购物街区，促进乡文创产品的销售与推广
2021年3月	《河北省文化产业发展规划（2021—2025）》	1. 加大村镇文化产业与乡村旅游融合力度，依托历史文化名镇名村、传统村落，发展文化创意街区等综合业态。2. 加强乡村文化资源开发利用，加强非遗工坊建设、发展农耕文化体验项目、推动重要农业文化遗产地开展价值转化活动。3. 推动城乡协同发展，助力村镇文化产业，鼓励文化企业向农村拓展业务，建设全省文化资源数据库、实施"文创进社区、街区、小镇"工程
2021年10月	《河北省文化和旅游发展"十四五"规划》	1. 加强乡村基础设施和组织建设：基层综合性文化服务中心、乡村公路、厕所革命。2. 加强乡村文旅产业融合：培育"冀忆乡情"乡村旅游品牌、实施"千村景区化"行动、开展乡村旅游振兴示范工程。3. 加强乡村文化资源开发活化：推动"非遗工坊"建设、打造"一地一品"特色文化产业
2024年11月	《京津冀文化和旅游产业协同发展行动计划（2024—2026年）》	1. 加强三地文化资源整合，建立京津冀文化产业赋能乡村振兴企业库和人才库。2. 对积极参与文化产业赋能乡村振兴的企业和人才进行重点支持。3. 推动区域内文化和旅游企业在乡村地区协同开发、联动转化
2025年2月	《关于进一步挖掘潜力繁荣全省文化和旅游市场的若干措施》	1. 加强乡村文旅融合：推动乡村非遗手作等消费场景、实施"和美乡村精品化建设"等专项行动。2. 挖掘打造县域乡村文化品牌：重点打造正定、蔚县、曲阳、永年等县域特色文化品牌，构建"一县一品"非遗品牌体系；打造"百乡千村"乡村美食品牌，挖掘乡村饮食文化，组织金牌导游开展"热爱家乡读河北"活动，推广乡村文化。3. 完善基础设施建设

资料来源：根据河北省人民政府网站公布的信息整理而成。

（二）村镇文化资源丰富

河北省作为华夏文明重要发祥地，依托独特的自然地理环境和历史积淀，形成了丰富多元的乡村文化资源体系。从历史维度来看，有以古燕国文化、古赵国文化、古中山国文化为代表的古代历史文化资源，以西柏坡、狼牙山、李大钊故居等为代表的近现代革命文化资源，以传统民居、民俗、古村落为代表的当代文化资源。从地域空间维度来看，有环京津文化带、环渤海文化带、太行山文化带、长城文化带、大运河文化带等，展现出农耕文化、草原文化、海洋文化等地域特色。从表现形式来看，有古代历史文物古迹、近现代革命文物旧址、当代传统古村落等物质文化资源，还有传统文学、传统戏剧、民间技艺、民俗活动、重大革命事件等非物质文化资源。截至2024年，河北省共有全国重点历史文物保护单位291处，其中古代历史文物古迹259处，近现代重要史迹及代表性建筑32处（含19处全国重点文物保护单位），国家非遗资源148项；截至2023年，住建部认定的中国传统古村落共276个（见表2）。这些数量众多且内容丰富的文化资源，大部分分布在乡村地区，它们不仅是燕赵文化的根基，更为乡村振兴提供了文化动能。

表2　河北省村镇文化资源概况

资源类型	具体形式	分布特点与典型案例
物质文化	古代历史文物古迹	共有全国重点文物保护单位259处。包括石家庄市赵县赵州桥、保定市易县清西陵、邯郸市临漳县邺城遗址、邢台市内丘县邢窑遗址、张家口市蔚县蔚州玉皇阁、唐山市迁西县西寨遗址、承德市丰宁满族自治县金界壕遗址、秦皇岛市昌黎县源影寺塔、廊坊市永清县边关地道遗址等
	近现代革命文物旧址	共有全国重点文物保护单位19处，省级文物保护单位88处，市县级文物保护单位700余处。包括石家庄市平山县西柏坡中共中央旧址、唐山市乐亭县李大钊故居、保定市阜平县晋察冀边区政府及军区司令部旧址、邯郸市涉县八路军一二九师司令部旧址等

续表

资源类型	具体形式	分布特点与典型案例
物质文化	当代传统古村落	共有276个住建部认定的中国传统古村落（截至2023年）。包括石家庄市井陉县大梁江村、邯郸市磁县北贾壁村、张家口市怀来县鸡鸣驿村、邢台市沙河市王硇村、保定市顺平县南腰山村、唐山市滦县西刘各庄村、承德市丰宁满族自治县石桥村、衡水市冀州区堤北桥村等
非物质文化	古代历史文化	古燕国文化、古赵国文化、古中山国文化。共有国家非遗资源148项，包括以沧州河间歌诗为代表的传统民间文学（5项）、以河北梆子、晋剧为代表的传统戏剧（34项）、以唐山乐亭大鼓为代表的民间曲艺（8项）等
	近现代红色文化	以李大钊、马本斋、节振国、王朴、董存瑞等红色人物为依托的革命文化精神；以西柏坡、白洋淀、狼牙山、冉庄等革命圣地为依托的革命文化精神；以开滦煤矿工人大罢工、百团大战、中共七届二中全会等重大事件为依托的革命文化精神
	当代传统民俗	共有国家非遗资源148项，包括以秦皇岛昌黎民歌为代表的民间音乐（23项）、以石家庄井陉拉花为代表的民间舞蹈（10项）、以沧州吴桥杂技为代表的民间体育游艺（32项）、以武强年画、蔚县剪纸为代表的民间美术（24项）、以邯郸魏县传统棉纺织为代表的民间技艺（16项）、以邯郸涉县女娲祭典为代表的传统民俗（13项）等

资料来源：根据河北省文化和旅游厅网站公布的信息整理而成。

（三）产业化发展战略机遇明显

京津冀协同发展为河北省文化产业区域集群提供了战略机遇。一是通过资源协同赋能，激活文化禀赋优势。河北省依托环绕京津的区位条件，在协同机制下可实现文化资源的跨区域整合。河北省丰厚的"五大文化脉系"与北京、天津的创意资源形成互补，京津冀三地可联合开发文旅项目，将红色文化、非遗资源转化为体验型产品，借助京津客源市场提升消费能级。二是通过产业链分工重构，培育新兴业态。协同发展将推动京津冀三地形成差异化分工格局。如北京聚焦内容创意与数字服务，天津强化文化装备制造，河北则依托制造业基础发展文化用品生产，构建"创意—制造—应用"产业链。三是通过畅通要素流动，破解发展瓶颈。协同机制有效补齐河北人才、技术短板，如京津冀三地通过共建人才培训基地，吸引京津创意人才和社会资本参与河北文旅开发。

雄安新区建设为河北省文化产业数字化、智能化转型提供了战略机遇。一是非首都功能疏解推动高端资源转移。雄安新区承接北京高校、科研机构及文化央企疏解功能，能够有效破解河北省长期存在的创新要素短缺的瓶颈。如清华大学、中关村科技园等高端资源导入，为河北省文化产业注入研发设计、数字技术等核心资源，推动形成"雄安技术研发—河北产业转化"协同链条。二是现代数字产业体系赋能文化业态升级。如城市计算中心、科创中试基地等新型基础设施，为河北发展元宇宙、AIGC等数字文化业态提供算力支撑。

北京冬奥会为河北省文化产业尤其是冰雪文化产业的品牌打造提供了战略机遇。冬奥会可成为河北文化品牌国际化的超级IP孵化器，蔚县剪纸、传统服饰等非遗元素"破圈"传播，河北省文旅品牌"京畿福地，乐享河北"获得百亿级曝光。同时，冬奥会契机催生了文化内容生产范式革新，如河北省创作的交响乐《冬奥交响曲》、晋剧《雪如意》等22部大型文艺作品，开创了"冰雪+非遗"艺术表达新路径。冰雪装备制造业的创新突破更具标志性，宣化造雪机支架、定州冰场防护垫等109项技术成果产业化，推动文化产业向"创意设计—装备制造—场景应用"全链条延伸。

三 河北省村镇文化产业发展存在的主要问题

作为文化资源大省，河北省在乡村振兴战略推进过程中，依托丰富的乡村文化资源，积极探索村镇文化产业发展的多元路径。然而，在实践过程中，河北省村镇文化产业发展仍面临诸多制约因素。

（一）专业人才匮乏，制约文化资源活化创新

人才是村镇文化产业发展的核心驱动力，但河北省面临人才短缺与流失的双重困境。一是本土人才流失严重。城镇化进程加速了青壮年劳动力向城市的单向流动，导致乡村"空心化"现象突出。河北省第七次全国人口普查数据显示，河北省乡村人口较 2010 年减少 1048.51 万人，留守群体以老人、妇女和儿童为主，难以承担文化传承与创新的重任。二是专业人才引进困难。文化产业需要复合型人才，但乡村在薪资待遇、职业发展、基础设施等方面缺乏吸引力。乡村紧缺文化创意、互联网运营、非遗传承等领域的专业人才，现有从业者老龄化严重，后备力量不足。三是人才培养机制不健全。高校与乡村联动不足，非遗代表性传承人培养缺乏系统性。部分非遗项目因传承人断代面临失传风险，而高校资源未能有效下沉至乡村，导致产学研脱节。人才断层直接导致文化产品创新力不足，传统技艺难以与现代市场接轨，制约产业升级。

（二）基础设施和资金投入不足，制约产业规模扩大

基础设施和资金是村镇文化产业发展的物质基础，但河北省在基础设施建设和资金投入方面存在明显短板。一是基础设施建设薄弱。农村网络普及率虽有提升，但与城市相比仍存在"数字鸿沟"，部分偏远地区 4G 基站覆盖不足，制约"互联网+文化"模式推广。乡村旅游景点交通可达性差，公共服务设施（如停车场、卫生设施）不完善，影响游客体验。二是资金投入不足。2024 年，河北省文化旅游类财政支出占省本级支出的 2.46%，分配到乡村的比例更低，导致公共文化服务供给不足，限制了产业链延伸与品牌打造。

（三）开发模式粗放，制约产业竞争力提升

河北省虽拥有丰富的文化资源，但开发模式单一，未能形成差异化竞争优势。一是资源整合不足。乡村文化呈"碎片化"状态，大量非遗、民俗

产品未被系统挖掘，仅有少数"网红村"获得关注。部分艺术村落过度依赖外来文化植入（如现代艺术），忽视本土文化内核，导致"千村一面"。二是品牌影响力较弱。乡村旅游产品同质化严重，例如，农家乐、采摘园等缺乏特色，未能与地域文化深度结合。河北省虽有曲阳石雕、蔚县剪纸等非遗项目，但品牌推广不足，市场认知度远低于京津地区。三是营销手段单一。乡村文化产品依赖传统销售渠道，未能有效利用短视频、直播等新媒体拓展市场，导致受众覆盖面窄。粗放开发导致文化资源价值未被充分释放，同质化竞争削弱了产业竞争力。

（四）科技赋能不足，制约产业转型升级

数字化与科技创新是文化产业转型的关键，但河北省在此领域进展缓慢。一是技术应用水平低。VR、AR等技术在乡村文化展示中的应用仍处于初级阶段，未能实现"沉浸式体验"。文化产品数字化程度低，缺乏智能终端、云平台等新型载体。二是创新驱动力弱。乡村文创产品以传统手工艺品为主，缺乏科技融合的高附加值产品（如数字藏品、虚拟旅游）。非遗活化手段单一，未能通过IP开发、跨界合作实现创新转化。科技短板导致乡村文化产品附加值低，难以适应消费升级趋势。

四　城乡融合视域下河北省村镇文化产业发展的开发策略

在城乡融合发展与乡村振兴战略的双重驱动下，河北省村镇文化产业迎来转型升级的重要机遇。作为京津冀协同发展的重要区域，河北省拥有丰富的非遗资源、农耕文化底蕴和独特的区位优势。本文结合河北省乡村文化资源禀赋与城乡融合发展需求，提出以下五个方面的开发策略。

（一）深化数字化赋能，构建村镇文化产业链新生态

一是建设乡村文化数字化基础设施。需加快乡村5G基站、大数据中心

等新型基础设施建设，推动数字技术与文化产业深度融合。例如，唐山、石家庄等城市可建立区域性乡村文化数据库，对非遗技艺、古村落建筑等资源进行三维扫描和数字化存档，形成可交互的虚拟文化空间。同时，推广"云上乡村"平台，整合文化资源展示、产品电商、旅游预订等功能，实现城乡文化消费市场互联互通。二是发展数字文化新业态。依托短视频、直播等新媒体渠道，打造"数字乡民IP"。例如，衡水周窝音乐小镇可通过VR技术开发线上音乐节，保定易县清西陵周边村落可制作历史情景剧短视频。推动"非遗+数字创意"模式，开发数字藏品、AR非遗体验项目，如将蔚县剪纸数字化嵌入城市公共空间互动装置，促进城乡文化共享。三是提升数字化管理能力。建立乡村文化资源动态监测系统，运用AI技术分析游客偏好，优化产品供给。

（二）激活非遗资源价值，打造特色文化IP矩阵

一是推进乡村非遗资源生产性保护。建立"非遗工坊+合作社"联动机制。截至2024年12月，河北省已建成非遗工坊700余家，未来需重点提升产品市场化能力。例如，邢台威县土布纺织技艺可引入现代设计团队开发家居文创产品；张家口蔚县剪纸与高校合作开发国潮主题衍生品等，形成"非遗进社区、进景区"的城乡双向流通体系。二是构建地域文化品牌体系。可通过实施"一县一品"政策，培育地理标志文化品牌，例如，保定可依托直隶官府菜系打造"舌尖上的非遗"IP，沧州吴桥杂技可开发沉浸式研学项目，石家庄正定古城可联动荣国府实景开发红楼文化体验线。建立省级文化品牌认证标准，推动"河北非遗"集体商标注册，提升品牌溢价能力。三是创新非遗传播方式。举办城乡联动的文化节庆活动，如廊坊风筝节与北京大兴国际机场合作开展"非遗快闪"活动等。可进一步支持非遗代表性传承人入驻抖音、小红书等平台，优化内容创作与流量转化。

（三）推动文旅深度融合，培育城乡共享消费场景

一是发展主题化乡村旅游集群。构建"环京津休闲旅游带"，打造三

大特色板块：长城文化体验区（秦皇岛板厂峪、承德金山岭等）；运河风情休闲带（沧州东光谢家坝、衡水景县华家口等）；太行山康养度假区（保定野三坡、石家庄嶂石岩等）。推广"乡村微度假"模式，开发农耕研学、民宿聚落等业态，如唐山迁西"归巢部落"树屋民宿年接待游客超10万人次。二是创新城乡文化互动模式。建立"城市文化需求+乡村资源供给"对接机制。如石家庄正定古城与市区联合推出"古城夜宴"实景演出，邯郸广府古城与北京高校合作开展古建修复研学项目。发展"认养农业+文化体验"，城市家庭可在线认领保定阜平枣树、参加邢台富岗苹果采摘节，形成生产消费闭环。三是完善文旅配套设施。推进"快进慢游"交通体系建设，实现4A级及以上景区二级公路全覆盖。提升乡村文化空间品质，推广"旧民居+新功能"模式，增设乡村书店、非遗工坊等复合空间。

（四）强化人才支撑体系，激发产业发展内生动力

一是构建多元化人才引育机制。扎实推进实施村镇文化产业"三师联建"模式，设立乡村文化创客基金。通过吸引乡村规划师、乡村运营师、乡村营销师等人才返乡，促进村镇文化产业发展。如衡水周窝村引进音乐制作人打造乐器小镇，与河北大学、燕山大学合作共建文化产业学院，定向培养数字文旅、非遗管理等专业人才。二是提升在地居民参与能力。开展"文化带头人"培育工程，建立"传帮带"机制，在村庄内外培训非遗代表性传承人、民宿管家等人才。推广"村民变股东"模式，鼓励村民以合作社入股等方式参与本地文化资源产业化开发。三是搭建城乡人才交流平台。建立京津冀文化人才库，组织城市文创团队与乡村结对帮扶，举办乡村创新创业大赛，对优质项目给予孵化支持。

（五）完善政策保障机制，优化产业发展生态

一是健全跨区域协同机制。深化京津冀文化产业协同，共建"京津冀文创走廊"，推动三地非遗展演、文旅线路互通。可尝试建立城乡文化要素交易平台，实现土地、技术、资本等要素市场化配置。探索"飞地经济"模式，如北京798艺术区与张家口草原天路联合开发艺术营地。二是加大财政金融支持力度。设立省级村镇文化产业发展基金，对初创企业和团队进行前期支持，对精品项目进行奖励补贴。对小微文化企业实施税收减免政策，如石家庄井陉陶瓷文化产业园入驻企业可享受三年免租政策。三是创新治理模式。推行"政府引导+企业运营+村民参与"机制，形成有效市场、有为政府和活力社会的有机结合，在尊重市场规律的前提下发挥各自优势，实现经济效益和社会效益的共赢。建立文化资源开发负面清单，严禁过度商业化改造。完善文化价值评估体系，将非遗活化成效纳入乡村振兴考核指标。

总之，河北省村镇文化产业的转型升级，需立足城乡要素双向流动与资源互补优势，通过数字化重构产业链、非遗IP打造、文旅场景创新、人才体系培育、政策机制保障等策略，形成"科技赋能、文化铸魂、产业融合、城乡共生"的发展格局，为全国城乡融合背景下乡村文化振兴提供"河北样板"。

参考文献

陈胜棋：《京津冀文化产业协同发展了吗？——基于供需角度的研究》，《河北工业大学学报》（社会科学版）2020年第1期。

丁晓洋：《文化产业助推乡村振兴的内在机理与实践路径》，《学术交流》2023年第1期。

方创琳：《城乡融合发展机理与演进规律的理论解析》，《地理学报》2022年第4期。

顾忠华等：《产业融合视角下乡村文化遗产活化研究综述》，《城乡规划》2023年第6期。

路剑等：《河北省农村特色文化产业发展实证研究》，《经济研究参考》2017年第59期。

马艳秋、赫婷婷：《河北省文化产业赋能经济增长的影响研究》，《文化学刊》2023

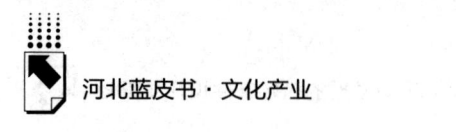

年第11期。

孙佳越：《乡村文化产业发展的困境与破解之策》，《文化产业》2024年第33期。

袁媛、范建华：《数字化助推乡村文化产业高质量发展的内在逻辑与路径探索》，《理论月刊》2023年第8期。

张雪霞：《乡村振兴背景下城乡产业融合发展面临的问题及对策》，《农业经济》2024年第12期。

宏观视野篇

B.9 以科技赋能推进河北智慧文旅产业发展的策略研究

郭晓杰[*]

摘　要： 文旅产业的蓬勃发展，正成为推动经济增长、促进文化传承与交流的重要力量。本文以河北为研究对象，探讨科技赋能推动河北智慧文旅产业发展的策略。研究发现，河北虽拥有丰富的文旅资源，但传统模式面临产品同质化、体验不足等问题，亟须通过大数据、人工智能、物联网等技术实现转型升级。本文在相关理论研究基础上，分析了河北智慧文旅产业的政策支持、科技应用现状及典型案例，并借鉴国内浙江、苏州等地及国外日本、韩国的实践经验，提出强化技术创新应用、优化服务供给、加强人才培养等对策建议，旨在推动河北智慧文旅产业高质量发展。

关键词： 科技赋能　智慧文旅　河北文旅产业　多技术融合

---

[*] 郭晓杰，经济学博士，河北省社会科学院经济所研究员，河北省重点高端智库河北省社会科学院京津冀协同发展研究中心研究员，主要研究方向为区域经济、产业经济、创新经济。

近年来，文旅产业蓬勃发展，成为推动经济增长、促进文化传承与交流的重要力量。河北拥有得天独厚的文化旅游资源，从古老的燕赵大地到雄伟的万里长城，从避暑胜地承德到滨海之城秦皇岛，丰富多样的自然景观与历史人文景观交相辉映，为文旅产业发展奠定了坚实基础。

然而，随着时代的进步与游客需求的日益多样化，传统文旅模式逐渐暴露出诸多问题。如旅游产品同质化严重、服务质量参差不齐、游客体验缺乏深度与个性化等，这些问题制约了河北文旅产业的进一步发展。与此同时，科技的迅猛发展正深刻改变着人们的生活方式，也为文旅产业的转型升级带来了新契机。

在此背景下，科技赋能成为推动河北文旅产业突破困境、迈向高质量发展的关键路径。大数据、人工智能（AI）、物联网、虚拟现实（VR）等前沿技术与文旅产业的深度融合，能够实现旅游资源的精准开发与高效配置，为游客提供更加智能、便捷、个性化的旅游体验，进一步提升河北文旅产业的核心竞争力。

一 科技创新赋能智慧文旅产业发展的理论基础

近年来，智慧文旅产业在数字技术驱动下快速发展，5G、元宇宙、大数据等技术成为推动智慧文旅产业转型升级的核心动力。许多学者从不同角度探讨了智慧文旅的发展及应用实践。

在技术应用层面。5G技术通过"富媒体消息"实现精准传播与一站式服务[1]，元宇宙技术借助沉浸式虚拟现实（VR）、增强现实（AR）和混合现实（MR）重构文旅体验，打破地理空间限制[2]。大数据技术则通过用户

---

[1] 卢迪、杜洋、韩沛玲：《5G数字技术对智慧文旅发展的赋能路径》，《媒体融合新观察》2023年第3期。
[2] 刘江辉、贾子林、吴佳琪：《Web3.0背景下元宇宙在智慧文旅建设中的应用》，《现代商贸工业》2025年第4期。

行为分析与资源整合，推动全域旅游的数字化转型。[①] 此外，数智化背景下，区块链、人工智能与物联网技术的融合，催生了文旅产业新型服务模式与消费场景。[②]

在发展模式方面。有学者认为，智慧文旅发展正处于跨部门、跨行业、跨层级融合阶段，是推动文旅产业高质量发展的重要抓手。并对2020年至2022年之间的智慧文旅典型案例进行系统梳理，将当下智慧文旅总结为三种发展模式，即，"一机游"模式——智慧文旅平台、"一键游"模式——智慧文旅景区、"一馆游"模式——VR/AR+AI创新应用。[③]

区域实践案例显示，不同地区结合文化特色探索差异化路径。例如，北京门头沟依托"全域旅游+文旅 IP"模式整合资源[④]；安徽隋唐大运河通过虚实结合策略开发线上云游与文创产品[⑤]；河南以"一带一核三山五区"布局构建智慧旅游开放平台，提升景区智慧化水平[⑥]。

二 河北智慧文旅产业发展现状剖析

（一）强化政策扶持与规划布局

近年来，河北高度重视智慧文旅产业发展，相继出台了一系列政策措施，为产业发展提供了坚实的政策保障与方向指引。

1. 强化政策扶持

河北先后制定出台《关于进一步深化"互联网+旅游"推动全省旅游业

---

① 张谛：《大数据时代门头沟智慧文旅发展路径研究》，《旅游与摄影》2023年第3期。
② 赵鸣、钱诗睿、鲍林：《数字化背景下连云港市智慧文旅产业发展研究》，《连云港师范高等专科学校学报》2019年第4期。
③ 蔡保忠等：《我国智慧文旅发展的现状、模式与路径创新研究》，《中阿科技论坛》（中英文）2023年第5期。
④ 张谛：《大数据时代门头沟智慧文旅发展路径研究》，《旅游与摄影》2023年第3期。
⑤ 张煜鑫、姚孺婧：《后疫情时代运河文化智慧文旅的机遇与挑战——以隋唐大运河安徽段为例》，《旅游与摄影》2022年第4期。
⑥ 刘凡：《数智时代河南省智慧文旅发展研究》，《文化产业》2023年第8期。

高质量发展的实施意见》《河北省科技创新"十四五"规划》等政策文件，从宏观层面明确了智慧文旅产业的发展方向与目标。其中，前者着重强调利用互联网技术创新旅游服务模式，推动旅游企业数字化转型，加强旅游信息基础设施建设等关键任务，为全省智慧文旅发展勾勒出清晰蓝图；后者则聚焦科技创新在文旅领域的深度应用，围绕大数据、物联网、AI等前沿技术，规划了一系列重点项目与示范工程，助力文旅产业提质增效。

在资金扶持方面，政府设立了专项财政资金，用于支持智慧文旅产业项目建设、技术研发与人才培养。例如，对符合条件的智慧景区创建单位给予资金补贴，鼓励景区提升智能化水平；针对文旅科技创新企业，出台税收优惠政策，减轻企业负担，激发创新活力。

人才培养亦是政策关注重点。通过与高校、科研机构合作，建立文旅人才培训基地，开设智慧文旅相关专业课程与培训项目，定向培养既懂文旅业务又掌握现代信息技术的复合型人才。同时，积极引进省外优秀人才，为河北智慧文旅产业发展注入新鲜血液。

2. 注重整体布局

河北以石家庄、保定、唐山、秦皇岛等城市为核心，辐射带动周边地区，构建起多维度智慧文旅产业发展格局。石家庄作为省会城市，依托雄厚的科技资源与交通枢纽优势，重点打造智慧文旅综合服务平台，实现一站式信息查询、预订、导览等功能。保定凭借丰富的历史文化遗产，围绕清西陵、直隶总督署等景区，运用数字化技术开展文物保护、虚拟展示等项目，让历史文化遗产"活起来"。唐山借助雄厚的工业基础，在工业旅游领域发力，将钢铁、陶瓷等传统工业厂区改造为智慧型工业旅游景点，如鑫达钢铁工业园，利用5G、VR等技术打造沉浸式工业旅游体验。秦皇岛以滨海旅游为特色，在北戴河、山海关等景区布局智能旅游设施，实现智能停车、智能安防、智慧导览全覆盖，提升游客海滨度假体验感。

（二）科技助力智慧文旅应用场景

在政策推动与市场需求驱动下，河北文旅产业积极引入现代科技，在多个领域取得了显著应用成果，为游客带来全新体验，也为产业管理注入新的活力。

1. 搭建智慧旅游服务平台

河北省文化和旅游厅打造的"乐游冀"平台成绩斐然。平台自上线以来，注册用户数量持续攀升，充分彰显其强大的用户吸引力。[①] 该平台依托物联网、云计算、大数据、AI等前沿技术，整合全省景区景点、公共文化场馆、旅游企业、旅游服务设施等百余类行业信息，构建起综合服务体系，为游客提供全方位、一站式旅游服务。

同时，平台积极拓展宣传营销新渠道。线上商城依据"政府引导、市场运作、共建共享"原则，汇聚直通冬奥、印象雄安、文创潮玩等9大类、30余个子门类文旅商品，开展直播带货、拼团、品牌优选等多元营销活动，助力文旅消费拓展。平台还会结合旅游特色与时节举办各类主题宣传推广活动，如"美丽河北 乐游心愿"评选活动，吸引游客参与互动，提升平台热度与景区人气。

2. 打造智能景区新样本

以廊坊的"只有红楼梦·戏剧幻城"项目为例。作为智慧景区典范，该项目历时8年精心雕琢而成，其规模宏大，首期涵盖4个大型室内剧场、8个小型室内剧场、108个情景空间及室外剧场，剧目总时长超800分钟[②]，通过融合新情景装置艺术与舞台沉浸技术，打破传统戏剧演出"静态观看"模式，为游客呈现如梦如幻的沉浸戏剧体验与幻境空间。

景区内科技设施无处不在。景区推出智能票务系统，实现线上线下一体化购票，游客可通过手机、自助售票机等多种渠道便捷购票，入场时通过人脸识别、二维码扫描等技术快速验票，减少游客排队等候时间；智能导览系统利用室内定位、蓝牙传输等技术，为游客提供精准实时导航服务，根据游客所在位置推送周边演出信息、景点介绍，还能依据游客偏好制定个性化游

---

① 《河北 加快构建智慧文旅发展新格局》，《中国旅游报》2023年11月27日，第7版。
② 《"只有红楼梦·戏剧幻城"开城寻梦》，廊坊市人民政府网站，2023年7月24日，https：//www.lf.gov.cn/Item/131755.aspx。

览路线；剧场演出借助VR、AR、全息投影等前沿技术，生动还原《红楼梦》中的经典场景，如黛玉葬花等情节，让游客身临其境感受名著魅力，极大地增强了文化体验的沉浸感。

据统计，截至2024年4月，"只有红楼梦·戏剧幻城"已演出近6700场次，吸引观演游客近120万人次，带动了周边餐饮、住宿、购物、娱乐等各种文旅业态的发展。①

三 国内外智慧文旅产业发展案例

（一）国内智慧文旅产业发展案例

1. 浙江：以数字化赋能全域旅游

浙江作为数字经济强省，在智慧文旅领域持续深耕，以数字化全方位赋能全域旅游发展，构建起全省"一盘棋"的智慧文旅产业新格局。

在顶层设计方面，浙江出台《浙江省智慧旅游发展"十四五"规划》，明确以数字化改革为引领，构建"一中心、四平台、多应用"的智慧旅游体系。"一中心"即省级智慧旅游大数据中心，汇聚全省文旅数据，打破信息孤岛，实现数据共享与流通；"四平台"涵盖智慧服务、智慧营销、智慧管理、智慧体验平台，为游客、企业与政府提供全方位支撑；"多应用"则面向不同场景与需求，开发"浙里好玩"智慧旅游服务平台等多样化应用，推动文旅服务便捷化、精准化。

"浙里好玩"平台整合全省近万家景区、酒店、民宿、旅行社等资源，游客通过手机端即可一站式查询景点信息、预订门票和酒店、规划个性化旅游线路，还能实时获取景区客流量、交通路况等动态资讯，实现智慧出行。例如，杭州西湖景区借助该平台与智能监控系统联通，依据游客流量实时调

---

① 史自强：《"红楼梦+戏剧"吸引海内外游客"入戏入梦"》，《人民日报》（海外版）2024年5月8日，第12版。

控游船班次、优化游览路线，有效提升游客游览体验；同时，平台利用大数据分析游客偏好，精准推送如"西湖龙井茶文化之旅""杭州夜经济探秘游"等特色线路，激发旅游消费潜力。

在文旅融合创新方面，浙江各地深挖文化内涵，借助数字化手段打造沉浸式文旅体验产品。如横店影视城利用 VR、AR 技术，推出"圆明新园"数字复原展示、"影视穿越"沉浸式演艺等项目，让游客仿佛穿越历史，身临其境地感受古代宫廷生活；绍兴黄酒小镇通过数字化打造黄酒文化博物馆，运用多媒体互动展示、虚拟酿造体验等形式，传承弘扬黄酒文化，吸引大量游客驻足，以科技之力助推文化与旅游深度融合，为浙江全域旅游发展注入强大动力。

2. 苏州：创新智慧文旅服务平台

苏州以"君到苏州"智慧文旅线上服务平台为核心，构建起覆盖全市的智慧文旅服务网络，为游客打造便捷、高效、个性化的旅游体验。

"君到苏州"智慧文旅线上服务平台全面整合苏州景区、服务、政府信息资源，搭建"微信+小程序+App+H5"多元端口，实现产品购买、分时预约、公共服务、信息发布等"一站式完成"功能。游客只需一个二维码，即可畅享"吃住行游购娱"全方位服务。平台以"图游苏州"地图功能为全新交互方式，将主要景点、场馆等信息直观呈现于地图之上，游客可基于实时位置轻松查找周边文旅资源并导航前往，极大地提升了出行便利度。

在文旅融合方面，平台引入苏州文博、非遗、演艺等资源，打造"文化之旅"精品路线。例如，"网师园夜花园"，游客在欣赏古典园林夜景的同时，还能观赏到昆曲、评弹等传统非遗表演，感受江南文化韵味；"遇见姑苏·木渎往事"沉浸式演艺项目，借助全息投影、实景交互等技术，重现姑苏繁华旧景，让游客沉浸其中，领略历史文化魅力，以智慧文旅服务平台为载体，推动苏州文旅产业高质量发展。

（二）国外智慧文旅产业发展案例

1. 日本：以科技融合传统文化体验

日本在智慧文旅产业发展进程中，巧妙地将前沿科技融入深厚的传统文化底蕴，创造出独具魅力的文旅体验模式，京都为其中典范。作为日本历史文化名城，京都拥有众多古老寺庙、传统街区，承载着千年的和风韵味。近年来，京都积极利用数字技术，为传统文化传承与展示注入新活力。

在寺庙参观方面，以清水寺为例，寺庙借助 VR 和 AR 技术，打破时空限制，让游客沉浸式领略其历史变迁。游客佩戴 VR 设备，仿佛穿越回日本平安时代，目睹寺庙初建时的盛大场景，感受匠人们精雕细琢的建筑过程；运用 AR 技术，只需扫描寺内建筑、壁画，便能获取详细历史解说，甚至能看到虚拟呈现的古代祭祀仪式，让静态文化遗产生动鲜活起来。

在传统手工艺传承方面，日本京都的西阵织会馆利用高清摄像、3D 建模等技术，全方位记录并展示西阵织复杂的织造工艺。游客可通过触屏设备，从丝线选材、图案设计到上机织造，细致了解每一道工序，还能借助线上互动平台，远程参与简单的织造体验课程，在专业工匠指导下，设计并制作专属的西阵织小配饰，激发游客对传统手工艺的浓厚兴趣，促进文化传承。

此外，京都旅游部门也积极打造智慧文旅 App，整合区域文旅资源，不仅可以依据游客位置、兴趣偏好，精准推送周边特色景点、特色美食店及传统活动，还可以提供实时的交通与天气信息，为游客打造便捷、个性化旅行规划，让京都之旅充满古韵并畅享智能。

2. 韩国：创新沉浸式文旅娱乐

韩国凭借在流行文化、信息技术领域的优势，大力发展沉浸式文旅娱乐项目，打造一批极具吸引力的主题公园与文旅街区，为游客带来前所未有的娱乐体验。

位于首尔的乐天世界主题公园，充分运用 5G、全息投影、体感交互等前沿技术，升级游乐设施与演艺项目。其中，"VR 过山车"项目借助 5G 高速传输与 VR 沉浸体验，让游客在高速穿梭虚拟场景时，感受逼真的风声、震动与特效，仿佛置身奇幻冒险世界；园区内的"全息 K-POP 演唱会"，利用全息投影技术，将人气偶像"搬"上舞台，配合动感灯光、环绕音效，为游客呈现震撼的视听盛宴，观众还能通过体感交互设备，与虚拟偶像共舞互动，极大地增强了参与感与娱乐性。

在文旅街区打造方面，以首尔仁寺洞为例，这条古老的文化街区借助数字化改造，焕发出全新活力。街区内的传统韩屋建筑，通过灯光秀、投影映射等技术，在古老建筑墙壁上投射出动态的历史故事、传统画作，呈现如梦如幻的夜间景观，与周边特色小店、街头艺人表演相得益彰；同时，街区引入智能导览系统，游客漫步其中，通过手机即可接收实时推送的店铺优惠、文化活动信息，还能参与线上线下互动游戏，赢取特色纪念品，深度体验韩国传统文化与现代潮流碰撞融合的魅力。

四 科技赋能河北智慧文旅产业发展的对策建议

（一）强化技术创新应用

技术创新作为智慧文旅产业发展的核心驱动力，对于河北文旅产业突破现有瓶颈、迈向高质量发展阶段至关重要。在当前激烈的文旅市场竞争格局下，河北需坚定不移地加大科技研发投入力度，凝聚各方力量推动多技术融合创新，并构建良好政策环境，鼓励文旅企业自主创新，全方位激发产业创新活力，以科技硬实力铸就文旅发展新优势。

1. 加大科技研发投入力度

政府在科技研发投入中扮演着引领者与支持者的关键角色。一方面，持续加大财政资金对文旅科技研发项目的扶持力度，设立专项资金，精准聚焦大数据分析、智能算法优化等关键技术领域，助力高校、科研机构开展前沿性研究。另一方面，通过税收优惠、财政补贴等政策杠杆，引导文旅企业增加研发投入，鼓励其与高校、科研院所共建研发中心，形成产学研用协同创新生态。企业作为创新主体，要树立长远战略眼光，将科技创新纳入核心发展战略，每年从营业收入中划拨一定比例资金用于技术研发。借鉴国内头部文旅企业经验，如携程集团每年投入大量资金用于智能算法优化，实现旅游产品个性化精准推荐，河北文旅企业可围绕游客个性化需求挖掘、旅游场景智能优化等方向，自主投入资金开展技术攻关，打造具有市场竞争力的智慧文旅产品与服务，增强游客体验感，抢占市场先机。

产学研联合亦是技术创新的重要路径。河北省内高校与科研机构拥有丰富的科研资源与人才储备，应加强与文旅企业的深度合作，建立联合实验室、产业技术创新联盟等合作平台。例如，河北大学、燕山大学等高校的计算机、信息管理等专业院系可与本地景区、旅行社合作，针对智慧导览系统优化、智能客服机器人升级等实际问题开展联合项目攻关，科研人员深入文旅一线了解需求，企业为科研提供实践场景与数据支持，实现科研成果与市场需求无缝对接，加速科技成果向现实生产力转化，为河北智慧文旅产业发展持续注入创新动力。

2. 推动多技术融合创新

多技术融合创新是文旅产业发展的大势所趋。5G技术以其高速率、低时延、大容量的特性，为文旅产业带来革命性变革。在景区，5G技术与高清视频监控结合，可实现实时高清直播，游客远程即可身临其境地欣赏景区美景，如游客在千里之外通过5G直播沉浸式观赏嶂石岩的赤壁丹崖、奇峡幽谷。5G技术与智能导览系统融合，基于高精度定位实现实时导航、精准信息推送。例如，游客漫步清东陵时，手机能精准推送当前景点历史典故讲解、游览路线规划，让游览更具自主性与趣味性。

物联网与区块链技术协同发力，能有效提升文旅运营管理效率与信任度。物联网构建的万物互联网络，实现景区设备、设施实时数据采集与智能管控，从游乐设施运行状态监测到酒店客房能耗管理，全方位保障运营安全、降低成本。区块链技术则为文旅数据资产确权、交易提供可信保障，在文创产品版权保护领域，利用区块链不可篡改的特性，为每一件文创作品登记版权信息，确保创作者权益，同时便于文创产品的溯源，提升消费者购买信心，如蔚县剪纸文创产品借助区块链可追溯其创作工艺、作者信息，彰显文化价值与品质保证。

人工智能与虚拟现实、增强现实深度融合，创造出全新文旅体验场景。在文旅演艺方面，人工智能驱动虚拟角色与观众实时互动，结合 VR 和 AR 技术，将观众带入如梦如幻的历史故事或奇幻世界，如在以邯郸成语典故为蓝本的沉浸式演艺中，观众佩戴智能设备，与虚拟古人互动，亲身感受成语诞生情境，极大地增强了文化感染力与拓展了体验深度。在文化遗产保护与展示方面，利用 AI 图像识别、修复技术，并结合 VR 技术全景复原，让赵州桥等古迹以崭新面貌示人，使游客看到古桥的精细结构，回溯其千年前初建风貌，领略古代建筑智慧。多技术融合催生新业态、新模式，为河北文旅产业发展拓展广阔空间。

3. 鼓励文旅企业自主创新

政策激励是激发文旅企业创新活力的关键。政府应制定专项扶持政策，设立"智慧文旅创新奖励基金"，对在技术创新、产品研发、模式探索等方面表现卓越的文旅企业给予资金奖励，表彰其为文旅产业发展做出的突出贡献；在项目审批、土地使用、金融信贷等方面给予创新型文旅企业优先支持，简化审批流程，保障发展用地，提供低息贷款等金融扶持，助力企业"轻装上阵"，专注创新发展。例如，对于研发智慧文旅新应用的初创企业，政府为其提供场地租金减免、天使投资引导基金等支持，帮助企业渡过创业初期难关。

培育创新型文旅企业集群是推动产业整体升级的重要举措。一方面，围绕雄安新区、石家庄等区域创新高地，打造智慧文旅产业园区，吸引上下游企业集聚，形成完整产业链生态。园区内，智能硬件制造企业为文旅企业提供先进设备，软件开发企业研发智慧文旅系统，内容创作企业输出优质文化创意，各方协同创新。另一方面，鼓励行业领军企业发挥带头作用，通过并购、重组、战略合作等方式整合资源，打造具有国际竞争力的大型文旅集团。如河北旅游投资集团凭借自身资源优势，并购科技型初创企业，引入前沿技术，优化旗下景区、酒店智慧化运营，打造集旅游投资、开发、运营、科技服务于一体的综合性"文旅航母"，引领河北智慧文旅产业迈向新高度。

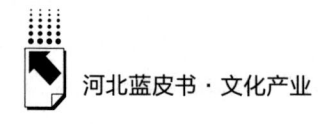

（二）优化智慧文旅服务供给

随着游客消费需求的日益多元化与个性化，优化智慧文旅服务供给成为河北文旅产业发展的关键着力点。在科技赋能的时代浪潮下，河北需以游客需求为导向，从完善平台功能、丰富体验产品、提升服务质量等多维度发力，全方位提升游客体验，打造具有河北特色的智慧文旅服务体系，提升文旅产业核心竞争力。

1.完善智慧文旅服务平台功能

"乐游冀"平台作为河北智慧文旅服务的核心载体，需持续优化升级，拓展功能边界，为游客提供更加便捷、高效、个性化的服务体验。

第一，"乐游冀"平台应深度整合全省文旅资源信息，打破数据壁垒，实现一站式查询预订。不仅涵盖景区景点、酒店民宿、旅行社等传统资源，还纳入乡村旅游点、文化场馆、非遗工坊、旅游交通枢纽等多元要素，确保游客能全面获取河北文旅信息。例如，游客输入出行时间、预算与兴趣偏好，平台即可智能推荐包含特色乡村民宿、周边小众景点、非遗体验活动的个性化行程，并实现全程在线预订，包括门票、住宿、交通票务、非遗课程报名等，简化预订流程，节省游客时间成本。

第二，"乐游冀"平台应强化智能导览功能，借助高精度地图定位为游客提供精准导航服务。在景区内，游客佩戴智能终端设备或打开手机 App，即可实时获取自身位置信息，精准导航至各个景点，还能接收周边景点详细介绍、历史文化故事推送，实现沉浸式自助游览；在城市中，平台为游客规划最佳游览路线，串联起博物馆、历史街区、特色餐饮街区等，结合交通实时路况，提供公交、地铁、打车等多种出行方式导航，确保游客旅游畅行无阻，深度感受城市文化魅力。

第三，"乐游冀"平台应加强与社交媒体、生活服务类平台的合作，拓展社交分享、评价反馈、生活服务接入等功能。游客在游览结束后，可便捷分享旅行经历至微信、微博、小红书、抖音等社交平台，吸引更多潜在游客。同时，游客能在平台上对旅游服务进行评价打分，为其他潜在游客提供参考，平台依据反馈数据优化推荐算法与服务供给。此外，平台还可接入本地生活服务，如推荐景区周边优质餐厅、便利店、药店等，为游客提供全方位生活便利，将其打造成游客畅游河北的贴心"数字管家"。

2. 开发智慧文旅体验产品

聚焦游客多样化体验需求，依托河北丰富文化旅游资源，深度挖掘文化内涵，运用前沿科技开发智慧文旅体验产品，激发文旅消费新活力。

开发 VR/AR 主题旅游产品是拓展文旅体验边界的重要方向。以河北历史文化脉络为主线，开发如"燕赵风云 VR 之旅""雄安千年宏图 AR 探秘"等系列产品。"燕赵风云 VR 之旅"让游客穿越时空，置身于春秋战国、秦汉隋唐等不同历史时期的燕赵大地，参与重大历史事件，感受燕赵文化的雄浑气魄。"雄安千年宏图 AR 探秘"聚焦雄安新区建设，游客漫步雄安街头，通过手机 AR 扫描，便能目睹雄安从千年历史到未来蓝图的演变，见证城市崛起历程。此类产品不仅能在景区实地体验，还可通过线上平台推广，让游客能够足不出户开启河北文化探索之旅，打破时空限制，拓展客源市场。

线上线下互动项目亦是丰富游客体验的关键举措。在景区，借助物联网、移动互联网技术，打造互动式游览场景。例如，在承德避暑山庄，游客可参与"皇家园林守护计划"线上线下互动游戏，线下在景区内寻找隐藏的"文物碎片"，并通过手机扫码收集；线上解锁文物背后故事、参与知识问答，赢取文创奖品，增强游览的趣味性与参与感。在博物馆，开展"文物数字化修复"互动体验，游客利用触屏设备模拟文物修复过程，了解文物保护知识，线上同步分享修复成果，吸引更多人关注文化遗产保护，以互动促体验，以体验聚人气，为河北文旅注入新魅力。

3. 提升旅游服务质量与监管水平

优质服务是文旅产业发展的生命线，借助科技手段实现旅游服务质量的实时监测、问题预警与快速处置，对提升河北文旅形象至关重要。

利用大数据分析与智能监测系统，对景区、酒店、旅行社等旅游服务主体进行全方位、全天候监测。在景区，实时采集游客流量、游客评价、设施运行状态等数据，通过数据分析模型预测游客流量高峰，提前预警，景区及时采取限流、增派工作人员、优化游览路线等措施，保障游客游览与体验安全。在酒店，监测客房入住率、客人反馈、餐饮卫生等指标，一旦发现差评或卫生问题，系统立即通知酒店管理人员整改，并跟踪整改情况，确保服务质量持续提升。

建立旅游服务质量投诉处理快速响应机制，依托"乐游冀"平台等渠道，实现游客投诉一键直达监管部门。监管部门借助智能客服、工单流转系统，快速分类处理投诉，一般问题由智能客服即时解答，复杂问题自动生成工单并流转至相关企业，限时回复处理，处理结果实时反馈游客，全程透明可追溯，提升了游客满意度。

此外，应通过区块链技术构建旅游诚信体系，对旅游企业、从业人员信用信息进行上链存储，不可篡改。游客可查询企业信用评级、违规记录等，从而选择诚信优质服务。对于失信企业，则应在市场准入、政策扶持等方面予以限制，以信用监管倒逼企业提升服务质量，营造健康有序的文旅市场环境，让游客在河北畅享安心、舒心、放心之旅。

（三）加强人才培养与引进

在科技赋能的智慧文旅产业发展进程中，人才作为核心要素，起着决定性作用。无论是前沿技术的研发应用，还是创新服务模式的落地实践，都离不开专业人才的智慧与付出。河北急需构建一套全方位、多层次的人才培养与引进体系，为产业蓬勃发展注入源源不断的动力。

1.培育本土智慧文旅专业人才

高校与职业院校作为人才培养的主阵地，应紧密贴合智慧文旅产业需求，优化专业设置。河北大学、燕山大学等高校可增设智慧旅游管理、数字文化创意、文旅大数据分析等前沿专业，打造涵盖本科、硕士乃至博士的多层次人才培养梯队。职业院校则聚焦技能型人才培养，开设智能导游、智慧景区运维、文旅电商运营等实用专业，课程设置紧密对接产业实际需求，引入真实项目案例，让学生在实践中掌握技能。

针对在职人员，持续开展针对性培训至关重要。文旅部门联合行业协会、科技企业，定期举办智慧文旅专题培训班，涵盖人工智能应用、虚拟现实内容创作、智慧营销实战等课程。邀请行业专家、技术骨干担任讲师，采用线上线下混合教学模式，方便学员学习。对景区管理人员着重培训智能运营管理与数据分析，助力其提升决策科学性；对一线服务人员则强化智能导览设备使用、线上客服技巧培训，全方位提升服务品质，打造一支业务精通、技术娴熟的本土智慧文旅人才队伍。

2. 引进高端智慧文旅人才

以优厚政策吸引国内外领军人才与创新团队，是河北智慧文旅实现弯道超车的关键举措。政府出台专项人才引进政策，对于掌握核心技术、具有成功项目经验的高端人才，给予住房补贴、子女入学、配偶就业等全方位保障。例如，为引入专注文旅大数据分析的海外专家团队，雄安新区提供人才公寓、科研启动资金，并协助解决团队成员家属就业安置问题，确保其安心创业；针对前沿技术领域人才，设立"智慧文旅人才特区"，给予税收优惠、项目优先落地权，吸引其携技术、项目入驻，发挥领军作用，带动产业技术升级与创新发展。

此外，应积极搭建交流合作平台，拓宽人才引进渠道。举办"河北智慧文旅高端人才峰会"，汇聚国内外行业精英，开展学术交流、项目对接活动；组织本地文旅企业赴北京、上海、深圳、杭州等地乃至海外人才集聚地开展专项招聘，与高校、科研机构、创新企业建立人才合作联盟，精准引进急需紧缺人才，为河北智慧文旅产业发展注入创新活力，提升竞争力。

3. 完善人才激励机制

政府与企业应协同发力，完善人才激励机制，激发人才创新活力。政府应设立"智慧文旅人才奖励基金"，对在技术创新、产品研发、模式探索等方面取得突出成果的个人与团队给予资金奖励。

为人才提供广阔的职业发展空间同样不可或缺。企业应制定清晰的晋升路径，从基层技术岗位到项目主管、技术总监，依据人才能力与业绩晋升，定期选派优秀员工赴国内外知名企业、高校进修，拓宽视野，学习前沿知识。鼓励员工参与行业标准制定、学术研究，提升行业影响力，以良好职业前景吸引人才扎根，让河北成为智慧文旅人才汇聚的高地，推动河北智慧文旅产业持续繁荣发展。

B.10
区域协同下河北文化产业发展动力和途径研究[*]

李天然　朱骏惠　王小涵　郭秉炎　王金营[**]

摘　要： 伴随京津冀协同发展战略向纵深推进，河北凭借深厚的文化底蕴与资源禀赋，迎来了文化产业发展提质增效的重要窗口期。本文立足于区域协同发展视角，系统剖析河北文化产业协同发展趋势，发现河北文化产业整体发展稳中有升、地域特色鲜明、产业协同性加强。同时，本文结合典型案例，探究其内部、外部发展动力因素和推动机制，从紧抓战略机遇、优化空间布局、提升创新能力等方面提出实践路径，以推动河北文化产业高质量发展，助力其实现从文化资源大省向文化强省跨越。

关键词： 京津冀协同　高质量发展　文化产业　区域协同

文化是一个国家、一个民族的灵魂，也是区域协同发展的纽带。河北文化遗存众多、文化资源丰富、文化积淀深厚，是中华文明的重要发祥地。随着京津冀协同发展、雄安新区建设等国家重大战略向纵深推进，河北文化产业发展取得了一定成效，但与京津地区相比，仍存在整体发展水平不高、协

---

[*] 本文系河北省社会科学基金项目"河北文化产业赋能乡村振兴发展路径研究"（项目号：HB23SH033）的阶段性研究成果。
[**] 李天然，河北大学燕赵文化高等研究院讲师，主要研究方向为文化经济；朱骏惠，河北大学经济学院博士研究生，主要研究方向为人口与经济；王小涵，河北大学经济学院博士研究生，主要研究方向为人口与经济；郭秉炎，河北大学经济学院硕士研究生，主要研究方向为人口与经济；王金营，河北大学经济学院教授，河北大学燕赵文化高等研究院特聘专家，主要研究方向为人口与文化经济。

同效应不足等问题。从产业空间布局来看，河北规模以上文化及相关产业企业（以下简称"规模以上文化企业"）主要集中在石家庄、唐山、保定、邯郸、沧州、廊坊等地，其他地区企业数量较少且规模有限，全省文化产业整体也呈现分布分散、竞争力弱、产业集聚度低的缺点，严重制约了整体文化产业协同发展效能的释放。基于此，本文立足区域协同发展战略全局，通过系统分析河北省文化产业协同发展的现状，找到其发展面临的关键问题，并结合具体实践案例，深入探究河北文化产业发展的动力机制与实践路径，旨在为加快健全区域战略统筹，优化文化资源配置，促进河北文化产业高质量发展，为把河北独特的文化资源优势切实转化为文化发展优势提供决策依据与实践指导，同时为全国其他地区构建高效的区域文化协同发展机制提供有益参考。

一 河北文化产业发展现状与存在的问题

（一）发展现状

1. 整体发展稳中有升，新业态发展突出

近年来，随着经济与社会的全面发展，河北文化产业的规模总体呈现稳定增长态势。根据河北省统计局公布的数据，2024年全省共1233家规模以上文化企业，营业收入为885.1亿元，同比增长4.0%。其中，文化新业态发展突出，较为明显的16个行业小类①实现营业收入74.2亿元，同比增长10.4%，增速快于全部规模以上文化企业6.4个百分点，成为驱动文化产业升级的核心引擎。

---

① 业态特征明显的16个行业小类是：广播电视集成播控，互联网搜索服务，互联网其他信息服务，数字出版业，其他文化艺术业，动漫、游戏数字内容服务，互联网游戏服务，多媒体、游戏动漫和数字出版软件开发，增值电信文化服务，其他文化数字内容服务，互联网广告服务，互联网文化娱乐平台，版权和文化软件服务，娱乐用智能无人飞行器制造，可穿戴智能文化设备制造，其他智能文化消费设备制造。

分结构看，文化制造业、文化批发和零售业、文化服务业分别实现营业收入405.4亿元、194.7亿元、285.0亿元，同比分别增长3.4%、5.7%、3.7%，呈现"制造稳基础、服务强纽带、流通促活力"特征。分领域看，文化相关领域增长强劲，以5.4%的增速实现营业收入467.4亿元，增速显著高于文化核心领域2.9个百分点，反映出产业融合性增强。

2. 地域特色鲜明，产业集聚现象明显

从产业集聚情况来看，河北涌现出3个百亿元级（乐器、石雕、红木家具）、2个50亿元级（童车、艺术玻璃）及4个亿元级（内画、工笔画、仿古石雕、剪纸）特色集群，展现出"产业集聚+特色赋能"的区域发展路径。各地市（区、县）均依托自身的规模经济优势与独有的历史文化背景、地理资源形成了12大县域特色产业集群，涵盖曲阳石雕、蔚县剪纸、衡水内画、衡水工笔画、藁城宫灯、沧州琉璃、定州缂丝、张家口彩色玻璃深加工、吴桥杂技魔术道具、平泉活性炭、沙河艺术玻璃、白沟箱包等领域，成为促进区域经济发展的重要支撑。另外，以武强、肃宁、饶阳为代表的乐器文化产业集群，作为全国最大的乐器生产制造集聚区，已形成集乐器设计研发、制造加工、配件组装、销售经营和电商物流于一体的完整产业链，生产企业有200多家，西洋管弦乐器生产规模居中国第一、世界第二，民族乐器占全国市场份额的60%，[1] 实现了从产业集聚到区域协同发展的竞争优势。

3. 产业协同性加强，跨区域文化要素流动活跃

近年来，京津冀协同发展与推进北京非首都功能疏解等政策的实施，推动了京津冀地区文化产业的迁移与整合，为京津冀文化产业协同发展提供了新契机。河北在协同发展过程中发挥着关键的承接作用，依托区位优势和政策支持，由被动承接变为积极吸纳京津文化资源，推动区域文化产业协同发展。以永清县为例，该地区凭借紧邻京津的位置优势，主动引进80多家北京图书文化企业，打造辐射全国的图书仓储和电商基地，推动当地图书仓储、电商物流等产业升级，体现了跨区域产业协同性加强。河北通过主动把

---

[1] 《踏歌而行，奋力迈向文化强省》，《河北日报》2020年11月22日，第2版。

握发展机遇，进一步优化文化产业承接机制，加快文化产业转型升级，提升文化产业区域竞争力，积极融入京津冀一体化文化产业格局，为区域文化产业高质量发展提供有力支撑，助力京津冀文化产业协同发展。

此外，在京津冀区域协同发展战略推进的过程中，区域间文化资源要素流动愈加活跃。如区域化交通网络正逐渐完善，2024年12月，京蔚高速的全线通车串联起北京以及张家口境内多处文化旅游区、古镇等，使跨省游变为近郊游，更好地支撑了京张体育文化旅游带建设，进一步丰富了"这么近，那么美，周末到河北"品牌内涵。又如，由京津冀三地8家单位合作共建的燕文化考古研究中心，利用了北京、天津名校云集、科研力量雄厚的人才优势，配合三地文化交融、历史深厚等资源特色，不仅推动了燕赵文化高质量发展，还加速了区域间人力资源流动。

（二）存在的问题

京津冀地区自古以来地脉相邻，文脉相依。近年来，《京津冀协同发展规划纲要》《京津冀文化和旅游产业协同发展行动计划（2024—2026年）》等文件的陆续发布以及《京津冀三地文化领域协同发展战略框架协议》的签订，为京津冀三地文化产业发展合作搭建了广阔的平台，拓展了合作市场的广度与深度，深入推进了三地文化产业的协同发展。2024年12月，京津冀三地共同举办的"2025年京津冀迎新春系列文旅活动"对满足人民群众文化生活需求、推动京津冀三地文化产业协同发展具有示范作用。虽然文化产业协同发展取得了一些阶段性成果，但仍存在一些问题。

京津冀地缘关系密切、文化风俗相近，为区域间产业协作打下了坚实的文化基础。北京作为中国的首都，全国的政治和文化中心，京津冀文化产业发展的核心城市，得益于其深厚的文化积淀、强大的资源聚集效应、技术创新优势以及政策支持，其文化产业在国内外都具有举足轻重的地位。据北京市统计局公布的数据，2024年，北京规模以上文化企业实现营业收入22512.4亿元，较上年增长6.7%，占全国营业收入的16.0%；文化新业态企业实现营业收入15906.9亿元，较上年增长11.1%，占全国同类企业营业收入的

26.9%。北京文化产业规模和结构优势突出，整体实力居于全国领先水平，对京津冀文化产业发展建设的示范引领作用明显。而天津作为我国历史文化名城、全国改革开放先行区，其文化产业依托"京畿风范、中西合璧"的独特基因也取得了长足的发展，形成了具有鲜明特色和深刻内涵的"津味"城市文化产业。据天津市统计局公布的数据，2023年，天津规模以上文化及相关产业营业收入合计为1542.37亿元，实现利润总额72.01亿元，分别较上年增长19%、23.6%。其中增长幅度最大的是文化娱乐休闲服务产业，这与天津坐拥古文化街、五大道等旅游文化产业优势，以及当地政府对天津景区游览服务产业的政策支持与宣传推广密不可分。

基于对北京与天津文化产业发展情况的分析，河北无论是在文化产业的整体规模、创新发展能力还是在营业收入上都与京津存在一定差距。但随着京津冀协同发展的不断深化，区域间产业转移升级的持续推进，河北文化产业的发展潜能巨大。

二　河北文化产业协同发展实践案例

（一）陶瓷文化保护协同立法

1. 基本情况介绍

河北作为中国陶瓷文化的重要发源地，拥有磁州窑、邢窑、定窑等历史名窑以及"中国北方瓷都"——唐山这一现代陶瓷产业基地，现代陶瓷产业已成为新的经济增长点。然而，传统窑址保护不足、产业创新乏力等问题制约了陶瓷文化的传承与产业发展。为此，河北省人大常委会统筹邯郸、邢台、保定、唐山4市，于2024年9月通过全国首个围绕陶瓷的区域协同立法项目，形成《邯郸市磁州窑文化保护传承利用条例》《邢台市邢窑文化保护传承利用条例》《保定市定窑文化保护传承利用条例》《保定市定窑文化保护传承利用条例》4部法规。该立法以"3+1"模式为核心，邯郸、邢台、保定侧重历史文化保护，唐山聚焦现代产业振兴，旨在通过法治手段实

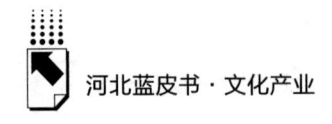

现文化赓续与产业升级。

2. 核心做法与实施路径

河北省人大常委会主导立法框架设计，邯郸、邢台、保定、唐山4市基于共性需求制定协同条款（系统性保护、资源开采规范、知识产权保护），同时结合地方特色增设个性条款，增强了条例在具体实施中的适用性。立法明确对陶瓷文化资源集中区域实施整体保护，建立资源名录制度，严格矿产资源开采管理，禁止破坏性开发。鼓励科研机构与企业合作研发新材料、新工艺，并加强地理标志与知识产权保护，推动非遗技艺与现代产业结合。以上条例的实施为陶瓷在技术上不断融合创新、保护好千年窑址、发展陶瓷产业提供了法治保障；有利于构建现代化陶瓷产业链，支持产业集聚与文旅新业态开发。

（二）京津冀地区主要历史文化资源分布图绘制

1. 基本情况介绍

京津冀地区作为中华文明的重要发祥地之一，拥有丰富的历史文化遗产资源，包括世界遗产、全国重点文物保护单位、历史文化名城名镇名村等。根据京津冀三地文旅部门数据，截至2024年，京津冀地区共有15项世界遗产、474处全国重点文物保护单位、8座中国历史文化名城及大量红色文化遗产。这些资源分布广泛且类型多样，但长期存在保护分散、协同不足等问题。在此背景下，2024年，京津冀三地联合发布《京津冀地区主要历史文化资源分布图》，首次将区域内历史文化资源的空间分布与关联性以统一空间框架系统进行展示，成为推动文化遗产协同保护的标志性成果。

2. 核心做法与实施路径

2013年，京津冀三地就已开展跨区域文化领域协同发展工作，建立"三地联动"的协同保护机制。2014年8月，三地共同签署《京津冀三地文化领域协同发展战略框架协议》，在京津冀文化产业整合上利用"多源多用"的产业模式，对京津冀文化产业现状和发展进行对比分析。2022年7月，三地文物局共同签订《全面加强京津冀长城协同保护利用的联合协定》，针对交界地带的长城制订统一保护计划。到2024年，三地打破行政壁垒，经首都规划建设委员会办公室、北京历史文化名城保护委员会办公室统筹协调，北京市规划和自然资源委员会、天津市规划和自然资源局、河北省住房和城乡建设厅、北京市文物局、天津市文物局、河北省文物局密切合作，由北京市测绘设计研究院编制完成了《京津冀地区主要历史文化资源分布图》。通过梳理三地文化遗产名录，整合文保等单位的地理资源信息，形成跨区域数据库，确保数据权威性与一致性。

《京津冀地区主要历史文化资源分布图》不仅标注了文化遗产的地理位置，还通过整合三地数据，揭示了区域文化脉络的紧密联系。这一成果为区域文化协同发展提供了科学依据，也为公众认知历史文化资源、增强文化自信提供了重要载体。同时，有效推动三地落实文化遗产保护体系建设，有助于三地协同保护和活化利用文化遗产资源，从区域统筹的角度，重新考量京津冀地区的历史文化资源，助力京津冀地区文化产业高质量协同发展。

（三）正定古城文化旅游区

1. 基本情况介绍

正定古城位于河北石家庄，拥有隆兴寺、开元寺等9处国家级文物保护单位。2014年，河北启动"文化强省"战略，将正定古城列为重点发展对象，通过整合历史遗址、民俗文化、传统手工艺等资源，打造"文化+旅游"融合发展的综合性文旅示范区。2024年第一季度，正定古城接待游客超1292万人次，门票收入突破2143万元，同比增速均超100%，成为河北文旅协同发展的标杆案例。[1]

2. 核心做法与实施路径

河北省政府出台《河北省文化产业发展规划（2021—2025年）》，明确"创新驱动、融合发展"方向，提出文化产业增加值翻番的目标。投入

---

[1] 耿建扩、陈元秋、赵元君：《河北正定：古城传新韵　文旅赋新篇》，《光明日报》2024年5月3日，第3版。

专项资金超10亿元,并采用PPP模式引入社会资本,支持古城修复、基础设施升级及智慧化改造。以古城遗址为核心,联动周边景区形成"1小时文旅圈",整合石家庄市区及周边文化资源,开发"古城+科技+非遗"特色产品。

通过举办"正定国际马拉松""古城文化节"等大型活动,借助抖音、快手等新媒体平台发布短视频,提升古城在国内外的知名度。在古城保护方面,制定《石家庄市正定古城保护条例》,实施24项古城风貌提升工程,科学修缮荣国府等古迹。2024年,正定古城接待游客5790.76万人次,同比增长227.59%。①

(四)京张体育文化旅游带

1. 基本情况介绍

京津冀三地依托冬奥会契机和区域协同发展战略,将冰雪运动作为推动文化产业协同发展的重要抓手。2022年北京冬奥会的成功举办,直接带动三地冰雪场馆建设、赛事举办及产业链延伸。截至2024年,京津冀地区已建成116个专业滑雪场,并形成以北京研发、天津制造、河北落地的冰雪装备产业分工格局。②

河北作为冰雪资源富集区,重点布局冰雪旅游、装备制造和人才培育;张家口建设冰雪运动装备产业园,吸引轻型装备、服饰等企业集聚;保定、承德等地推动冰雪旅游与生态资源结合,打造"京张体育文化旅游带"。三地通过政策协同、资源共享和产业链互补,推动冰雪产业从单一运动模式向"体育+文旅+科技"的多元模式升级。

2. 核心做法与实施路径

2016年12月,京津冀三地体育局共同签署《深入推进京津冀体育协同

---

① 《正定县人民政府工作报告》,正定县人民政府网站,2025年2月5日,http://www.zd.gov.cn/columns/46d6e4c8-a7ee-4fbf-a0f0-5389a3095933/202502/05/3911cc16-ea71-4ea9-ac84-f964df8e0fbe.html。

② 吴丽云:《冰雪运动成京津冀协同发展抓手》,《光明日报》2022年1月18日,第13版。

发展议定书》，明确三地将协力发展全民健身事业，共同建设体育旅游休闲基地，在"京津冀体育健身休闲圈"户外活动基地建设现状的基础上，打造贯通京津冀6条特色旅游休闲产业带，建设知名体育旅游休闲基地；共同打造地区品牌赛事活动，共同策划、举办京津冀品牌赛事活动，形成联办常态；加强地区间社团组织的合作，搭建京津冀三地体育社团合作平台。[①] 2023年，北京流向津冀技术合同成交额748.7亿元，截至2023年底，中关村企业在津冀设立分支机构数量突破万家。[②] 此外，还通过税收优惠、土地支持等政策降低企业跨区域布局成本，如张家口冰雪装备产业园享受专项补贴。以冬奥遗产利用和文旅融合为核心，三地打造差异化场景：一方面，推动崇礼滑雪场与延庆冬奥园区联动，开发"滑雪+温泉+文化"旅游线路，吸引京津游客；另一方面，利用虚拟现实（VR）技术打造工业遗址冰雪嘉年华、元宇宙游园会等沉浸式体验项目，拓展消费场景。同时，通过举办全国青少年四季滑雪挑战赛等多项赛事提升品牌影响力，并推动冬奥场馆转型为培训基地，延长产业链、提升价值链。

（五）经验与启示

一是构建跨行政区划的协同治理机制，加强制度性保障。通过区域协同立法、统一规划框架和联合政策设计，打破行政壁垒，建立权责明晰的协同规则，在文化资源保护、产业开发标准等领域形成制度合力，为跨区域文化要素流动和产业链衔接提供法治保障。

二是建立多维度资源整合平台，促进要素优化配置。依托数字化手段构建跨区域文化遗产数据库和产业协作网络，通过统一数据标准、共享保护技术、联合品牌运营等举措，实现历史文化资源系统化整合与创新性转化，推动形成"保护—开发—利用"全链条协同格局。

[①] 《京津冀签署议定书 推进体育协同发展》，中国政府网，2016年12月18日，https://www.gov.cn/xinwen/2016-12/18/content_5149392.htm。
[②] 《纵深推进协同发展 2023年京津冀区域协同发展指数继续提高》，国家统计局网站，2025年1月3日，https://www.gov.cn/lianbo/bumen/202501/content_6996064.htm。

三是创新产业链分工协作模式，释放区域比较优势。基于区域资源禀赋构建梯度分工体系，通过研发转化、生产配套、市场拓展等环节的互补性协作，在降低制度性交易成本的同时提升文化产业整体竞争力。

三 河北文化产业协同发展动力分析

（一）内部动力：文化资源禀赋与市场驱动

1. 文化资源丰厚，为文化产业发展奠定坚实基础

河北历史文化底蕴深厚，文物古迹众多，民间艺术丰富多彩。根据河北省文化和旅游厅公布的数据，河北拥有众多全国重点文物保护单位、省级重点文物保护单位。并且，非物质文化遗产种类繁多，如蔚县剪纸和丰宁剪纸被列为世界非物质文化遗产；河北梆子、评剧、吴桥杂技、沧州武术、唐山皮影、武强年画、衡水内画等非物质文化遗产被列为国家级非物质文化遗产。丰富的文化资源为区域文化产业协同发展奠定了良好基础。

与此同时，河北立足历史文化优势，重点发展现代传媒、出版印装、娱乐演出、动漫游戏等产业，实施一批文化产业项目、培育一批文化产业园区、建设一批示范基地和产业集群、打造一批知名文化品牌，文化产品种类多样，增强了河北文化产业发展的活力，成为推动区域文化产业协同发展的重要支撑。

2. 区位优势显著，交通设施完善

河北区位优势显著，特别是与北京、天津地缘相接、文脉相通，在文化资源互补与产业协同发展方面优势明显。京津冀作为引领全国高质量发展的三大重要动力源之一，是集聚要素资源的重要载体。其中，河北的唐山、廊坊、保定、张家口、承德、沧州和秦皇岛7市环绕京津，可以与京津全方位对接。由此，河北可充分发挥环京津的地缘优势，推动文化产业协同发展迈上新台阶。

同时，河北沿海的唐山港（包括曹妃甸港区和京唐港区）、秦皇岛港、黄骅港等大型港口,是包括北京在内的华北、西北地区的重要出海通道,河北通航能力居全国沿海省份第三位。河北也是中国的重要交通枢纽,从北京通往全国各地的干线铁路和公路均须经过河北向外辐射,此外,河北拥有石家庄正定国际机场、秦皇岛北戴河机场、邯郸机场、唐山三女河机场、承德普宁机场、张家口宁远机场、邢台褡裢机场共7个民用机场。完备的交通设施夯实了文化资源要素在区域间高效流动的根基。

3. **市场需求多元,激发文化产业增长潜能**

随着居民收入提升和消费观念转变,河北文化消费呈现多元化趋势。数字文化消费蓬勃发展,短视频、网络直播、数字音乐等文化新业态兴起,催生了大量市场需求。当前,河北具备良好的文化消费市场基础。随着国家文化数字化战略不断推进,数字化、网络化、智能化等新型文化业态的快速发展为河北文化产业高质量发展提供了重要支撑。

近年来,河北瞄准京津两地庞大的客源市场,通过推出消费券、票价优惠、消费满减满返等一系列惠民措施,与航空公司协调增开热门旅游航线和定制航班等,构建区域客源共享、互送机制,共同激活区域文化和旅游消费市场。

此外,河北广泛开展对外文化交流与合作,主动对接国际市场,促进河北文化产业的繁荣与发展。如2025年3月,河北省文化和旅游厅重点打造的"冀艺出海"对外文化交流项目向澳大利亚、新西兰民众多角度展示了"美丽河北"文旅推介会、"光影河北"图片展、"燕赵匠心"非遗展、"燕赵古韵　艺术华章"文艺表演等内容,促进了河北与澳大利亚、新西兰两国的文化交流与合作,提升了河北文化产业的国际影响力。

(二)外部动力:政策支持与战略协同

外部动力在河北文化产业发展的过程中同样发挥了重要作用。外部因素包括京津冀协同发展战略和地方政府的文化产业政策,二者相互联结,为河北文化产业发展提供了强大动力,创造了优良环境,并提供了市场保护、资源共享等多方面的支持。

1. 国家重大战略叠加，塑造区域文化产业发展新机遇

在京津冀协同发展战略下，北京、天津的文化资源和市场辐射带动河北共建世界级城市群和文化圈。特别是雄安新区建设定位于未来之城，高标准布局文化、科技设施，为河北文化产业注入创新动力。冬奥会遗产利用成为河北文旅发展的新亮点。北京携手张家口成功举办2022年冬奥会后，文化和旅游部出台规划，在京张地区打造集体育、文化、旅游于一体的产业带。规划强调综合利用冬奥场馆，使京张地区成为赛事举办和文化旅游相结合的示范区域，并通过建设文化度假区、主题公园和举办品牌活动来展示中华文化魅力。冰雪运动热潮及冬奥文化遗产的开发利用，为河北拓展冰雪旅游、会展演艺等文化产业提供了契机。

2. 政策体系逐步健全，加强文化产业可持续发展保障

近年来，河北省政府出台了一系列文化产业支持政策，与国家文化发展规划相衔接。从财税优惠、融资支持到园区建设、人才培养等方面，建立了完善的政策保障体系。国家层面强调，把推进文化和旅游融合发展、加强非遗保护、完善公共文化服务等作为"十四五"时期的重要任务。河北相应设立了文化产业发展专项资金和引导基金，对重点项目给予政策补贴和贷款贴息，减轻文化企业税费负担，激发市场主体活力。

此外，河北通过完善法规政策、优化营商环境来扶持文化企业做大做强，为文化产业持续发展提供了坚实的制度保障和良好的外部环境。

四 河北文化产业协同发展的途径探索

（一）紧抓战略机遇，夯实文化产业高质量发展基础

一是强化协同理念，汇聚文化产业高质量发展合力。聚焦京津冀协同发展、雄安新区大规模建设、后冬奥经济效应持续显现、长城和大运河国家文化公园建设、太行山旅游业发展等国家重大战略机遇，纵深推进区域发展与文化协同深度融合，努力做到统一谋划、一体部署、相互协作、共同实施，

以"一盘棋"思维优化资源配置，共同拓展发展空间，形成新的发展优势，促进河北文化产业高质量发展。

二是借京津之力，河北充分利用文化资源和区位优势，形成既彰显河北特色又协同统一的发展机制。京津冀三地地缘相接、文脉相通，具备相互融合、协同发展的天然基础。河北应将借力思维引入协同发展实践，加快与京津建立深层次交流与互动，在文化资源共享、旅游市场共建、公共文化服务一体化等方面建立常态化区域联动机制，在对接京津、服务京津中加快自身发展，积厚成势，形成"1+1+1>3"的叠加效应。

三是建立健全区域间协同发展机制，促进文化要素自由流动。通过构建"交通互联、人才互通、政策互享"的三维体系，破除文化产业要素跨区域流动壁垒，打造全国文化产业协同发展样板。如推动开通5条京津冀旅游环线列车和直通车线路，持续宣传推广"乐游京津冀一码通"平台，加快建设京津冀旅游发展共同体，打造中国式现代化文化和旅游发展先行区、示范区。

四是持续拓展国际交流合作和国内区域合作领域，主动服务国家"一带一路"的对外开放战略。与京津携手面向海内外联合招商、组团"出海"，或通过举办特色文化产品博览交易会、国际艺术节等活动，传播独具魅力的河北文化，以签署区域合作协议、建立推动中心等方式吸引战略投资，推动河北特色文旅产品及服务走向国际市场，扩大区域合作的朋友圈，打造具有国际影响力的河北品牌。

（二）优化空间布局，营造区域协同发展新格局

一是整合区域内文化资源，优化文化产业的空间布局。根据省内不同地区的资源禀赋和优势特色，充分发挥区域内各地区的比较优势，实现文化产业发展要素与资源充分"化合"，开创区域间优势互补、共生共建、协同发展的新格局。如邯郸与邢台可通过两城合并，依托14处国家级文物保护单位，构建赵文化体验走廊，加强区域协作，促进省内文化产业的整体升级和协调发展。

二是加强地区间沟通协同，推动区域内合作交流，实现区域互助、功能互补，全面提升河北文化产业竞争力。通过搭建文化企业交流平台，建立文化产业联盟，加强区域内的科学分工与合作。充分发挥龙头企业引领作用，吸引上下游企业在园区集聚，促进产业组团式和集群式发展，形成集聚效应。

三是激活县域文化产业特色，促进乡村振兴与新型城镇化协同推进。各县（市、区）要因地制宜，深入实施"百县百品"特色文化挖掘提升行动，系统梳理提炼文化内涵、地域特色，构建"一县一品"非遗品牌体系、"一县一团"演艺体系、"一县一业"文化产业发展体系，实现错位发展，避免出现分散单一、同质化现象。如打造正定、蔚县、曲阳、永年等县域特色文化品牌，提升乡村文化影响力，实现新型城镇化和乡村振兴相互融合、同频共振。

（三）提升创新能力，强化产业协同发展效应

一是推动文化演艺、出版发行、印刷复制、旅游休闲等传统文化产业转型升级。如联合河北省周边省市地区常态化开展文化活动，引进一批高品质文艺演出、文化赛事、展览展示等项目活动，在区域协同中提升文化演艺产业的创新能力，丰富文化产业市场供给，激发消费市场潜能。

二是扶持数字文化产业等新兴业态发展。抓住数字化机遇，推动文化产业向数字化、智能化方向发展。如加快推进数智技术在景区、文博、演艺等领域广泛应用，既能提升文化产业的科技含量，使文化产品更具创新力、吸引力和影响力，又能催生新产业、新消费和新质生产力，推动文化及相关产业高质量发展，为经济增长提供新动能。

三是强化产业融合，构建"文化+"跨界生态。通过加强区域间产业协作，延伸文化产业链条，推动文化产业与相关产业渗透融合，促进文化与特色农业、制造业、旅游业、体育业、康养业等相关产业融合发展，健全文化产业体系，提升区域创新协同力。

参考文献

王春蕊、张彬、刘佳静：《2023—2024年河北文化产业发展形势分析与预测》，载吕新斌主编《河北文化产业发展报告（2024）》，社会科学文献出版社，2024。

岳菊、戴湘毅：《区域文化遗产与旅游发展耦合机制及协调效应——基于京津冀地区的实证分析》，《经济地理》2024年第1期。

B.11
河北对外文化贸易高质量发展的新思路与新策略

高自旺 赵 南*

摘 要： 文化贸易是国际贸易的重要组成部分，既对国家或地区经济增长具有重要拉动作用，也是提升国家或地区文化软实力的重要途径。本文聚焦河北对外文化贸易高质量发展领域，简要分析了河北对外文化贸易的基本形势，剖析了河北对外文化贸易面临的瓶颈，并在分析总结上海、广东、浙江、重庆、四川等先进省市开展对外文化贸易的有效经验的基础上，从优化重点平台载体布局、健全贸易制度政策体系、支持文化产品服务创新和提升文化企业规模能级等角度，提出了促进河北对外文化贸易高质量发展的对策建议。

关键词： 文化贸易 高质量发展 文化话语权

构建高水平开放型经济离不开对外文化贸易的支撑。国家"十四五"规划中提出，要"积极发展对外文化贸易，开拓海外文化市场"；《中共中央关于进一步全面深化改革、推进中国式现代化的决定》中明确提出，要"深化外贸体制改革。强化贸易政策和财税、金融、产业政策协同，打造贸易强国制度支撑和政策支持体系，加快内外贸一体化改革，积极应对贸易数字化、绿色化趋势"。"推动电信、互联网、教育、文化、医疗等领域有序

---

* 高自旺，河北省社会科学院经济研究所助理研究员，主要研究方向为区域经济；赵南，中共石家庄市藁城区委党校讲师，主要研究方向为马克思主义和全面深化改革。

扩大开放。""推动走出去、请进来管理便利化，扩大国际人文交流合作。"文化产品是典型的低耗能、低排放、高附加值产品，对于优化我国贸易结构，推进实现贸易强国目标具有重要作用。

文化产品蕴含着一个国家或地区的文化思想、创意结晶，文化贸易是推动文化"走出去"、提升国家综合竞争力的重要方式，有利于我国加快构建中国话语和中国叙事体系，提升习近平文化思想的海外影响力。根据海关总署统计数据，2025 年 1~4 月，我国文化产品贸易额达到 3010.3 亿元人民币，其中文化产品出口规模和进口规模分别为 2722.5 亿元人民币和 287.8 亿元人民币。其中，共建"一带一路"国家与我国文化贸易规模占我国对外文化贸易的 1/5。与此同时，网文、网剧、网游等紧跟时代潮流的新型文化产品成为我国文化出海"新三样"，根据中国音像与数字出版协会《2024 年中国游戏产业报告》，2024 年我国自主研发的游戏产品在海外市场实现了 185.57 亿美元销售收入，根据中国作家协会《中国网络文学蓝皮书（2024）》，2024 年中国网络文学海外活跃用户约 2 亿人。由此可见，我国文化贸易正在向文化"走出去""引进来"并重的趋势发展，同时，创新赋能文化贸易发展趋势强烈。在此背景下，深入分析对外文化贸易发展趋势，剖析河北对外文化贸易面临的瓶颈，在总结先进地区文化贸易经验的同时，提出河北对外文化贸易高质量发展的对策建议，对于推进经济强省、美丽河北建设具有重要现实意义。

一 河北对外文化贸易的基本形势分析

（一）文创产品特色鲜明，对外文化贸易顺差较大

2025 年春节期间，由文化和旅游部资源开发司主办的"新春有礼 一起过节"——2025 年中国文创新春海外推广活动在全球多地举行，木胎漆碗、定瓷大竹节杯、中山壶六件套茶具、银烧蓝翡翠执壶、白刻咖啡杯等 9 件来自河北的文创产品亮相活动现场，彰显了河北文化产品国际竞争力。

2020~2024年，河北对外文化贸易出口额占进出口贸易总额的比重远高于进口额比重。2022年，河北文化贸易顺差额达59.4亿元，达到近五年河北文化贸易顺差额最高点（见表1）。从河北对外文化贸易产品特点来看，传统工艺品出口占主导地位。河北对外文化贸易以烟花爆竹、木制画框、丝织品、陶瓷装饰品等传统工艺品为主，这些产品依托当地非遗资源形成独特竞争优势，如蔚县剪纸、衡水内画都是依托当地的特有文化资源，在国际市场具有较强的价格优势和文化吸引力。尽管此类产品的附加值相对较低，但是劳动密集型的生产模式使产业规模容易扩大，出口规模也相对较大。另外，制造业供应链赋能对外文化贸易发展。河北得益于其拥有较完整的制造业体系，在颜料、手工制纸、木制品等诸多原材料、文化辅助生产领域具备规模化生产能力，能够满足出口贸易需求，使关联文化产品具有较高的出口率，并且生产成本相对较低。

表1 2020~2024年河北对外文化贸易进出口规模

单位：亿元，%

年份	出口额	进口额	进出口贸易总额	净出口额	出口额占进出口贸易总额的比重
2020年	49.98	1.35	51.33	48.63	97.37
2021年	52.12	2.75	54.87	49.37	94.99
2022年	60.71	1.31	62.02	59.40	97.89
2023年	59.37	2.16	61.53	57.21	96.49
2024年	48.65	7.36	56.01	41.29	86.86

资料来源：石家庄海关统计数据。

（二）文化产品进口需求越来越大，但整体规模仍处于较低水平

2023年，中国（河北）自由贸易试验区首票进口文化艺术品在石家庄综合保税区通关，标志着河北文化产品进口贸易越来越便利化。从进口贸易规模来看，河北对外文化贸易进口额从2020年的1.35亿元增至2024年的

7.36亿元，2024年进口额同比增速显著高于出口额同比增速，反映了河北文化产品进口需求较大。河北文化产品进口主要集中在数字印刷机、航拍无人机等高技术设备领域。但是，河北文化产品进口整体规模仍处于较低水平。相比之下，2024年全国文化产品出口额占文化产品进出口总额的89.2%，占比高于河北的86.86%。总体来看，我国文化产品进口规模仍然较小，文化产品仍以出口为主。河北对文化产品、文化服务的消费需求尚未完全释放，进口规模仍然较小。

（三）文化贸易平台建设加快，文化贸易生态环境逐渐优化

从扶持政策来看，河北出台了《关于推进贸易高质量发展的若干措施》《关于深入实施开放带动战略加快提升对外开放水平的若干措施》《河北省服务贸易和数字贸易高质量创新发展若干措施》等一系列贸易政策，明确支持国家对外文化贸易基地（衡水）建设，积极开展国家文化出口重点企业和重点项目认定工作。从文化贸易载体来看，河北拥有国家对外文化贸易基地（衡水），与全国其他基地相比具有较多的文化贸易便利条件。除此之外，河北拥有2个国家级文化产业示范园区、13个国家级文化产业示范基地、2个国家级文化和科技融合示范基地、2个国家级动漫产业发展基地，以及上百个省级文化产业示范园区基地。从文化出口企业来看，商务部公布的《2023—2024年度国家文化出口重点企业和重点项目名单》中，河北有4家企业上榜，包括3家乐器公司和1家珠宝公司。从文化贸易相关领域品牌会议召开情况来看，2024年12月，河北省文化和旅游厅和衡水市政府主办"多彩中国 佳节好物"文化和旅游贸易促进活动（乐器专题），致力于打造高水平乐器贸易服务平台，帮助市场主体开拓海外市场。河北省已连续举办12届特色文化产品博览交易会，以及举办中国·石家庄国际动漫博览交易会、中国（辛集）国际皮革博览会、中国清河国际羊绒及绒毛制品交易会等特色展会，均对河北文化贸易起到了较大的促进作用。

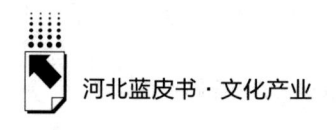

二 河北对外文化贸易面临的瓶颈

(一)文化产品发展面临双重瓶颈

一方面,河北文化产品的价值链层级有待提升。从全国来看,文化产品出口结构偏重玩具、文教用品等中下游文化产品,硬件设备出口占比较高,而影视、游戏等高附加值内容产品出口占比较低,大多数文化产品的国际市场份额占比较小,河北也缺乏"文化 IP 源头"型产品。此外,河北在新一代信息技术等前沿领域的发展相对滞后,在数字艺术、版权内容等核心文化服务、数字文化产品领域缺乏具有国际竞争力、影响力的文化产品,尤其在各类原创内容生产质量、区块链技术应用创新及文化产品知识产权体系建设方面,河北与先进地区、与全球领先水平存在代际差距。这种结构性矛盾既制约了文化贸易的快速发展,也影响了河北文化的充分展现,不利于河北在全球文化市场中的影响力建设。另一方面,河北文化品牌建设存在短板。虽然河北拥有武强乐器等具有代表性的文化产品,但在其他领域仍缺乏有影响的文化品牌。从全国来看,尽管我国出现了《黑神话:悟空》等现象级文化产品,但整体上仍缺乏具有全球辐射力的头部文化品牌,如在影视制作、流媒体服务等战略领域缺乏具备产业链整合能力的领军型文化品牌,缺乏具有工业化水准的"文化产品大厂",这也导致我国文化产品在国际市场中的渗透力不足、影响力欠佳。这种品牌势能落差不仅制约了我国文化软实力全球传播效能的提升,也深刻影响了河北对外文化贸易的发展。

(二)文化贸易企业竞争力有待提升

河北文化贸易企业规模普遍较小、知名度相对较低、影响力较弱,"散、小、弱"的问题制约着文化产业、企业发展,不利于打造国际知名文化企业。如美国迪士尼公司以 IP 为核心，在全球建立了多个文化主题乐园，推动了自身独有文化"走出去"。相比之下，河北文化贸易企业市场意识不强，缺乏产业化思维。此外，河北在新兴文化、数字文化等前沿领域缺乏规模化的文化企业，这制约了河北文化产品、产业国际竞争力的提升。

（三）文化贸易领域专业人才匮乏

专业人才是影响产业发展的关键因素。根据《河北省 2024 年国民经济和社会发展统计公报》，2024 年河北规模以上文化及相关产业从业人员有 11.3 万人，其中，文化投资运营的从业人员仅 369 人，从业人员最多的产业是文化辅助生产和中介服务。按新兴业态来看，从事动漫、游戏数字内容服务业的有 65 人，从事多媒体、游戏动漫和数字出版软件开发的有 850 人，从事娱乐用智能无人机飞行器制造业的有 118 人，从事其他智能文化消费设备制造业的有 89 人。由此可见，河北缺乏高技能人才，这极大地限制了河北文化产品创新，既不利于河北抓住文化"新三样"出海机遇，也不利于河北文化贸易产品迭代升级与竞争力提升。

（四）文化贸易平台载体建设水平亟须提升

文化贸易平台是沟通全球文化需求与河北文化供给的重要载体。河北举办的一些文化博览会虽然在国内有一定影响力，但在全球市场的知名度和影响力不足，标志性的国际化平台较少，对于海外文化和旅游贸易促进中心、境外文化和旅游贸易合作区等文化贸易服务平台的布局不足，这限制了河北文化产品和服务的品质提升，不利于推动河北文化产品和服务"走出去"。河北在海外建有多家工业园区，但这些园区并未布局文化产品项目、文化贸易功能。同时，河北省内也缺乏中外合作的文化产业园区。2024 年，河北 1233 家规模以上文化及相关产业企业中，港澳台商控股和外商控股企业仅 16 家，中外文化企业、产业园区的缺位不利于河北文化贸易企业向海外文化市场借鉴经验。

三 先进地区开展对外文化贸易的有效经验

（一）上海：打造文化贸易载体群，构建文化贸易服务平台矩阵

上海积极打造文化贸易载体群，成为我国文化产品出口的重要窗口。国家对外文化贸易基地（上海）是我国首个国家对外文化贸易基地，基地内搭建了国际文化贸易服务创新平台、国际文化贸易信息咨询平台、国际文化贸易展示推介平台、国际文化贸易人才培训平台、国际文化贸易政策试验平台，形成了全方位支持对外文化贸易发展的公共服务平台矩阵。同时，国家版权局在上海设立国家版权贸易基地（上海），与版权贸易相关的文化企业加速向上海聚集。上海还布局了国家文化出口基地（上海市徐汇区）、上海仓城影视文化产业园区、上海文策国家语言服务出口基地，与国家对外文化贸易基地（上海）形成了"1+3"国家文化基地群，重点探索视听技术、影视制作、语言服务等文化领域。上海注重发挥中国国际进口博览会平台作用，搭建中国国际进口博览会"6天+365天"常年展示交易平台，为境外文创企业提供展示及配套服务。与此同时，上海还搭建了中以（中国—以色列）文化贸易促进系列活动、中新（中国—新加坡）文化贸易促进系列活动、中国文旅产品国际营销年会、上海国际游戏产业交易商洽会、中国（上海）自由贸易试验区文化授权交易会、上海十大文化贸易品牌发布仪式暨上海文化贸易集市活动等一系列文化贸易平台，建设运营当前全球规模最大的艺术品保税仓库——上海国际文物艺术品保税服务中心，为开展文化贸易活动畅通了渠道。

（二）广东：培育文化贸易基地"双子星"，建设重要对外文化贸易窗口

广东拥有国家对外文化贸易基地（深圳）和国家对外文化贸易基地（广州）两大基地。国家对外文化贸易基地（深圳）依托深圳经济特区独有

优势，发挥中国（深圳）国际文化产业博览交易会平台的资源优势，努力打造文化与科技、贸易、创意、旅游、金融、健康等多维度融合的深圳基地品牌，形成了国家对外文化贸易基地（深圳）音乐及音乐剧产业中心及若干个联动发展中心。国家对外文化贸易基地（广州）打造了广州（国际）对外文化和旅游贸易人才基地、广州（国际）文创成果转化基地、广州（国际）对外数字文化产业基地、广州（国际）"专精特新"文化智造区、广州"游戏谷"等多个文化贸易载体，大力探索数字化、创新型文化产业发展。国家对外文化贸易基地（广州）还搭建了全国首个中国文化产品及服务海外推广平台——"新唐人街"中国文化产品展览展示一体化平台，旨在开展产品项目推介展示、精准对接服务、资源协调服务，引入投融资机构、各类外商协会等服务企业，广州从"借船"出海向"造船"出海转变。与此同时，国家对外文化贸易基地（广州）搭建全国首个对外文化和旅游金融服务平台，为文化贸易企业量身定做金融产品，提供金融解决方案。国家对外文化贸易基地（广州）还布局了我国首个中韩文化产业园，为集聚韩资企业，推动中韩文化交流、文化贸易提供了平台。此外，广州的国家文化和科技融合示范基地、国家进口贸易促进创新示范区和国家网游动漫产业发展基地也充分发挥自身优势，与国家对外文化贸易基地融合赋能。

（三）浙江：发展文化贸易综合体，推动长三角文化贸易基地组团发展

在政策支持方面，浙江出台《浙江省文化出口重点企业和重点项目认定管理办法》，强化重点文化出口企业项目培育，2023年浙江省获批了国家对外文化贸易基地（杭州），支撑开展文化贸易的载体能级得到提升。在载体建设方面，国家对外文化贸易基地（杭州）高度关注数字文化出海服务集成改革，打造出海活动品牌"E企杭海"、全流程服务品牌"杭海学院"，满足文化企业贸易需求，同时，谋划打造"一心引领、两带串联、组团联动"格局，以良渚数字文化社区为核心区域，通过大运河文化带、之江文化带串联周边文化资源，辐射带动杭州多个产业载体。良渚数字文化社区作

为基地核心区域，发展游戏、动漫、影视、直播等前沿数字文化产业领域，同时基地内配套海关、出入境、市场监管、工商、税务、金融法律、知识产权等多领域公共服务，形成了文化贸易发展综合体。在数字赋能方面，浙江的"浙里办""余省心"平台还开通了国家对外文化贸易服务入口，其他区域的文化贸易企业也可以线上申办相关业务，发挥了基地对其他区域企业的辐射带动作用。在跨区域联动方面，国家对外文化贸易基地（杭州）同国家对外文化贸易基地（上海）、国家对外文化贸易基地（南京）共同打造"长三角地区国家对外文化贸易基地服务一站通"，为长三角地区文旅企业提供特色文化贸易服务。

（四）重庆：加强数字化文化贸易平台建设，注重城市IP运营

重庆对外文化贸易（总部）基地上线了"重庆对外文化贸易平台"跨境电子商城，通过直播带货、线上展厅、社交分享、营销工具、跨境交流与贸易等形式发挥跨境文化产品贸易功能，接入了报关报检、进出口代理、仓储物流、资金结算等多种文化贸易服务，搭建了覆盖全球200多个国家和地区的在线销售网络，吸引文化企业入驻平台开设文化商铺，不仅促进了重庆乃至全国的传统文化、产品及文创服务，也吸引了海外文化产品汇聚，成为推动我国对外文化贸易、对外文化交流的重要共享平台。重庆高度重视城市IP、文化版权的经营管理，例如，京渝国际文创园着眼于城市主题，依托解放碑、洪崖洞等知名城市IP开发原创潮品；借力渝版图书《三体》热度，推动"渝书出海"；大力推动"重庆味道"出海，打造全国首个省市层面的农产品公用品牌——巴味渝珍。重庆注重文化产业数字化，打造"电影创客小镇""制片人协会""影视拍摄一站式服务平台""咖啡实验剧场"等文化新场景，深度布局数字创意、数字文娱、线上演播等产业。同时，重庆以"基地+企业"模式培育文化品牌，孵化出动画片、游戏、杂技剧等多类型的国家文化出口重点项目，以及支持企业参加香港服务贸易洽谈展览会、美国波士顿游戏展览会、全球开发者先锋大会等会议，推动当地文化产品和服务"走出去"。

（五）四川：创建文化"出海"品牌，提升文化服务贸易能力

四川积极运用《区域全面经济伙伴关系协定》（RCEP）等国际高标准经贸规则，研究制定 RCEP 机会清单，面向 RCEP 成员国市场，推动对外文化贸易高质量发展。四川创建了跨境电商品牌活动——中国（四川）出口商品"世界播"，推行"一赛一会一行"模式，该模式融合跨境直播挑战赛、"世界播"品牌"出海"大会、"世界播"品牌运营赋能活动，大力推进"跨境电商+"的融合发展新业态，积极探索"跨境电商+优势产业+国际主播+专业院校"品牌培育新模式，通过集聚国际主播资源，结合当地各类电商平台，加速打造跨境电商营销矩阵，进而宣传推介四川特色文化产业，助力四川文化产品"出海"。四川大力推动网络游戏产业发展，通过组建省级游戏创新发展中心、制定游戏产业高质量发展扶持政策，赋能游戏产业升级。由成都星合互娱科技有限公司制作的游戏《小小蚁国》被列入2023～2024年度国家文化出口重点企业和重点项目名单。此外，四川积极发挥中意文化创新产业园作用，围绕网络视听、创意设计和文博旅游等维度，加强文化产业项目引入，大力培育文化制造业企业。

四 促进河北对外文化贸易高质量发展的对策建议

（一）优化重点平台载体布局，为文化贸易"聚合力"

一是加快推动国家对外文化贸易基地（衡水）建设。加快探索国家对外文化贸易基地的功能发挥路径，结合当前贸易活动新特点，开发新服务、新模式、新业态。借鉴先进省市经验，支持在国家对外文化贸易基地（衡水）建设一批文化贸易公共服务子平台，涵盖信息收集、供应链对接、投融资服务、报关报检、检测认证、政策服务等多样化公共服务。谋划国家对外文化贸易基地（衡水）和京津冀区域重点文化产业集群联动发展，加快政策模式复制推广。二是积极扩大新兴市场"朋友圈"。应积极深化同新兴

市场国家的贸易合作，在原有合作伙伴基础上，依托"一带一路"、RCEP等重要国际战略平台，通过举办文化交流活动、设立文化中心、举办常态化宣传推介对接活动，加深国际友好城市合作等，推动河北文化企业加快开拓东南亚、中东欧等新兴市场。三是打造特色会议赛事品牌。政府相关部门应紧抓文化"新三样"贸易新趋势以及数字文化新进展，依托雄安新区的"场景汇"等重点品牌活动，开展"数字内容创作挑战赛""微短剧大赏""网络文学作者见面会""年度精品游戏博览会"等活动，吸引国际顶级电竞赛事等在雄安新区或周边地区举办。

（二）健全贸易制度政策体系，为文化贸易"释潜力"

一是优化提升贸易环境。借鉴先进省市经验，制定更加开放和便利的对外贸易政策，加快放宽对外贸易的各类限制，优化对外贸易相关的人、财、物等审批流程，如简化各类文化领域企事业人才出国审批程序，提升对外贸易审批效率和服务质量。加大对文化企业开展对外经贸活动的支持力度，引导文化企业参与海外文化市场并给予补贴。二是创新文化贸易金融服务。引导各类金融机构创新文化贸易金融产品，依托自贸区开展金融创新试验，为文化贸易赋能。三是加大新时代文化贸易人才培育力度。加快推动文化领域"双师型"人才培养，在河北大学、河北师范大学、河北经贸大学等高校设立文化贸易交叉学科，加快推进文化人才培育。

（三）支持文化产品服务创新，为文化贸易"增活力"

一是实施"燕赵文化IP全球赋能工程"。首先，组织专业团队，深入挖掘燕赵文化的历史内涵、人文精神及当代价值，为河北文化IP的打造提供丰富的素材和灵感。推动文化IP的数字化、网络化传播，利用新媒体平台，如短视频、直播等，以生动、直观的方式展示燕赵文化的魅力。其次，打造具有燕赵特色的文化创意产品，结合市场需求和审美趋势，设计开发一系列以燕赵文化为主题的文化创意产品，如网络剧、网络文学、网络游戏、旅游纪念品等原创作品，通过市场化运作，实现文化价值的变现和增值。最后，通过举办国际文化节、艺术展览等活动，搭建燕赵文化与国际文化交流的桥梁，增进国际社会对燕赵文化的了解和认同。二是强化数字技术对文化产品的赋能。引导利用人工智能（AI）、大数据等技术辅助创作者进行素材挖掘、内容构思和创意生成，创新文化贸易产品，如人工智能辅助音乐创作、剧本生成等。通过数字技术对传统艺术作品、文化场馆等进行数字化处理，创作出具有独特风格的数字艺术作品、数字浏览场景，如利用先进数字技术推动博物馆以数字化形式"走出去"，利用虚拟现实技术，打造虚拟演艺场景和虚拟角色，为消费者提供沉浸式的演艺体验。三是打造河北文化产品库。借鉴高阳等地的发展经验，将河北特色文化产品在线上集中展示、交易，建设文化贸易数字化服务平台，加强对文化产品的数字溯源、功能介绍等。

（四）提升文化企业规模能级，为文化贸易"强实力"

一是培育具备国际视野的文化企业。建议政府相关部门牵头建立文化企业"出海"专项机制，助力文化企业借助并购、合资等策略，拓展国际市场，塑造享誉全球的文化品牌。围绕游戏动漫、数字出版、创意设计、影视制作、艺术品交易、电子竞技等前沿文化贸易领域，培育更多的国家文化出口重点企业和重点项目。二是加大企业研发投入力度。鼓励文化企业设立科技计划支持专项，为提升文化企业自主创新能力，支持文化企业与高校、研究机构开展产学研合作，推动科技成果转化。同时，加强知识产权保护，激发文化企业创新活力，打造具有核心竞争力的文化品牌。三是培育壮大文化贸易服务商。支持文化贸易第三方服务商落地河北，引导其深化对国际市场的探索，精准把握各国文化消费趋势，扶持河北文化企业开发出贴合海外市场需求的文化产品和服务，提升河北文化企业的海外竞争力。

参考文献

花建：《国家对外文化贸易基地十年建设研究（2011—2021）》，《学习与探索》2021年第10期。

焦勇勤、孙海兰：《自由贸易港背景下海南国家对外文化贸易基地建设研究——基于新结构经济学的视角》，《海南大学学报》（人文社会科学版）2021年第4期。

蒋海军：《一带一路背景下中国文化产业"走出去"发展研究——基于福建省泉州市文化企业的调研》，《中国产经》2018年第8期。

李小牧、李嘉珊、刘霞：《我国对外文化贸易的发展变革与成就分析：2012—2021年》，《国际贸易问题》2023年第6期。

刘涛、王星星、李舒薇：《不忘本来与吸收外来：内陆自贸区扩大文化贸易路径研究》，《江南大学学报》（人文社会科学版）2019年第1期。

任力、章阳、高拴平：《中国与"一带一路"共建国家文化贸易成效、挑战与对策》，《国际贸易》2024年第2期。

邵军、严森、陈新欣：《数字经济时代的中国文化出口贸易发展：新机遇、新挑战与推进策略》，《江南大学学报》（人文社会科学版）2025年第1期。

孙铭壕、钱馨蕾、宁静涵：《国家文化出口基地建设成效及未来高质量发展路径思考》，《上海商业》2023年第10期。

王海文、孙柳明：《国家文化出口基地高质量发展机制完善与路径选择研究》，《国际贸易》2024年第9期。

B.12 共建"一带一路"国家乌兹别克斯坦文化产业发展趋势分析及与河北省合作前景研究

葛 音[*]

摘 要： 乌兹别克斯坦文化资源丰富，是中亚地区的文化核心国家。近年来，乌兹别克斯坦政府积极进行文化产业政策改革，大力推动文化产业为经济多元化战略作出重要贡献。2024年，乌兹别克斯坦的旅游业已恢复至2019年的最高水平，影视音像、图书报刊和艺术培训等文化媒体产业积极转型，创意经济被乌兹别克斯坦政府视为撬动下一阶段文化产业发展的有效工具。中国与乌兹别克斯坦是山水相连的友好邻邦，乌兹别克斯坦是中国"周边命运共同体"的重要成员之一。随着2024年中国"乌兹别克斯坦旅游年"启动，中乌双方互免签证政策生效，河北省在共建"一带一路"和"三大全球倡议"框架下，推动双方在省州结好、文旅合作、文化遗产保护与活化利用、教育人文合作等方面，通过构建"文化价值链整合+数字技术赋能+制度创新保障"三位一体的合作模式，与乌兹别克斯坦的塔什干、撒马尔罕等历史名城合力打造陆上丝绸之路文化经济新高地。

关键词： "一带一路" 乌兹别克斯坦 文化产业 河北省

---

[*] 葛音，河北省社会科学院经济研究所助理研究员，经济学博士，主要研究方向为世界经济、"一带一路"、欧亚区域国别等。

"国之交在于民相亲，民相亲在于心相通。"①"民心相通"是"一带一路"倡议的五大合作重点之一，也是深化国际合作的社会根基。文化作为民心相通的重要载体，具有超越语言、地域和民族的情感共鸣能力。乌兹别克斯坦作为古丝绸之路的核心枢纽国家，与中国有着深厚的历史渊源和文化联系。近年来，随着"一带一路"倡议的深入推进，中乌两国在经贸、能源等领域的合作成果显著，但文化产业的合作潜力尚未充分释放。河北省作为中国历史文化大省，拥有丰富的文化遗产资源和成熟的产业体系，与乌兹别克斯坦在文化产业领域具有广阔的合作前景。通过文化产业合作，不仅可以推动双方经济高质量发展，还能增进两国人民的相互理解和交流，为"一带一路"建设注入持久动力。

一 乌兹别克斯坦文化产业发展现状分析

（一）乌兹别克斯坦历史文化资源禀赋与保护现状

乌兹别克斯坦是古丝绸之路的重要节点，拥有丰富的文化遗产资源。截至2024年，乌兹别克斯坦共有5处世界文化遗产，分别是伊钦·卡拉内城、布哈拉历史中心、沙赫里萨布兹历史中心、撒马尔罕—文化交汇之地以及丝绸之路—扎拉夫尚-卡拉库姆廊道；有2处世界自然遗产，分别是图兰的冷冬沙漠和西部天山。乌兹别克斯坦的非物质文化遗产同样丰富，如融合了传统诗歌、音乐和舞蹈的木卡姆音乐，被列入联合国教科文组织人类非物质文化遗产代表作名录；有超过2000年历史的、以布哈拉和马尔吉兰为中心的传统丝绸纺织技艺；有以独特的蓝色釉彩和几何图案闻名的里什坦陶瓷工艺等。此外，乌兹别克斯坦境内分布着大量考古遗址，如撒马尔罕古城的前身阿夫拉西阿卜遗址、古代佛教文化中心铁尔梅兹古城等。这些文化遗产不仅是乌兹别克斯坦的文化象征，也是全球人类文明的瑰宝。然而，乌兹别克斯

---

① 《习近平著作选读》（第1卷），人民出版社，2023，第592页。

坦在文化遗产保护方面也面临诸多挑战。根据联合国教科文组织（UNESCO）的报告，乌兹别克斯坦70%以上的古迹修复依赖国际援助，资金缺口巨大。此外，乌兹别克斯坦文化遗产的数字化保护技术应用率不足15%，高端技术人才缺乏，传统修复技艺面临失传风险，工匠平均年龄超过55岁，部分文化遗产因旅游开发过度而面临破坏风险，如撒马尔罕雷吉斯坦广场的地砖磨损等问题。

因此，乌兹别克斯坦政府（以下简称"乌政府"）高度重视文化遗产的保护和修复。一方面，乌政府积极与国际组织合作，修复了撒马尔罕雷吉斯坦广场、布哈拉卡扬清真寺等多处重要古迹，对部分文化遗产进行数字化保护，已开始采用3D扫描、虚拟现实（VR）等技术对文化遗产进行数字化存档和展示。另一方面，乌政府近年来出台了一系列政策措施。2021年修订了《文化遗产保护法》，明确将文化遗产保护纳入国家战略，鼓励私营部门和社会力量参与保护工作。2023年出台了《乌兹别克斯坦2030年战略》，提出通过数字化技术和国际合作提升文化遗产保护水平。此外，乌政府还出台了《文化活动和文化组织法》《文化价值出口和进口法》《博物馆法》《文化遗产保护和利用法》等相关总统令、决议及其附例，协调规范文化领域的各项经营活动和法律关系。

（二）乌兹别克斯坦文化产业发展现状与政策体系

乌兹别克斯坦作为中亚文化核心国家，近年来通过政策改革推动文化产业成为经济多元化战略的重要组成部分。乌政府于2016年全面启动文化艺术领域改革，逐步开放文化领域，吸引外资，同时依托丰富的文化遗产资源发展旅游产业、影视产业及手工艺产业。乌兹别克斯坦在文化艺术领域的改革旨在提高新时期传统文化吸引力，探索新的发展机遇。

1. 乌兹别克斯坦文化旅游产业发展现状与政策体系

文化旅游产业是乌兹别克斯坦的重要经济部门。在世界旅游组织公布的旅游产业20个快速发展国家名单中，乌兹别克斯坦位居第四。

2024年，文化旅游产业为乌兹别克斯坦带来了35亿美元的收入，同比增长1.5倍。2024年,首都塔什干地区的旅游产业收入达到15亿美元,接待游客超过400万人次,全年共有1020万名外国公民访问了乌兹别克斯坦,乌兹别克斯坦还新建了124家酒店和239家旅馆。① 2025年1~2月,赴乌兹别克斯坦旅游的外国游客人数已达130万人次,同比增长37.1%。② 乌政府近年通过简化签证制度、开发新旅游目的地、吸引投资、举办大型活动等一系列措施促进旅游产业发展。2025年,乌兹别克斯坦国家旅游委员会宣布,撒马尔罕国际旅游学院与业内久负盛名的瑞士理诺士(Les Roches)国际酒店管理学院共同启动酒店管理和学员培训计划。③

2024年6月,乌兹别克斯坦总统米尔济约耶夫针对医疗康养旅游、极限运动旅游、国家旅游品牌推广等提出一系列措施,宣布启动"医疗接待"计划,提升本国医疗康养旅游的吸引力。乌政府将通过提升乌医疗康养机构的国际认证水平、补贴企业参加外国展会、增加对赴乌游客退增值税额度等措施刺激医疗康养旅游产业的发展。乌政府还要求制定极限运动旅游的专项发展规划,完善博斯坦里克和帕肯特地区、穆伊纳克和艾达尔库尔等地区的基础设施,制定国家湖泊使用总体规划,将湖岸划分给企业以加强水上乐园的建设,激发有关地区极限运动旅游的商业潜力。针对国际和国内火车票、飞机票预订难等问题,乌政府提出建设公共电子服务平台,方便游客在出发前半年预订火车票和飞机票,同时推出线上移动应用简化电子签证办理程序,专项拨款500万美元用于举办"乌兹别克斯坦国家旅游品牌"内容创作大赛,支持外国博客创作者在互联网和电视节目上宣传乌兹别克斯坦旅游,多措并举提升乌兹别克斯坦文化旅游产业对外国游客的吸引力。

2. 乌兹别克斯坦文化媒体产业发展现状与政策体系

乌兹别克斯坦的影视音像、图书报刊和艺术培训等文化媒体产业并不十

---

① Сколько Узбекистан заработал на туризме. 1 апреля 2025. https://uz.kursiv.media/2025-04-01/skolko-zarabotal-uzbekistan-na-turizme/.
② Турпоток в Узбекистан вырос на 37%. 26 марта 2025. https://uz.kursiv.media/2025-03-26/turpotok-v-uzbekistan-vyros-na-37/?utm_source=in_materials.
③ Запускается программа по Управлению гостиничным бизнесом. 11 марта 2025. https://uzbektourism.uz/ru/news/view?id=3822&utm_source=in_materials.

分发达，具有国际水平的影视作品数量较少，电影产业发展面临资金匮乏、摄影设施和场地老旧、青年导演和演艺人才缺乏等问题。近年来，乌政府提高了对反映本国历史、艺术、文学、价值观和民族精神的影视音像、图书报刊作品的关注，着重关注其对青年教育的作用。2021年4月7日，乌总统签署《关于将电影艺术和电影产业提升到新水平并进一步完善国家对该产业的支持体系的措施》法令，被视为近年来乌电影产业改革的重要举措。

在支持电影产业发展方面，乌兹别克斯坦自2021年起定期举行"丝绸之路明珠"塔什干国际电影节，每年例行评选代表乌兹别克斯坦电影界最高荣誉的"Oltin Humo"（金凤凰）奖，设立库达伊贝根·德瓦诺夫国家奖学金和"菲多科里摄影徽章"，支持高校摄影专业学生和摄影领域的创作者。同时，由乌国家电影摄影发展中心对国产影视剧作品提供每年不少于120亿苏姆的资金支持，以市场化方式发布政府电影拍摄订单，吸引国内外投资者参与乌国产影视作品的制作、发行和放映，引进和推广国内外优秀影视作品。在艺术培训方面，乌政府划拨资金翻新电影展馆和摄影棚，重修电影制片厂，并陆续拍摄出 *Imom Termiziy*、*Islomkhuzha*、*Elparvar*、*Kukon Shamoli*、*Ibrat* 等历史题材电影，乌兹别克斯坦总统米尔济约耶夫还表示，应编制国内百佳影片名单，以拉佐克·哈姆罗耶夫、舒库尔·布尔哈诺夫、纳比·拉希莫夫、哈姆扎·乌马罗夫、卢特菲霍尼姆·萨里姆索科娃等乌兹别克斯坦著名演员来命名各地区综合学校，设立国立电影学院培养年轻人才，创办儿童电影工作室。

3. 乌兹别克斯坦文化创意产业发展现状与政策体系

乌兹别克斯坦创意经济的发展可追溯到20世纪90年代，包括旅游产业、传统工艺美术产业、"夜间经济"等。近年来，文化创意产业显示出对乌兹别克斯坦年轻人巨大的吸引力。由于乌兹别克斯坦60%的人口是30岁以下的青年和儿童，乌政府十分看好文化创意产业的发展前景。2024年底，乌政府颁布文化创意产业的具体领域及统计评估方法，但未公开关于文化创意产业的具体统计数据。2020~2023年，乌兹别克斯坦信息技术（IT）服务出口额从1600万美元增至3.44亿美元，IT服务成为创意经济的关键产业部门之一。截至2024年底，乌兹别克斯坦境内注册文化创意企业9563家，相关从业人员数量达84068人。①

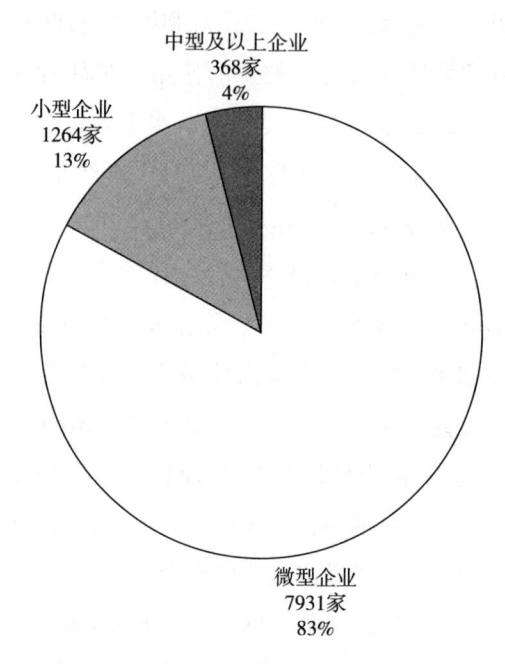

图1 乌兹别克斯坦各规模文化创意企业数量及占比

资料来源：乌兹别克斯坦共和国总统战略改革局（Агентсво Стратегических Реформ при Призеденте Республики Узбекистан）官方网站，"Креативная экономика：глобальные тенденции и перспективы для Узбекистана"，详见https：//asr.gov.uz/ru/news/11149。

乌兹别克斯坦所有文化创意企业中，83%（7931家）为微型企业；13%（1264家）为小型企业；中型及以上企业共368家，占比为4%。乌兹别克斯坦已设有205家IT中心、100多家设计中心、60家动画中心、30家游戏开发中心和20多家艺术画廊，乌高校每年招收9.3万名传播学、城市规划、酒店管理、新闻学和市场营销专业的学生。但乌的文化创意市场存在税率过高、纳税程序冗杂、收入低、缺乏财政激励等不利因素，阻碍了营商

---

① 乌兹别克斯坦共和国总统战略改革局（Агентсво Стратегических Реформ при Призеденте Республики Узбекистан）官方网站，"Креативная экономика：глобальные тенденции и перспективы для Узбекистана"，详见https：//asr.gov.uz/ru/news/11149。

环境的优化。因此,乌政府参考了英国、中国、俄罗斯、韩国、印度尼西亚、哈萨克斯坦等 11 个创意经济占 GDP 比重在 2.7% 至 7.0% 之间的国家的经验,分别于 2018 年 8 月和 2022 年 7 月颁布《关于乌兹别克斯坦共和国文化艺术领域创新发展措施》和《关于批准 2022—2026 年乌兹别克斯坦共和国创新发展战略》的总统令。[1]

2024 年 10 月,乌政府出台了文化创意产业领域首部指导性法律——《创意经济法》,旨在明确文化创意产业的基本领域、基本概念和发展目标,明确国家对创意经济实体企业在财政、知识产权、继续教育、信息技术等方面的支持政策,建立支持创意经济发展机制。《创意经济法》的任务是"尽一切可能发挥乌兹别克斯坦国内外创意经济实体的潜力",推动乌文化创意产业产值到 2030 年上升至国内生产总值的 5%~7%。该项法律规定,园区内应设立专门的创意区、展览区和工作室,提供创作必要的设备和软件,建立有效的知识产权保护机制;组织世界大师培训班,搭建国际知识经验交流平台;成立创意经济扶持基金,为初创企业提供资金支持。

4. 乌兹别克斯坦教育产业发展现状与政策体系

近年来,乌兹别克斯坦在教育和创新领域也实施了大规模改革。2017~2022 年,乌民办学前教育机构数量由 1.4 万家增加到 2.3 万家,学前教育机构覆盖儿童数由 93.2 万人增加到 210.0 万人。综合学校数量由 9718 所增加到 10522 所,其中非政府教育机构数量由 84 家增加到 334 家。全体综合学校共进行了 2551 项重建和 2325 项大修工作,新增超过 64.3 万个新生名额。高校在校生由 2017 年的 29.77 万人增至 2022 年的 104.21 万人,高校数量由 72 所增至 198 所,其中民办高校由 7 所增至 95 所。博士研究生数量从 2017 年的 247 人增至 2022 年的 2747 人,高校的科研潜力水平从 32% 增

---

[1] 乌兹别克斯坦共和国总统战略改革局(Агентство Стратегических Реформ при Призеденте Республики Узбекистан)官方网站,"Креативная экономика:глобальные тенденции и перспективы для Узбекистана",详见 https://asr.gov.uz/ru/news/11149。

至39%，高校讲师的月薪从120万苏姆增至270万苏姆。①

乌兹别克斯坦《2022—2026年国家基础教育发展计划》规定，乌基础教育体系全面实施结合国际先进经验的基础课程，采用国内外作者编写的现代教科书；提高教师的社会地位，为教师提供良好的工作激励和社会条件；增强教师责任感，提高教师专业水平；建立国家级普通中等教育院校后备人才队伍，制定先进校长和模范教师评价标准，在此基础上对学校管理和教学人员进行定期考核；系统组织精神教育工作，建立持续监测、评估和预测机制，加强家庭在儿童教育中的作用；合理安排学生业余时间，完善学生职业指导体系；推动特殊教育融入基础教育体系，加快推进融合教育进程；使用学前和基础教育系统应用统一软件管理平台，确保普通中等教育数据齐全、使用范围扩大；普通中等教育机构的分班比例应达到最佳水平，按照现代化模式修建和配备学校所需设施。

注重提高教育质量，特别是提高女性接受高等教育水平，是近年来乌兹别克斯坦教育领域发生的重大变革之一。乌政府颁布《关于进一步完善研究生教育体系的措施》（第UP-4958号）、《关于进一步发展高等教育体系的措施》（第PP-2909号）、《关于采取更多措施提高高等教育机构教育质量并确保其积极参与国家大规模改革》（第PP-3775号）和《2030年乌兹别克斯坦共和国高等教育体系发展构想》（第UP-5847号）等，旨在推进教育体系现代化进程，提高高等教育的普及水平和女性受教育水平，促进国家整体进步。其中主要措施之一是扩大高校招生规模，增加女性和来自偏远地区学生的就读机会。乌政府还为攻读硕士研究生的女性提供教育资助，提供各类补助、奖学金和专项支持项目，使女性参与医学、信息技术、物理学、生物学等领域的科学研究活动的程度明显提高。

乌兹别克斯坦的创新发展与教育结合紧密。根据社会和经济发展需求，

---

① Инфографика: развитие системы образования в Узбекистане в 2017-2022 годах. 13 июля 2023. https://yuz.uz/ru/news/infografika-razvitie-sistem-obrazovaniya-v-uzbekistane-v-2017-2022-godax.

乌政府出台《2030年乌兹别克斯坦共和国高等教育体系发展构想》（以下简称《构想》）和《关于在高等和中等专业教育体系中引入新管理原则的措施》（第PP-4391号），确定了乌中长期高等教育的战略目标、优先领域、目标和发展阶段，以确保科学、教育和生产紧密结合，提高教育质量，培养有竞争力的人才，有效组织科学创新活动，推动国际合作。《构想》与乌兹别克斯坦2019~2021年创新发展战略的联合实施，极大地保障和促进了乌农业、能源、建筑、教育、医疗等经济部门和社会领域的创新和技术进步。2022年，乌兹别克斯坦在全球创新指数中的排名与2015年相比上升了36位，国家财政每年拨给创新和科学领域的资金与2018年相比增加了两倍，达到1.5万亿苏姆，青年科学家数量从2018年的6500人增加到10800人，增长率超过66%。乌政府从2018年起每年举办一次"Innoweek.uz"，即乌兹别克斯坦国际创新理念周活动，该活动现已成为乌的国家级创新技术平台，紧密联系国外科创中心、投资基金、技术机构、科技园区和企业孵化器。

二 "一带一路"框架下的中乌文化互鉴

乌兹别克斯坦总统米尔济约耶夫于2024年1月访华前，在《人民日报》发文，阐述其对中乌关系和"一带一路"框架下中乌文化互鉴的看法。中国积极推动"一带一路"建设，为广大发展中国家经济增长提供强大助力。"乌中两国山水相连，文化相通，理念相近。两国人民交往历史源远流长，可追溯至伟大丝绸之路诞生之时。"2100多年前，张骞出使西域，到达费尔干纳河谷的大宛古国。中国的丝绸、纸张、瓷器、茶叶等产品通过撒马尔罕、布哈拉等传向世界。中国则从费尔干纳地区引进良马、苜蓿、葡萄种子、葡萄酒酿造技术以及园艺作物种植方法等。他还举例，"祖籍布哈拉的赛典赤·赡思丁曾担任云南行省首任平章政事。祖籍布哈拉的伟大医学家伊本·西拿的《医典》等著作被翻译成中文，有关内容在中医文献《回回药方》和《本草纲目》中均有引用。"两国友好具有深厚的历史文化渊源和现实意义，为今天开展全方位合作打下坚实基础。汉语的"兄弟同心，其利断金"也有乌兹别克斯坦语表达"兄弟团结，马到成功"。①

乌中两国历史相近、文化相通，为双方旅游合作创造有利条件。乌兹别克斯坦正成为中国游客必打卡的旅游目的地之一。当前，乌正大力推进旅游设施建设，乌各州市同中方省区市积极发展伙伴关系，每年吸引数十万名中国游客到乌旅游。2023~2024年，中国"乌兹别克斯坦文化日"、乌造型艺术和民间实用艺术展、乌中教育论坛以及塔什干和上海建立友好城市关系30周年系列庆祝活动也在中国各大城市拉开序幕。中国积极参与守护亚洲文明脉络研究，与乌兹别克斯坦等15个国家开展了28项联合考古工作，与乌兹别克斯坦等6个国家开展了11项历史古迹保护修复项目。中乌间联合完成了希瓦古城历史古迹保护修复项目，中方协助完成了花剌子模州历史文化遗迹修复，明铁佩遗址、康居文化等中乌考古合作项目也在进行中。中乌教育合作规模也在不断扩大，乌公民学习汉语、了解中国历史文化的热情逐年高涨。两国专业教育机构积极合作，包括培训中文导游等。乌在本国高校开设中文课程，将汉语列为乌中小学课程的第二外语，鲁班工坊项目在塔什干落地，位于塔什干和撒马尔罕的孔子学院有序运营。其中，2004年在乌开办的塔什干孔子学院是中亚地区第一所孔子学院，也是中国在海外开设的首批孔子学院之一。塔什干国立东方大学设有汉学系，并于2022年成立乌中研究中心。② 中国民众对乌历史和文化的关注度也不断提高。我国多所高校开设了乌兹别克语专业并成立乌兹别克斯坦研究中心，两国在地方、智库、媒体、艺术等领域交流密切。我国中央民族大学、北京外国语大学、河北外国语学院、洛阳外国语学院都开设乌兹别克语课程。上海外国语大学开设乌兹别克语专业并设立了乌兹别克语言和文化中心，上海大学也成立了乌兹别克斯坦研究与教育交流中心。

---

① 沙夫卡特·米尔济约耶夫：《乌兹别克斯坦和中国：延续千年的友谊与合作》，《人民日报》2024年1月22日，第3版。
② 刘旭：《中乌续写"新丝路"故事》，《国际商报》2024年1月26日，第4版。

三　河北省与乌兹别克斯坦文化产业合作前景分析

《河北省文化和旅游发展"十四五"规划》中提出"全面建设文化强省和旅游强省""深化对外交流合作""服务国家外交和全省大战略"等任务目标。同时，乌兹别克斯坦《关于进一步增强文化艺术行业在社会中的重要性的措施》《2022—2026年新乌兹别克斯坦发展战略》等文件中也提出国际化和数字化等目标。近年来，河北省与乌兹别克斯坦经贸和文化往来不断。2016~2017年，河北建工集团承接亚行贷款的乌兹别克斯坦阿姆布哈拉泵站项目；2021年11月，河北外国语学院与乌兹别克斯坦共和国塔什干国立乌兹别克语语言文学大学签约合作教学；2022年4月，河北省外办与乌兹别克斯坦驻华使馆共同主办"中国（河北）—乌兹别克斯坦经贸合作推介会"，增进了河北省有关部门和企业对乌营商环境、投资政策、重点行业和招商项目的了解；2023年8月，河北张家口到乌兹别克斯坦塔什干中欧（中亚）班列首发；2023年10月，乌兹别克斯坦马戏艺术在石家庄举办的第十九届中国吴桥国际杂技艺术节上获得银奖；2023年12月，河北省与乌兹别克斯坦布哈拉州交流对接会举办，中国国际商会河北商会与布州代表团均表达了建立常态化联系、推动双方在各领域的务实合作的意向；2024年1月，河北工程技术学院受邀参加中国—乌兹别克斯坦百校合作论坛；2024年7月，中国国际贸易促进委员会河北省委员会举办"一带一路"投资机遇分享会乌兹别克斯坦专场；2024年10月，河北省政协代表团访问乌兹别克斯坦，省文化和旅游厅在塔什干州、锡尔州和撒马尔罕州宣传推介河北文旅资源，与撒马尔罕州旅游局签署合作备忘录，达成深化文旅合作的意向；2024年11月，河北省国际陆港有限公司与乌兹别克斯坦塔什干州政府签署战略合作备忘录，推动塔什干中欧（中亚）班列海外仓项目建设；2024年12月，乌兹别克斯坦塔什干管理与经济学院到访河北机电职业技术学院，推动共建"中乌守敬学院"等教育交流合作；2024年12月，河北外国语学院与乌兹别克斯坦塔什干市奥尔马佐尔区、河北省退役军人就业创业促进会签约，推动教育创业合作。河北省与乌兹别克斯坦合作基础良好，未来双方可从以下几个方面加强文化产业合作。

一是与乌兹别克斯坦旅游资源丰富的州建立友好省州关系。在友好省州伙伴的选择上，可考虑塔什干州和撒马尔罕州。塔什干州位于乌兹别克斯坦西北部的天山山脉与锡尔河之间，是古丝绸之路上重要的商业枢纽之一，我国古代的张骞、法显、玄奘都曾留下过足迹。属于温带大陆性气候，冬季温和，夏季炎热，降水稀少，日照充足。首府塔什干市有"太阳城"之称。塔什干是乌兹别克语石头城的意思，具有2500年的历史。塔什干州已发现石器时代、青铜时代人类聚居的遗迹、石刻、墓葬和堡垒。塔什干有新、老城之分，清真寺、陵墓等古迹大都集中在老城。塔州山麓地区丰富的自然风光也十分怡人，有峡谷、瀑布、高山水晶湖等，气候温和无风，适合夏季漂流和冬季滑雪，旅游资源丰富、开发时机成熟。撒马尔罕州被誉为"古丝绸之路上的明珠"。2022年习近平主席在撒马尔罕出席上海合作组织成员国元首理事会第二十二次会议。撒马尔罕作为古丝绸之路的重要枢纽，连接波斯帝国、印度和中国。撒马尔罕古城于21世纪初以"撒马尔罕——文化的十字路口"为名被列入联合国教科文组织世界遗产名录，其宗教文化、建筑形态得到了很好的保护，拥有帖木儿家族陵墓、列吉斯坦神学院、兀鲁伯天文台、比比哈努姆清真寺等著名历史文化古迹。

二是依托2024~2025年中国"乌兹别克斯坦旅游年"框架，深化对乌旅游合作。2024年，中乌互免签证协定生效，为旅游商务等人员往来提供极大便利。根据携程网数据，2024年1~11月，平台上赴乌兹别克斯坦的游客人数同比增长了188%，近八成赴乌兹别克斯坦的中国游客是80后、90后及00后，超过65%的游客选择入住高端酒店，显示出乌兹别克斯坦对年轻且高消费的游客群体具有吸引力。乌兹别克斯坦城市塔什干、撒马尔罕和布哈拉等目的地受到中国游客青睐。河北省可以与最受游客欢迎的塔什干、撒马尔罕和布哈拉等地区深化文化交流、共同研发产品、开展联合营销、加强信息共享、加强人员培训，探讨开通两地旅游直飞航线、优秀体育人才双向交流的意向，支持河北省与乌兹别克斯坦"丝绸之路"国际旅游与文化遗产大学及其他高校文旅专业建立深入合作机制，在文化遗产保护、旅游规划与开发、旅游人才培养等多个领域开展务实合作，促进民间了解和尊重，提升河北燕赵文化和旅游品牌在海外的影响力。

张家口等地的"张库大道"遗迹作为古丝绸之路文化遗产的重要组成部分，可与撒马尔罕、塔什干等地基于"丝绸之路"节点城市历史文化，共同打造世界遗产节点旅游线路，深挖丝路城市的历史文化内涵，差异化定位旅游市场，打造综合旅游线路，完善旅游产品种类，共同打造特色鲜明的跨区域旅游品牌，拓展旅游产业发展空间，提升两地旅游产业的发展水平。河北省与乌兹别克斯坦在"一带一路"、"三大全球发展倡议"、上海合作组织框架下进行旅游规划对接，一方面能够帮助当地建设旅游配套基础设施、完善服务体系、提高旅游供给质量、促进设施联通；另一方面可以鼓励民营企业交流合作，推进资金融通，分享旅游产品开发经验，培养旅游服务意识，共同打造中哈边境旅游品牌。为解决制约游客出行的语言问题，还可以借助中国的互联网发展经验，利用大数据、区块链等技术打造中国（河北）—乌兹别克斯坦智慧旅游平台，整合旅游资源，提供多种语言的旅游信息共享服务。①

三是推动双方在文化遗产保护与活化利用领域积极合作，鼓励青年创意交流。河北省可与乌兹别克斯坦共建"数字丝绸之路文化遗产数据库"，引入三维扫描、虚拟现实等技术，提升文化遗产保护水平。例如，利用河北长城保护数字化技术修复希瓦古城遗址；借力乌兹别克斯坦创意经济发展机遇，创新对乌合作模式，探索"文化+科技""文化+金融"等新型合作模式，在乌兹别克斯坦创意经济园区共同培育跨国文化 IP，联合组建"数字丝路文化遗产联合实验室"、数字文化服务平台和文化贸易中心等，通过构建"文化价值链整合+数字技术赋能+制度创新保障"三位一体的合作模式，

---

① 王若雨：《"一带一路"背景下中国与哈萨克斯坦深化旅游合作面临的挑战与路径分析》，《新疆大学学报》（哲学社会科学版）2023 年第 6 期。

推动河北省与乌兹别克斯坦撒马尔罕、塔什干及其他中亚历史文化名城合力形成陆上丝绸之路文化经济新高地，构建"丝绸之路文化经济走廊"。

四是借助新媒体力量，推动文化传播与交流。以政府间签署的文化合作协定和年度交流计划为指导，在乌兹别克斯坦举行"燕赵文化节"、在河北省举办"乌兹别克斯坦文化节"等活动，展示各自的传统文化底蕴和当代文化发展成果，增进两国人民对彼此文化的了解；支持河北卫视与乌兹别克斯坦国家电视台合拍"丝绸之路"相关纪录片，如对比河北梆子与乌兹别克斯坦木卡姆艺术的节奏体系，并在社交媒体上提高相关话题讨论度；互换高水平演出和展览，互派人员参加艺术节、艺术比赛等活动，共同提升双方文化品牌的影响力；积极推动与各类文化机构如剧院、艺术院团、博物馆、图书馆建立合作关系，拓展文化交流领域，提升文化合作水平，使双方文化交流合作逐步形成全方位、多元化、多层次的发展格局。两国可借助新媒体力量进行大众流行文化宣传进而激发旅游积极性，联合开发、规划基于两国间精品旅游线路的文化类旅游综艺节目，发挥两国旅游资源禀赋特点，深挖"丝绸之路"历史文化内涵，助力文旅产业融合，增进民间了解。

五是扩大交流，深化教育人文合作。"国之交在于民相亲"，普通民众之间的交往与交流是中乌友好合作的基础。可借力在乌"汉语热"的升温，推动双方高校和科研机构间开展留学生互访、学者互访，积极承办"汉语桥"语言大赛、中国—中亚青年领袖研修交流营、中乌搏击和滑雪青年交流赛等活动，举办青少年和儿童中文故事大赛、中国歌曲大赛和中国知识竞赛等系列活动，使青少年成为中乌友好的年轻友谊使者，推动中乌友好深入人心。依托高校间的"孔子学院"和"孔子课堂"，以"云旅游""云课堂"等依托网络技术的人文交流方式，推动乌兹别克斯坦青年人才了解中国、亲近河北。支持为乌兹别克斯坦优秀学子提供政府奖学金，宣传、鼓励青年人才来冀创新创业。同时，乌政府对医疗康养旅游发展的关注度提高，可持续推动河北省与乌方共建"健康丝绸之路"，推动双方在药物联合生产、远程医疗、传统医学等领域合作取得新成果。

参考文献

《中华人民共和国和乌兹别克斯坦共和国关于新时代全天候全面战略伙伴关系的联合声明（全文）》，外交部网站，2024年1月25日，https：//www.mfa.gov.cn/web/gjhdq_676201/gj_676203/yz_676205/1206_677052/1207_677064/202401/t20240125_11232777.shtml。

《乌兹别克斯坦驻华大使：中国两会对国际社会具有重要意义》，中国一带一路网，2025年3月12日，https：//www.yidaiyilu.gov.cn/p/06D488KO.html。

B.13 "两个结合"视角下河北省文化创新赋能基层社会治理研究

徐颖 罗舒成*

摘　要： 本文以"两个结合"为理论视角，分析了河北省通过文化创新赋能基层社会治理的实践探索、面临的困难与挑战。通过分析发现，河北省文化创新赋能基层社会治理正是对"两个结合"原理内容的创造性转化和创新性发展。新征程中，河北省应继续用好"两个结合"这个法宝，深度挖掘和探索文化创新赋能基层社会治理的重要路径，不断强化文化对基层社会治理效能提升的基因成分和养料成分，进而实现河北省"文化强省"与"治理强省"的深度融合与共振。

关键词： "两个结合"　文化创新　基层社会治理　河北省

习近平总书记鲜明提出"坚定文化自信"并将其纳入中国特色社会主义"四个自信"，并提出"坚持把马克思主义基本原理同中国具体实际相结合、同中华优秀传统文化相结合"[①]，科学阐释中华优秀传统文化的内涵、基因和特质，辩证揭示中华优秀传统文化与当代文化、与世界文化之间的关系，精辟阐述中华优秀传统文化对坚持和发展中国特色社会主义、加强社会主义核心价值观建设、推进治国理政等基础、根基、血脉、源泉作用和不可

---

* 徐颖，河北省社会科学院马克思主义研究所助理研究员，主要研究方向为文化治理；罗舒成，黄冈师范学院商学院教师，主要研究方向为人文经济。
① 《习近平著作选读》（第2卷），人民出版社，2023，第483页。

或缺的借鉴、滋养、启迪意义。① 为新时代推进习近平文化思想与河北实践的深度结合，为河北省文化创新赋能基层社会治理提供了新的视角、方法论和实践路径。河北省作为京津冀协同发展的重要省份之一，亟须通过文化创新破解基层治理难题，拓展"两个结合"在基层社会治理中的应用场景，挖掘"两个结合"与基层社会治理融合的更多可能性，让文化创新更好赋能基层社会治理现代化。

一 "两个结合"与基层社会治理的关系理论分析

"两个结合"是习近平文化思想的重要组成部分，《习近平文化思想学习纲要》明确指出："'两个结合'是我们取得成功的最大法宝。"这为新时代推进基层社会治理提供了根本遵循，更为河北省文化创新赋能基层社会治理提供了新的思路和方向。如何在基层社会治理领域用好"两个结合"这个法宝，首先需要对"两个结合"与基层社会治理的关系理路进行分析。

（一）"两个结合"为基层社会治理提供了中国式的治理内涵

"两个结合"就是把马克思主义基本原理同中国具体实际相结合、同中华优秀传统文化相结合。"第一个结合"是把马克思主义基本原理与中国具体实际相结合，具体到基层社会治理领域，就是要以满足基层群众的需求为基层社会治理价值导向，以问题为导向破解基层社会治理难题，坚持党建引领基层社会治理，以尊重群众首创精神的群众自治作为基层社会治理的基石等。"第二个结合"是把马克思主义基本原理同中华优秀传统文化相结合，具体到基层社会治理领域，就是要实现基层社会治理理念和实践的创造性转化，加大对德法并治的治理模式的推广力度，用好和合共生的调节机制，打造更多"非遗+"治理模式，深化和推广"枫桥经验"，挖掘和推广"六尺

---

① 《中共中央关于党的百年奋斗重大成就和历史经验的决议》（辅导读本），人民出版社，2021。

巷"的治理模式等实践模式、经验、机制的运用和再创造，坚持基层社会治理的守正创新原则，坚持用好数智文化技术赋能基层社会治理等。可以说，"两个结合"为基层社会治理提供了中国式的治理价值、治理原则、治理思维和治理方法，丰富了中国式社会治理的内涵。

（二）文化创新赋能基层社会治理的实践机制

文化创新赋能基层社会治理的实践机制主要是通过文化的价值引领功能、文化的资源整合功能、文化科技的工具赋能作用等几个方面与基层社会治理场域的融合来实现的。在文化的价值引领功能方面，基层社会治理可以通过文化符号传递的社会主义核心价值观引领功能的发挥，增强基层社会治理场域中主体的文化认同，形成共同的价值观，进而化解基层治理过程中的矛盾。在文化的资源整合功能方面，基层社会治理可以将文化资源汇聚形成的文化利益链接共同机制转化为基层社会治理共同资本，构建基层社会治理共同体，实现基层社会治理的共同力量。在文化科技的工具赋能作用方面，基层社会治理可以将数智化文化手段作为感知和满足基层社会治理民生需求的重要工具，提升基层社会治理效能和涵养基层社会治理的文化氛围。

二 河北省文化创新赋能基层社会治理的实践探索

河北省文化创新赋能基层社会治理的实践探索，是省域"两个结合"的生动实践写照。在具体的治理实践中，河北省充分开发和运用省内红色文化资源，让"红色力量"引领基层社会治理，不断增强基层社会治理主体的文化自信；充分开发和激活中华优秀传统文化的生命力，用"文化符号"凝聚基层社会治理的民心，不断增强基层社会治理主体的文化认同；充分使用文化科技感知，用"文化科技"架起传统与现代的桥梁，创造基层社会治理的文化力量。

（一）"红色力量"赋能基层社会治理，增强基层社会治理主体的文化自信

河北省利用省内红色文化资源，打造诸多红色文化主题社区，用红色文化驱动和引领基层社会治理。一是打造红色文化主题阵地。河北省多数社区依托辖区红色资源打造"红色教育长廊"和"革命历史展厅"，如雄县黄湾村打造了雄县红色文化展馆，定期组织党员群众参观学习，让红色文化在日常活动中常态化浸润党员群众，不断增强基层群众的本地文化自信。二是讲好红色文化主题故事。河北省多数社区开设"红色讲堂"，邀请老战士讲述革命故事，开展"重走红色路线"主题党日活动，将革命传统教育纳入社区课程，通过 VR（虚拟现实）技术还原历史场景，增强沉浸感，如石家庄金域蓝湾社区建立了 VR 党史体验馆，让基层群众深刻领会红色精神。三是打造红色公益品牌。河北省多数社区组建"红色先锋"志愿服务队，设立"红色代办岗"，举办"红色家风故事会""红色经典诵读"等活动，在服务中让基层群众感受红色精神的温暖和力量；在活动中营造"人人学党史、处处传薪火"的良好社区文化氛围。

（二）"文化符号"激活中华优秀传统文化资源，增强基层社会治理主体的文化认同

河北省通过挖掘几千年的"文化符号"激活中华优秀传统文化资源，推动中华优秀传统文化创造性转化与创新性发展，构建起具有河北特色的基层社会治理新范式，增强了基层社会治理主体的文化认同。一是深度挖掘燕赵文化精髓。河北省通过编纂《河北大运河文化图谱》《雄安文脉的梳考与传承》《燕赵历史文化概览》等，从不同程度、不同方面、不同时期梳理了燕赵文化的核心文化特质、脉络和历史，增强了河北人民的文化自信和文化认同。二是将优秀传统文化符号融入治理场景。河北省挖掘了诸多优秀传统文化符号融入基层社会治理场景，提升了基层社会治理的效能。如石家庄井陉县打造"红旅小镇"，复原太行山抗战场景，开发沉浸式党史学习教育体

验项目；张家口社区通过开展冰灯展、冰雪运动教学等活动，搭建居民互动平台，增强居民的社区归属感；部分社区组建"冰雪志愿者联盟"，引导居民参与场地维护、活动策划，减少社区矛盾纠纷。三是建立多样化的"非遗+治理"模式。河北省建立了多样化的"非遗+治理"模式赋能基层社会治理。如保定直隶总督署运用满族戏曲艺术开展普法宣传；邯郸广府古城通过太极拳表演促进邻里和谐；邢台内丘善用"扁鹊文化节"举办扁鹊祭祀大典，复原古代"望、闻、问、切"仪式，开展中医药文化展览、非遗技艺展示，组织健康养生讲座、义诊活动，邀请中医专家进社区，打造沉浸式中医药主题体验馆等。四是打造京津冀跨域非遗文化资源共享机制。作为京津冀一体化的重要组成部分，河北省重视跨域非遗文化资源共享，如大厂回族自治县京津非遗工坊以"文化共融、活态传承"为核心，与京津非遗代表性传承人共建非遗工坊，引入玉雕、花丝镶嵌、宫廷彩画等20余项非遗技艺。中华优秀传统文化的活化增强了基层群众对优秀传统文化的认同感，形成"文化凝聚人心、文化促进和谐"的治理模式，同时中华优秀传统文化的活化，为基层社会提供了众多就业岗位，稳定了基层社会的民生和社会秩序，实现了文化传承与基层社会治理的"双提升"。

（三）"文化科技"架起传统与现代的桥梁，创造基层社会治理的文化力量

河北省将现代化的数智科技与优秀传统文化相结合，架起传统与现代的桥梁，打造基层社会治理的新生文化力量。一是推动全省文化资源数字化整合。河北省构建全省文化数据共享平台，整合图书馆、博物馆、非遗等数字资源，实现"云端"服务全覆盖。如承德市依托"避暑山庄"IP开发线上展览，保定市利用VR技术复原古村落场景，建立文化遗产数字化档案，对传统技艺、古建筑实施动态保护，运用VR、AR（增强现实）技术还原历史场景，开发沉浸式文化体验项目，提高了全省文化资源的覆盖率和可持续利用效率。二是开展文化"云+"系列活动。河北省多地开展"文化云课堂"系列活动。开设非遗技艺、传统艺术等直播课程；联合

文旅企业推出"云旅游IP"路线，促进文化品牌推广和消费活动。三是文化科技在雄安新区的生动呈现。在智能公共设施与文化展示的深度融合方面，雄安新区通过旋转屏系统，将人工智能、深度学习等技术与公共艺术相结合，实现动态化、互动化的文化展示。例如，旋转屏系统内置的AI（人工智能）算法可根据人流量和环境变化自动调整内容，实时展示本地艺术作品、历史文化故事等，既提升了市民的视觉体验，也增强了市民的文化认同。此外，系统通过人脸识别和数据监测优化城市管理，同时服务于文化传播与安全治理的双重目标。在传统文化活动的科技赋能方面，雄安新区通过现代科技手段活化非遗与民俗文化。例如，"光影杂技"利用灯光与投影技术，将传统杂技与数字艺术相结合，打造沉浸式表演；非遗市集引入VR技术复原古村落场景，游客可参与剪纸、刺绣等传统技艺的数字化互动体验，促进非遗的活态传承。在建筑设计与中式美学的科技表达方面，雄安新区标志性建筑将传统元素与绿色智能技术相结合。例如，"雄安之眼"设计灵感源于赵州桥，建筑集成光伏发电和智能温控系统，体现"古今交融"理念；雄安站以"青莲滴露"为造型，幕墙融入二十四节气文化符号，并通过"智能大脑"优化能源管理，成为科技与美学融合的典范。这些建筑既是文化符号，也是科技应用的载体。在智慧城市平台支撑文化服务创新方面，雄安新区依托"城市大脑"和区块链技术，构建了覆盖文化资源管理的数字化平台。例如，产业互联网平台通过区块链确权技术，为文化企业提供政策申报、资金融通等一站式服务，加速文化项目落地；数字孪生城市整合全域文化数据，支持文化遗产的动态保护与展示。此外，智能交通系统（如无人驾驶巴士）与文化景点联动，提升游客体验的便捷度。在科技创新生态驱动文化产业发展方面，雄安新区通过政策与活动吸引科技人才，推动文化科技项目孵化。例如，"百家创新平台雄安行"活动发布了63项前沿科技成果，涵盖AI创作工具、数字内容生成等技术，助力文化IP开发；中关村科技园等载体聚集企业，推动"文化+科技"跨界合作，如利用AI技术生成游戏角色或优化非遗数字化流程。

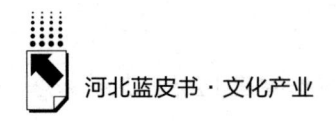

三 河北省文化创新赋能基层社会治理面临的困难与挑战

河北省通过"红色力量""文化符号""文化科技"等载体和模式推动了中华优秀传统文化在河北大地的传承和创新,为基层社会治理增加了地域文化基因,提升了基层社会治理的效能,取得了一定的治理成效,但也面临一些困难与挑战。

(一)省域内部文化创新区域发展不平衡,导致文化创新赋能基层社会治理的效能不尽相同

文化创新与地域经济社会发展水平、区域文化管理者的认知、区域文化资源储备有正相关性。相对来说,省域南北文化资源开发活化程度差异较大。冀中南地区的经济社会发展水平相对低于京津周边地区,文化资源开发活化程度明显低于京津周边地区,导致文化创新赋能基层社会治理的效能也低于京津周边地区。同时,省内同一区域文化服务城乡差异较大。冀中、冀南等经济发达地区的数字化设施覆盖率较高,文化创新因载体丰富而动力充足,模式多样;而部分山区因为经济社会发展比较慢,仍存在文化公共服务基础设施落后、活动经费不足等问题,导致文化创新动力不足、文化创新观念匮乏、文化创新主体缺乏等显著困难。

(二)省域复合型文化专业人才呈现相对匮乏的状态,导致文化创新持久动力不足而影响基层社会治理效果

受经济社会急速转型影响,河北省文化人才呈现少而不精、老而不壮、区域分布不均等特点,加上持久性的文化专业人才培育机制尚未成熟和完善,导致复合型文化专业人才呈现相对匮乏的状态。一是文化传承的专业人才结构性短缺。全省文化传承的专业人才结构性问题普遍存在,非遗代表性传承人老龄化严重,代际接替问题突出,如曲阳的石雕技艺,从艺传承人从

"80后"就出现断层现象;张家口市部分偏远村落非遗代表性传承人老龄化严重,平均年龄超过65岁。二是具备较强基层实践创新能力的文化专业人才匮乏。全省文旅系统基层文化数字化复合型人才缺口较大,基层实践中的文化人才对乡村振兴中的乡土文化活化、非遗技艺传承等实操能力不足,文化产品开发、文化IP运营等市场化技能短板明显。三是省内文化专业人才区域分布失衡现象加剧。雄安新区、石家庄市等地聚集了全省近一半的文化专业人才,而冀南、冀北部分县区文化人才不仅总量少,且流失率较高。此外,调研发现,基层文化站工作人员中近半数年龄超过50岁,文化事业中的新生力量严重不足。

(三)传统文明与现代文明冲突下的迷茫,导致地区文化认同与基层社会治理效能产生矛盾

新时代,基层社会治理面临传统文明与现代文明的冲突,导致一些地区文化认同与基层社会治理效能产生了矛盾。一是传统民俗与现代治理规则冲突凸显,如在移风易俗过程中引发大量基层社会治理矛盾。二是区域认同与整体治理的割裂,如冀中平原与太行山区、塞北高原在民俗传承、方言保护上存在政策执行偏差,导致区域"小认同"与省域"大认同"之间产生治理割裂和时空割裂。三是代际群体文化差异导致基层社会治理价值认同一致艰难。全省部分地区存在青年群体对"燕赵文化"的认知度不高、理解不深刻、重视不足等现状,这与青年群体喜欢的数字文化产品供给缺口形成严重反差,这种"文化资源丰富"与"文化转化能力弱化"的倒挂,使河北省面临"文化失语"风险,影响了基层社会治理价值认同的统一度。

四 "两个结合"视角下河北省推进文化创新赋能基层社会治理的对策建议

"两个结合"可以破解上述河北省文化创新赋能基层社会治理面临的

困难与挑战。通过"两个结合"的视角和路径进行系统部署，河北省可构建"党建引领、文化铸魂、数字赋能、产业共生"的基层社会治理新范式，加快推动传统文化与现代治理体系的深度融合，最终实现"文化兴省"与"治理强省"的协同发展。

（一）推动基层社会治理"文化根脉+党建引领"深度融合

"文化根脉+党建引领"深度融合是文化创新赋能基层社会治理的"根与魂"。在基层社会治理场域，推动"根与魂"的建设，一是建立"党建+文化网格"融合机制。在全省推行"三级网格"管理模式，以党支部为单位划分文化治理网格，选聘2万名"党员文化管家"，负责统筹非遗保护、乡风文明建设等事务。可以借鉴邯郸成安县试点"党员带头复兴古琴技艺"模式，形成"支部牵头+能人带动+群众参与"的治理格局。二是打造红色文化IP矩阵。整合西柏坡精神、李大钊故居等红色资源，开发"红色剧场""党史数字云展馆"等沉浸式党建项目。可以借鉴雄安新区打造的"未来之城·党建走廊"，其通过AR技术还原党史场景，实现政治教育与文化体验深度融合。三是激活传统文化的治理效能。推动"非遗技艺+社会治理"创新应用，可以推广邢台清河羊绒产业园区做法，党支部牵头成立"非遗设计联盟"，将传统缂丝工艺融入现代服饰设计，开发"党员示范款"文创产品；衡水内画鼻烟壶艺人通过开展"非遗微课堂"培训使村民掌握技艺，转化就业岗位，有效化解乡村空心化矛盾。同时，推动构建"家谱文化+基层调解"机制。可以借鉴沧州吴桥县试点"家谱调解法"，组织党员干部梳理明清家谱中的家规家训，编撰《冀北乡贤治家格言》，用于化解邻里纠纷，形成"以文化人、以德治村"的善治样本。

（二）推动基层社会治理"传统文化+数智治理"深度协同

"传统文化+数智治理"深度协同是保证文化创新赋能基层社会治理效能提升的时代工具。在基层社会治理场域，加快建设"时代工具"，一是丰富和完善省级文化大数据中心。加快整合长城、大运河等省内文化遗产数据，建立"一物一码"数字档案库。开发"冀文化"App，实现文旅资源、文化活动、志愿服务"一网通办"，让数据赋能文化资源的建设和利用，让数据成为文化与基层社会治理之间的重要桥梁。二是开发"智慧文化治理系统"。在全省有条件的市、县打造"文化治理大脑"，"文化治理大脑"不仅有丰富的文化资源、文化知识、文化建设功能，还可以通过AI技术分析居民文化需求，进而精准推送文化惠民政策，让文化真正赋能基层社会治理。三是构建"元宇宙社区"。在全省有条件的市、县打造"元宇宙社区"。可以借鉴雄安新区试点的虚拟文化社区，居民通过VR技术参与"数字古城墙修复""大运河非遗市集"等线上活动，同步获得线下积分奖励，形成"线上互动+线下实践"的治理新模式，进而增强基层社会治理主体的文化学习和文化认同。四是推行"文化治理积分制"。推广邯郸市邯山区先进做法，居民参与志愿服务、传承非遗技艺均可兑换文化消费券或公共服务优先权，形成"文化行为—治理效能—利益反馈"的闭环机制，赋能基层社会治理。

（三）推动基层社会治理"文化人才+文化资源"深度叠加

"文化人才+文化资源"深度叠加是保持文化创新赋能基层社会治理的根本动力。在基层社会治理场域，强化"根本动力"的建设，一是打造省域"燕赵文化传承人学院"。要创造新鲜血液加入文化传承人队伍，燕赵文化传承人学院与河北大学、河北师范大学共建二级学院，开设"文化遗产保护与管理""数字文旅策划"等专业，实行"双导师制"教学，用健全的体制机制保障文化传承后继有人。二是持续实施省域"万名干部文化素养提升工程"。选派1万名基层干部赴浙江、陕西等文化强省研修学习，重点学习"千万工程"经验与数字化治理技能，用健全和可持续的项目工程保障文化创新的可能性。三是设立省域"文化治理公益基金"。全省统一调度，发起省级各种规模公益基金，吸引各类企业、社会组织积极参与基层文化设施建设和投入工作，用可持续保障机制激活基层文化创新活力。四是培育"文化乡贤"队伍。组建由当地退休教师、老艺术家等构成的"文化乡贤库"，挑选试点"乡贤调解团"，通过"板凳法庭""乡音调解室"等形式化解基层社会治理过程中的矛盾。

（四）推动基层社会治理"文化认同+法治建设"深度构建

"文化认同+法治建设"深度构建是保持文化创新赋能基层社会治理的正确标尺。在基层社会治理场域，推进"正确标尺"建设，一是组织专业人员编撰"河北传统家训集成"手册。筛选明清以来具有代表性的优秀家谱、族规，提炼"孝悌忠信""勤俭持家"等核心价值观，制成手册，融入全省的民政文化工程项目，或者选取优秀案例编入中小学德育教材，培育与传承中华优秀传统文化。二是打造更多"道德银行"示范工程。在全省推广廊坊香河县"道德银行"试点经验，把群众做好事存入"道德币"，兑换公共服务或实物奖励，形成"好人好报"的良性治理生态。三是建设更多"法治文化主题公园"。推广石家庄市建成全国首个"宪法主题法治文化公园"的经验，通过雕塑、互动装置以及群众基础文化公共空间普及法律知识，创造出"法治"随处可见、"法治"并不陌生、"法治"并非只在书上有的社会生态。四是实施"非遗普法"计划。将《民法典》内容编入评剧、快板等传统艺术中，可借鉴邯郸大名县开展的"法治大戏进乡村"活动，让法治与非遗牵手，共同形成推动基层社会治理的重要力量。

（五）推动基层社会治理"文化产业+治理空间"深度共生

"文化产业+治理空间"深度共生是保证文化创新赋能基层社会治理的力量源泉。在基层社会治理场域，创造"力量源泉"，一是积极打造布局"夜间文化经济圈"。学习借鉴保定市夜经济示范区经验，扶持非遗夜市、沉浸式剧本杀剧场等业态，借鉴石家庄市"正定古城夜游"的运作模式，在有条件的地市打造布局多个"夜间文化经济圈"，将"文化产业+治理空间"深度共生，形成文化创新赋能基层社会治理的经济力量。二是大力培育"文化养老"服务体系。瞄准老年消费市场，积极培育"老年文化大学+社区养老中心"融合模式，开设书法、戏曲等课程，同步开发"文化助老"

小程序，提供在线课程、健康管理等服务，让文化与养老深度融合，破解基层社会治理中的老龄化问题，形成良好的养老社会氛围，推动"银发经济"成为新的经济增长点，促进民生与经济共同发展，进而赋能基层社会治理。三是大力推广"非遗工坊振兴计划"。如张家口市的蔚县、阳原县等地在建设非遗工坊的基础上，大力支持培训妇女、残疾人掌握剪纸、皮影等技艺，形成"文化传承+产业扶贫"的可持续发展模式。同时深度搜索和挖掘省内非遗资源，尽快建立"非遗工坊振兴计划"的配套体制机制和基础资源共享平台，让"非遗地区"尽快建立地区文化自信，让"非遗资源"转化为"非遗财富"，带动当地基层经济社会的快速发展，进而赋能非遗地区的基层社会治理。四是打造一批具有影响力的"文旅融合示范村"。深度挖掘具有文化资源优势的乡村，打造省级"文旅融合示范村"，给予其政策扶持与资金补贴。通过发展民宿、农家乐等业态，增加村集体收入，创造更多"绿水青山就是金山银山"的省域实践样板，让"绿水青山"的文化生态赋能基层社会治理。五是打造一批具有影响力的"音乐之城"。如石家庄市在打造"摇滚之城"的基础上，探索和挖掘其他地市的本土音乐文化资源，建立本土音乐文化 IP，丰富当地群众的精神文化生活，同时，吸引更多省外群众来此消费，让"音乐文化"变成"音乐财富"，更好赋能基层社会治理。

参考文献

《习近平新时代中国特色社会主义思想学习纲要》，人民出版社，2019。
《习近平文化思想学习纲要》，人民出版社，2024。
习近平：《高举中国特色社会主义伟大旗帜　为全面建设社会主义现代化国家而团结奋斗——在中国共产党第二十次全国代表大会上的报告》，《人民日报》2022 年 10 月 26 日。
《中共中央关于坚持和完善中国特色社会主义制度、推进国家治理体系和治理能力现代化若干重大问题的决定（辅导读本）》，人民出版社，2019。

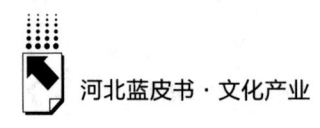

《党的二十届三中全会〈决定〉学习辅导百问》，学习出版社，2024。
《习近平关于社会主义社会建设论述摘编》，中央文献出版社，2017。
贺雪峰：《乡村治理的社会基础》，生活书店出版社，2020。
王宁等编著《新时代社会治理创新》，社会科学文献出版社，2022。
魏礼群：《中国社会治理通论》，北京师范大学出版社，2019。

B.14
发挥社会组织作用助力文化产业高质量发展的对策建议

车同侠*

摘　要： 不同类型社会组织是发展文化事业和文化产业的重要力量。本文从整合不同来源资源、助力文化产业数字化转型、发挥文化创业孵化器功能、参与政策倡导和生态构建、赋能乡村文化产业发展等角度，深入分析了社会组织推动文化产业融合发展的路径机制。进一步剖析了社会组织赋能文化产业高质量发展面临嵌入文化产业的定位不清；规模有限，机制不够灵活；赋能作用尚不显著等问题。并从政企双向协同发展、以党建引领文化产业融合发展、加快文化产业新业态培育发展等方面提出对策建议，以促进社会组织赋能文化产业高质量发展。

关键词： 文化产业　社会组织　多主体参与

　　我国经历了40多年的快速发展之后，文化产业在优化产业结构、解决就业问题以及促进消费、扩大内需等方面的作用日益凸显。文化产业的市场主体不断涌现、发展方式不断多元化，文化传媒公司随着网络平台功能的不断完善而加速发展，文化创意公司、演艺、动漫和非遗事业蓬勃发展。这得益于人们对美好生活的需要，以及政府对于文化产业的重视程度不断提高，文旅部门的政策也越来越切实有效。近年来，在习近平文化思想的指引下，

---

* 车同侠，河北省社会科学院社会发展研究所副所长、副研究员，主要研究方向为社会发展和文化产业。

文化产业发展的动力更加强劲。同时，文化产业的蓬勃发展还来源于不同类型社会组织的大力推动，呈现文化产业与社会组织融合发展的态势，多主体参与有助于更好地繁荣发展具有中国特色的文化产业。

一 社会组织和文化产业的基础特征分析

（一）社会组织的内涵、分类和功能分析

一般来说，社会组织有三种基本类型，它们在资金来源、运作方式上有所区别。第一类是提供公益性资金的基金会，它是不以营利为目的的法人组织，其运行模式主要是通过自然人或者其他机构组织的捐款来从事公益活动，或者建立起受益人、委托人和捐助者之间的信托保值。通过会员费或者赞助资金从事公益活动，由理事会、会员代表大会选出的代表进行日常管理。一般资金用于教育、文化事业、文化产业以及医疗等领域。第二类是具有公益性质的民办非企业组织，它广泛分布在不同领域，比如，教育领域的民办学校，卫生领域的康养、保健及卫生医院，文化事业领域的各种文化场馆、艺术美术馆，科技事业领域的科技服务普及中心，劳动领域的职业介绍所，民政领域的养老院、民办社区服务中心，体育领域的各类俱乐部，社会中介领域的各类服务中心等。第三类是公民个人或者各类企事业单位从事社会事业的社会团体。它是公民个人或者企事业单位根据章程成立的社会组织，包括行业性社会团体、学术性社会团体、专业和联合性社会团体，具体又分为协会、研究会、促进会、联谊会、联合会、基金会、商会等。

关于社会组织的功能，其在很多情况下可以起到满足人们需求的作用。社会组织在服务社区治理方面具有得天独厚的优势，成为连接政府和企业的枢纽。在党建引领上，社会组织肩负起意识形态工作中的政治责任和党建任务，在党组织的领导下服务社会各项工作。社会组织的专业能力也体现在其技能、专业以及项目建设上的组织管理和培训学习能力方面。

如通过学校、文化馆、表演团体等社会组织开展文化教育，促进优秀文化传播发展。

（二）文化产业的内涵特征及其发展规律分析

文化产业作为一种区别于传统工业和商业的独特经济形态，其发展需要特定的社会经济基础作为支撑，并依托制度性激励机制实现可持续发展。该产业形态具有双重属性特征：一方面遵循产业化发展的基本规律，要求生产要素的有效配置和市场机制的良性运作；另一方面因其核心生产要素的文化符号属性，使其必须遵循文化价值传播的内在逻辑。这种复合形态通过文化资本转化机制，形成新型文化生产力，具体表现为文化创意与科技创新的有机融合，进而成为经济增长的新型动能和产业结构优化的重要载体。

1.文化产业的内涵特征

如果说工业产业提供社会运行的物质商品，是属于工业文化，是人与原材料、能源等要素的关系，工业品的推销形成消费文化，是关于人对于制造物的文化，农业产业供给农业商品，是属于农业文化，服务产业是属于服务文化，本身不进行生产和推销，它生产的资源和商品是"文化"，那么文化产业是基于以上产业形态基础上的融合发展文化和产业。文化产业就是创造文化商品的产业，它属于为人提供情绪价值和感情基础的文化，文化产业的发展寄托了人类的知识、思想，沉淀了人类发展历史的印迹，体现了人对于一种文化和精神的追求与创造。

从国内外文化产业发展状况可以看出，文化产业发展的内容广泛而复杂，对文化产业发展的环境、条件和技术的要求更高，更具有挑战性。文化产业针对的不是自然物，不是社会生活，也不是人，而是文化，是历史文化或者未来文化，是一种对于文化的创造和体现。在所有产业类别中，都需要创新要素，如工业互联网、物联网、数字经济和人工智能等，都是产业创新的体现。但是文化产业是真正意义上的知识密集型的创造性产业。因为文化产业的发展没有前例，而是体现个性化特点的创造。由此可以看出，文化产品具有极强的时间和空间张力,体现了强有力的创造性。而且它强调个性化,避免复制和模式化,因为文化产业繁荣和文化产业独具魅力的基础在于其生产对象的鲜明个性化特征。

同时,文化产业也属于实体经济。文化产业的发展属于创新机制的发展,可以调动传统产业的资源进行发展,也可以运用创新的经济机制带动老旧企业转型,提升经济效能。文化产业是实体经济发展的高级阶段,随着经济朝着高质量发展,一些落后产能逐渐被淘汰,而新的创新文化传媒和网络公司给人们的生活带来了翻天覆地的变化,这种网络时代就是文化产业的高级阶段。时代发展推陈出新,随着产业结构转型升级,灵活就业形态不断出现,资本、人才和平台的相互作用促进了越来越多的文化公司涌现,在时代变迁中演绎着数字文化产业的"草根传奇",走出一条未来大文化产业的文化强国之路。

2. 文化产业的发展规律

文化产业是对基于文化特性的传统产业的再创造。对于工业、商业和服务业来说,文化产业是一种传统产业的再发展,迈克·费瑟斯通围绕文化产业分析指出,实现"日常生活的审美呈现"即反映文化产业的美学审美特质,它区别于传统产业的实用功能性特点。文化产业生产美的文化产品,而文化产品又转化为一种提升生活品质的艺术品,文化商品体现文化产业的独特精神寄托和情感,形成一种文化新质生产力,激励经济社会不断推向前进。文化产业让生活充满艺术,也让艺术反映生活,是中国式现代化建设中的文化信仰,是习近平新时代中国特色社会主义思想的文化体现,是习近平文化思想的具象化。

文化产业具有丰富的文化诉求。文化具有丰富的内涵,文化产业的发展具有蓬勃向上的生命力,能够给人带来美和积极向上的感受,给平淡的生活输入文化艺术气息,丰富人们的日常生活,愉悦人们的精神世界,从而维系和赋能人类不断积极向前,追求美好生活。

文化产业的发展是人类从物质走向精神的社会结构变化的过程。人类在追求物质生活的同时,更多开始追求精神的丰富和成长。人类的需求不断走向马斯洛需求理论的高端层次，社会也在追求更高层次的文化艺术创作，形成文化产业发展的新型社会结构和驱动发展动力。

二 社会组织赋能文化产业发展的新趋势与新特点

（一）社会组织有利于促进文化产业数字化发展

近年来，社会消费品零售总额增速放缓，消费降级。我国加快推进供给侧结构性改革，布局国内经济大循环，推动构建全国统一大市场，在此背景下，文化产业发展也成为产业结构转型升级的重要选择。物质文明和精神文明协调发展也是中国式现代化建设的重要组成部分，在大众的物质消费需求得到满足后，人们对精神文化层面的需求不断提升，读书学习、文娱旅游等成为消费热点。文化消费产品的智能化、创意化和个性化的需求不断升级，在此过程中社会组织发挥了至关重要的作用。

数字技术的迅猛发展重构了文化产业的生态格局，而社会组织作为连接政府、市场与公众的枢纽，在推动文化产业数字化转型中发挥了不可替代的作用。以中国人工智能产业发展联盟为例，其推动的 AIGC（人工智能生成内容）技术标准体系，促使文本生成、图像合成等核心技术研发效率提升。艾媒咨询数据显示，2024 年，中国 AIGC 核心市场规模突破 471.7 亿元。在技术标准化方面，由中国音像与数字出版协会主导制定的《数字内容版权区块链存证标准》，解决了数字作品确权难题，使版权纠纷处理周期大幅度缩短，为数字文化产品交易提供了可信基础。由中国文化产业协会发起的"中国数字文化产业生态联盟"，通过搭建信息沟通、项目展示、产业落地新平台，积极探索文博数字化、传统文化 IP 数字化、数文融合新产品等文化领域创新发展。由中国广告协会推动的《网络直播营销行为规范》，通过建立分级管理制度，降低了直播带货中的文化产品投诉率，有效维护了数字文化市场秩序。由中国公共关系协会制定的《文化数据服务平台技术要求 文化数据确权系统》《文化数据服务平台技术要求 文化数据管理系

197

统》《舞台艺术表演数字化录制技术要求 通用要求》等国家文化大数据体系团体标准，对数字文化产业发展起到了巨大的推动作用。

（二）社会组织有利于推动文化产业跨界融合发展

在当今文化产业蓬勃发展的背景下，社会组织积极发挥桥梁和纽带作用，推动文化产业与其他行业的跨界融合，形成了丰富多彩的"文化+"多元发展模式。这种融合不仅拓展了文化产业的边界，也为各个行业注入了新的活力和文化内涵。文旅融合是跨界融合的代表。社会组织通过深入挖掘地方文化资源，将文化元素巧妙地融入旅游产品和线路设计中，打造出具有深厚文化内涵的旅游体验项目。例如，多地政府在推动文化产业发展中，强调"文化+旅游"的深度融合，坚持以文塑旅、以旅彰文，使文化与旅游相互促进、相得益彰。这种模式不仅提升了旅游目的地的文化吸引力，也丰富了游客的文化体验，使旅游成为文化传播的重要途径。农文体商旅联动则是另一种创新的融合模式，这种模式以乡村文化为基础，结合农业、体育、商业等元素，旨在促进乡村地区的可持续发展。通过整合资源，社会组织帮助乡村地区打造特色文化品牌，开发具有地方特色的文化产品和旅游项目，吸引游客和投资者，从而带动乡村经济的繁荣和文化的传承。此外，文化与科技融合也为文化产业带来了新的发展机遇。数字技术的应用使文化产品和文化体验更加丰富多样。例如，故宫通过数字技术推出多款数字产品，如"故宫名画记"，让观众可以在线欣赏到高清的文物影像，甚至通过VR技术沉浸式体验故宫的魅力。

（三）社会组织赋能文化IP的多元化开发与运营

文化IP作为文化产业的核心资源，其打造和深度开发对于实现文化价值的最大化至关重要。社会组织通过整合资金、技术、人才等资源，为文化IP的开发与运营提供坚实的基础。例如，社会组织通过建立资源共享平台，将各类文化企业紧密联系在一起，促进资源的高效流动与共享。此外，社会组织还积极搭建展示与交易平台，如举办文化展会、创意大赛等，为文化

IP提供与市场对接的机会，助力其实现商业价值。社会组织通过制定行业人才培育标准，发掘和培养文化产业数字化人才，为产业发展提供了有力的人才支撑。例如，一些社会组织与地方政府合作，构建多层次数字人才培育体系，发掘和培育乡村文化人才，建设乡村文化人才队伍。此外，社会组织还通过开展培训和交流活动，提升文化产业从业者的数字素养和创新能力。在文化IP开发与运营过程中，社会组织承担着行业规范和自律的重要职能。它们通过制定行业标准和规范，加强行业自律，营造良好的产业发展环境。社会组织通过多渠道整合营销，提升文化IP的市场关注度和品牌影响力，特别是推动区域特色品牌发展。

三 社会组织助力文化产业高质量发展的机制探析

社会组织作为社会结构的重要组成部分，在推动文化产业高质量发展过程中发挥着重要作用，通过整合资源、技术指导、模式创新、政策宣传及搭建桥梁赋能文化产业。

（一）社会组织整合各类文化领域相关资源

社会组织如行业协会、商会、促进会等可以在地方政府、文化企业、高等院校和社区之间搭建合作伙伴平台，整合文化产业发展的生产要素，特别是人才、资金和技术要素，有利于促进文化产业创新发展。例如，河北省文化服务促进会常年搭建文化企业研讨会等平台，邀请一些政府机构官员、专家学者、各行各业退休干部和企业家共商文化企业发展对策，共享政府政策信息，共谋文化企业创新路径，这在整合文化资源、宣传文化政策、推介文化项目等方面产生较大影响力。再如，服务文化网创始人陈步峰会长定期通过刊物《中国新闻聚焦》刊登研讨会成果。2021年9月在石家庄举办了赵佗文化研讨会，2022年4月，在正定德宝轩举办了关于年画赏析和继承的研讨会，2022年6月在石家庄举办红色文献精品展暨传播传承红色文化座谈会，这些会议的参与机构也包括河北省决策咨询文化研究会、瀛冀律师事务所、合众人寿、河北省民俗文化协会、河北省传统文化教育学会等社会组织，大大丰富了石家庄文化产业发展内容，促进了文化产业发展。社会组织也可以整合资源赋能文化演艺事业发展，石家庄打造出"ROCK HOME TOWN"品牌，各社会组织积极响应，组织各类活动，音乐会贯穿全年，文化演艺事业的繁荣振兴了石家庄的城市文化建设，也提升了石家庄的城市美誉度和市民生活满意度。

（二）非营利性社会组织有利于推动非遗发展

非遗产业因为产业化难、盈利难，导致其一度发展缓慢。在非营利性社会组织的推动下，许多地方非遗产业蓬勃发展，大大促进了地方传统工艺发展，形成现代经济、数字经济与非遗产业的融合，形成非遗开发和文旅体验等新模式、新业态。非遗产业逐步成为发展文化产业的重要抓手，在电商经济中不断融合发展，以及培育非遗代表性传承人，不断融入文旅产业体系，形成特色的产业园区。河北省非遗资源丰富，例如，涉县的女娲祭典、安国的药市、胜芳灯会、盐山民间信俗等，在社会组织的帮助下，河北省非遗产业不断发展，带动产生了额外经济社会发展效益。

（三）社会组织推动文化产业数字化转型

数字文化产业成为文化强省的重要途径。社会组织具备各类人才储备和资源，有利于更好运用政府、高等院校、文化企业和科研机构的资源共同开发文化产品。

从社会组织赋能文化产业数字化转型的机制来看，社会组织通过搭建产学研协同平台，驱动标准化与研发转化，加速技术研发与产业应用的衔接，促进协调创新，激发文化产业的数字化转型潜力。社会组织通过跨领域协作机制，推动文化产业与科技、旅游、农业等产业的深度融合。不同行业领域的社会组织之间的合作，有利于产业生态重构，强化产业跨界融合。社会组织通过打造产业生态圈，推动数字文化价值链的延伸重构，推动文化产业从单一业态向"技术—内容—服务"三位一体的复合形态转型。社会组织通过参与数字文化产业体系、治理体系建设，服务数字文化产业发展。因此，只有持续强化社会组织的枢纽功能，才能实现文化产业数字化从规模扩张向质量提升的战略转型。

（四）社会组织发挥文化创业孵化器功能

政府往往与一些行业协会或者具有一定资源的社会组织进行合作，利用社区资源以及文化创新的氛围打造文化创意企业，特别是在动漫、创意设计和手机应用领域，形成文化创业孵化器，对文化小微企业进行培育和孵化。社会组织通过邀请文化产业名家和文化产业领域专家以讲课的形式分享经验，有针对性地扶持文化初创企业。

（五）社会组织参与文化政策倡导和生态构建

社会组织在政策落地中扮演着"转换器"角色，将宏观政策转化为可操作的行业规范。行业协会、商会和促进会等社会组织可以广泛参与制定文化产业融合发展的行业标准、推动文化产业政策更加科学和优化，如税收优惠、版权保护等。社会组织还可以进行广泛的社会价值观引导，倡导可持续发展理念，推动绿色文化创意产业发展。

（六）社会组织赋能乡村文化产业发展

很多社会组织深入农村进行赋能，参与乡风文明建设，在乡村振兴中起到了一定的作用。相比城市，乡村集体经济落后，产业发展不力，文化生活比较落后，乡村综合文化站数量少，文化生活贫乏，但一些乡村在社会组织扶持下，党支部带领集体发展经济，通过资金筹措、产销对接、技术服务和农民培训，逐渐建立起现代农村和现代农业体系，生态农业获得发展，农村基础设施完善，通过在地关怀，学校作为农村社区枢纽获得再造，农村卫生健康设施增加，农民收入不断提高，村民精神文化需求获得了满足，乡村体育文化设施增加，乡村扶持政策和科技培训点增加，出现了新型职业农民。

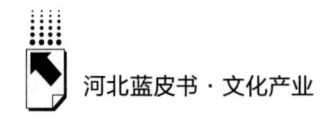

四 社会组织赋能文化产业高质量发展面临的问题

（一）社会组织嵌入文化产业的定位不清

社会组织的赋能和治理效果不强，限制了赋能激励作用的发挥。文化产业发展受限于当地经济开发程度和社会组织发展程度，社会组织嵌入文化产业治理发展的定位不清晰、功能不明确，一些历史文化资源和饮食文化不能得到有效合理开发，致使文化资源难以发挥经济效益。

（二）社会组织规模有限，机制不够灵活

一方面，河北省社会组织获取资金、人才、技术等资源的渠道相对狭窄，如一些小型社会组织可能仅依赖会员费和少量捐赠维持运营，缺乏稳定的资金来源，难以扩大规模。例如，一些社会组织的活动形式单一、内容不够丰富，对公众的吸引力有限，导致参与人数较少，组织规模难以扩大。社会组织在内部管理和运营方面也存在不足，如缺乏专业的管理人才和有效的管理机制，导致组织效率低下，难以实现规模化发展。另一方面，一些社会组织的决策过程过于依赖少数领导或理事会成员，缺乏广泛的民主参与和高效的决策机制，导致决策效率低下。例如，一些大型活动或项目决策，需要经过多层审批和反复讨论。部分社会组织内部权力过于集中，缺乏有效的制衡机制，导致个人或小团体专断。这不仅影响了组织内部的公平性和积极性，也容易引发内部矛盾和冲突，阻碍社会组织的健康发展。同时，社会组织的监督机制存在漏洞，内部监督流于形式，外部监督力度不足，导致一些组织在运营过程中出现违规行为。这不仅损害了组织的声誉，也影响了公众对社会组织的信任，进一步制约了其机制的灵活调整和优化。

（三）社会组织赋能作用尚不显著

截至2025年2月，河北省第一批脱钩和直接登记全省性社会组织有河北省女画家协会、河北省旅游协会、河北省传统文化促进会、河北省文化产业

创意家协会、河北省黑白艺术摄影协会、河北省红色旅游协会、河北省京剧票友协会、河北省企业文化协会、河北省舞蹈交流协会、河北省老年文艺协会、河北省自驾游与露营房车协会、河北省评剧票友协会、河北省艺术人类学协会、河北省文化交流协会、河北省旅游信息化与应用促进会、河北省文化发展促进会、河北省旅游品质促进会等。但是，社会组织面临专业人才短缺、跨领域协作存在壁垒、商业化与公益性平衡困难等问题，这与河北省深厚的文化底蕴不相匹配，与建设美丽河北和文化强省的目标还有很大差距。

五 促进社会组织赋能文化产业高质量发展的对策建议

（一）政企双向协同发展

进入21世纪，文化体育、网络和旅游已经成为最具发展前景的朝阳产业，需要政府和社会组织高度重视，提升文化产业在国民经济收入中的占比，并逐步成为主导产业。社会组织在政府政策和文化产业发展之间起到了社会结构支撑作用，通过社会参与推动政企双向协同发展，社会组织具有强大的智库人才储备，通过对政府政策进行学习和分析，研究行业实践及发展前景，通过决策研究提供智库建议，更好发挥社会组织的桥梁纽带作用，搭建政企两方沟通的服务渠道，通过研讨会、调研活动，汇集各类产业发展信息和动态，精准服务文化产业发展。社会组织可以联络专家顾问团队对初创文化企业进行培训，对法律、财税、技术和融资等一揽子创业技术进行授课，形成一个文化产业发展互动交流平台，有效提高创业成功率。

（二）以党建引领文化产业融合发展

积极探索社会组织以党建引领文化产业发展的路径，健全组织体系，可借鉴广州市"区—村两级培育平台"模式，在文化产业园区、文旅融合示范区设立党群服务中心，提供孵化培育、资源对接等"一站式服务"。鼓励省级层面建立文化产业协会联合会，统筹跨区域协作。创新"党建+业务"品牌，例如，设立"文化产业党员先锋岗"，组织党员骨干参与技术攻关、市场拓展，探索"文艺书记"等模式，选派党员文艺骨干驻村，开展"艺术乡建"试点，助力乡村文化振兴等。创建"党建+公益"服务圈，通过政府购买服务支持社会组织承接社区文化活动、非遗传承等项目。打造专业化枢纽平台，依托党建品牌矩阵经验，支持社会组织联合高校、企业共建"党建联盟"，提升服务专业化水平。

（三）加快文化产业新业态培育

2025年3月11日，十四届全国人大三次会议上，文化和旅游部部长孙业礼表示，要把文化和旅游产业培育成支柱产业。他还指出，2024年，在文旅部门审批备案的经营主体有31万家，同比增长约4.7%。[1] 推进文化产业新业态发展，需要不断开拓文化产业发展的新形式，推进"文化+"项目建设，融入科技、旅游和文化产业发展，发展未来产业，促进低空经济和沉浸式体验文旅等未来文化产业，拓展文旅产业新领域。河北文旅部门精心打造全域全季旅游目的地，通过旅游优惠、游客招徕奖励等一系列惠民惠企政策，有效推动文旅市场繁荣发展。比如，针对冰雪旅游，张家口各类社会组织参与了旅游、文化、教育、相关设施方面的项目对接和培育发展，大大拓展了文化产业发展途径。近年来，"文化+旅游"项目也取得了显著的成效，全国各地文旅部门先后出台多项优惠政策，如大力培育发展夜间经济、旅游包车通行费用全部免除、酒店推出门票减免和打折套餐等。浙江省提出"鼓励实施一周4.5天弹性工作制"，从浙江的情况来看，4.5天弹性工作制解决了"有闲"的问题；发放文旅消费券，有利于解决"有钱"的问题；推出免费出游保险等，让大家"有心"出游。[2] "文化+教育"同样成为文化产业发展的新亮

---

[1] 《文化和旅游部部长孙业礼：把文化旅游业培育成支柱产业》，"文旅中国"澎湃号，2025年3月12日，https://www.thepaper.cn/newsDetail_forward_30372803。

[2] 《浙江出台16项举措提振消费 鼓励实施一周4.5天弹性工作制》，搜狐焦点网站，2020年3月25日，https://hz.focus.cn/zixun/dbf39170374f2c16.html。

点，一些非遗传承组织带领学生深入各地文化企业进行观摩学习，一些社会组织开设青少年文化素养课程，联动学校与博物馆推广文化研学模式。2025年3月16日，中共中央办公厅、国务院办公厅印发《提振消费专项行动方案》，其中提到扩大体育消费、释放体育消费潜力，在促进"文化+体育"方面，社会组织大有可为。通过整合行业协会资源，社会组织助力文化产业建圈强链，推进推介招商引资，参与政策及标准制定，开展投融资对接活动，推动产业链与人才链深度融合，赋能文化产业发展，链接各类智库平台，开拓市场，将大大推进文化产业和社会组织双方的融合发展，也将大大赋能文化产业，促进就业，增强经济发展的活力和韧性。

参考文献

唐代兴：《文化产业发展的社会结构基础》，《深圳大学学报》（人文社会科学版）2024年第6期。

赵宇坤：《社会组织助力数字文化产业发展》，《中国信息界》2022年第4期。

钟明远：《社会文化产业非营利组织T基金会财务工作研究》，硕士学位论文，云南大学，2020。

陈璐、秦佳：《社会组织提高常州文化产业软实力的对策分析》，《常州工学院学报》（社科版）2014年第6期。

创意策划篇

B.15
河北推动"微短剧+文旅"跨界融合发展的思路与对策研究

邹玲芳[*]

摘　要： 随着国家广播电视总局发布"跟着微短剧去旅行"创作计划，"微短剧+文旅"跨界融合加速发展。微短剧在推动文旅融合发展中具有独特优势，为文旅资源活化、产业提质升级、传播推广创新提供助力。本文首先总结了"微短剧+文旅"跨界融合发展的现实意义。其次对河北"微短剧+文旅"跨界融合发展的探索实践进行了探讨。再次分析了河北"微短剧+文旅"跨界融合发展面临的挑战，包括文旅微短剧的内容创新与文旅IP价值挖掘有待加强、"微短剧+文旅"的跨界融合机制有待完善、"微短剧+文旅"的产业链有待延伸。最后本文提出加强政策扶持，强化统筹引领；深化内容创作与创新，谋划融合传播新模式；完善跨界融合机制，探索多元主体协同发展；推动多业态联动，实现全产业链IP培育；多层次培养跨界融合人才资源等对策建议。

---

[*] 邹玲芳，河北省社会科学院经济所副研究员，主要研究方向为产业经济。

河北推动"微短剧+文旅"跨界融合发展的思路与对策研究

关键词： "微短剧+文旅" 跨界融合 文旅微短剧

习近平总书记指出："文化产业和旅游产业密不可分，要坚持以文塑旅、以旅彰文，推动文化和旅游融合发展，让人们在领略自然之美中感悟文化之美、陶冶心灵之美。"[①] 随着数字化技术的赋能，微短剧通过数字传播的新形态，促进产业升级与生态重塑，满足多元化旅游需求，成为文旅融合发展的新引擎。在新发展格局下，健全文化和旅游深度融合发展体制机制，推动文旅融合已成为产业创新和提升价值的重要途径。近年来，影视热带动文旅热，"跟着微短剧去旅行"成为文旅新风尚，"一部剧带火一座城"的热度乘势而上，优质微短剧对文旅融合的赋能效果得到广泛验证。"微短剧+文旅"跨界融合作为一种全新的产业协同发展模式，是当前推动文旅产业高质量发展的强劲助力。

一 "微短剧+文旅"跨界融合发展的现实意义

（一）网络和社交媒体平台发展壮大，加速"微短剧+文旅"融合发展

首先，互联网和社交媒体平台发展迅猛，用户规模迅速壮大。《2025全景生态流量春季报告》显示，中国移动互联网月活跃用户规模达到12.59亿，其中月活跃用户规模排名前五的典型新媒体平台分别是：抖音10.01亿、快手5.73亿、微博4.74亿、小红书2.35亿、哔哩哔哩2.20亿。[②] 抖音、快手、小红书等短视频和社交媒体平台已成为信息传播和文旅市场营销推广的重要渠道。其次，数字娱乐和文化产业联动成为加速"微短

[①] 《习近平谈治国理政》（第4卷），外文出版社，2022，第311页。
[②] 《QuestMobile 2025 全景生态流量春季报告：智能设备持续爆发，催动生态流量边界扩张!》，QuestMobile，2025年4月29日，https://www.questmobile.com.cn/research/report/1917055006613278722。

剧+文旅"跨界融合发展的重要力量。《2023—2024年中国微短剧市场研究报告》显示，中国微短剧市场规模在2023年已经达到373.9亿元，预计到2027年，中国微短剧市场规模将超过1000亿元。① 截至2024年6月，我国短视频用户规模近11亿，人均单日使用时长超2.5个小时，其中微短剧用户占网民整体的比重已超半数，达到52.4%。② 微短剧具有时长短、节奏快、内容新等传播优势，同时具有便于在社交媒体平台上分享的特点，吸引大量观众。最后，微短剧成为推广营销文旅消费场景的主要渠道。2023年，微短剧《逃出大英博物馆》上线，在抖音平台播放量超过3亿次，在哔哩哔哩网站单集播放量均在800万次左右③，带动全网热议，体现了"微短剧+文旅"融合发展的趋势。

（二）国家密集出台系列政策，支持"微短剧+文旅"跨界融合发展

一方面，国家出台政策措施，为文旅微短剧的发展明确了方向和目标。基于"微短剧+文旅"跨界融合的前景，2024年1月，国家广播电视总局（以下简称国家广电总局）发布了"跟着微短剧去旅行"创作计划，创作计划包含8个具体的创作方向：乡村振兴、考古工程和项目、非遗、文物、文化故事、产业旅游、城市文化空间以及国家级景区。④ 同时提出了2024年创作100部"跟着微短剧去旅行"主题优秀微短剧的目标。"微短剧+文旅"跨界融合不仅得到了政策上的支持，也吸引了许多影视公司和传媒企业参与到文旅部门的合作中。截至2024年12月，"跟着微短剧去旅

---

① 《艾媒咨询 | 2023—2024年中国微短剧市场研究报告》，"艾媒咨询"新浪号，2023年11月22日，https://finance.sina.com.cn/wm/2023-11-22/doc-imzvnqvq7342165.shtml。
② 《微短剧迈入2.0时代，〈中国微短剧行业发展白皮书（2024）〉发布》，"腾讯娱乐"腾讯号，2024年11月7日，https://news.qq.com/rain/a/20241107A049I900?suid=&media_id=。
③ 《从〈逃出大英博物馆〉的赞誉与争议，看变局之中的微短剧》，"镜像娱乐"澎湃号，2023年9月13日，https://www.thepaper.cn/newsDetail_forward_24584879。
④ 《国家广播电视总局办公厅关于开展"跟着微短剧去旅行"创作计划的通知》，国家广播电视总局网站，2024年1月12日，https://www.nrta.gov.cn/art/2024/1/12/art_113_66599.html。

行"创作计划已发布162部推荐剧目。另一方面，为促进文旅微短剧产业健康发展，政府强化监管措施。2024年，国家出台举措全面推动行业向精品化、规范化和可持续化迈进。2024年6月，国家广电总局出台的《关于微短剧备案最新工作提示》正式实施，标志着行业正式进入"备案管理"时代。同年12月，国家广电总局网络视听司发布《管理提示（加强微短剧片名审核）》，针对导向性、规范性和艺术性内容提出更加严格的要求，纠正不良片名现象。

（三）地方政府创新场景，助力"微短剧+文旅"跨界融合

首先，各地政府根据"跟着微短剧去旅行"推出相应的创作计划，以区域的特色文化、景区景点、生态景观为切入点，挖掘利用文旅资源，为"微短剧+文旅"的内容创作提供支撑。如北京推出的"微短剧游北京"、杭州推出的"2024·来浙行大运"等微短剧精品创作计划。随着《飞扬的青春》《你的岛屿已抵达》《别打扰我种田》等文旅微短剧的传播，文旅微短剧开始赋能诸多产业。这些作品通过"微短剧+文旅"跨界融合，将地域的特色文化元素和旅游景观融入短小精悍的剧情之中，展现出文旅微短剧作品的精品化、主流化特质。其次，各地政府通过政策与资金支持等方式，为打造"微短剧+文旅"产业链、实现文化产业融合发展增添动力。如北京市广播电视局发起的"首量微光"扶持计划，为单部作品提供最高300万元或10%领投的支持；杭州余杭区设立的网络微短剧发展基金，总额达2亿元。部分省市更提出要打造"微短剧创作之都""全国微短剧名城""微短剧基地"等。目前，微短剧制作方多集中在西安、郑州、横店；推广方多驻扎在杭州、广州、深圳；平台方多分布在经济较为发达的城市如北京、上海；同时，临平、余杭、青岛、临汾、扬州等城市逐步形成新的微短剧制作基地和产业集群地。最后，微短剧作为新兴产业，为文旅产业转型升级和业态创新持续注入新动能。文旅微短剧注入文旅基因，从城市地标、美景美食、风土人情等出发进行叙事、传播，在真实性与多业态的交织中，实现线上剧情与线下旅游目的地的双向链

接。西安目前有大约10家相对成熟的微短剧拍摄基地，引进了专业微短剧公司50余家，累计拍摄作品600余部，建成了孵化—拍摄—制作—投放全产业链平台。浙江各微短剧取景地所在景区，2024年1~9月合计接待游客8745.93万人次，同比增长9.05%①，文旅微短剧赋能产业效果明显。

二 河北"微短剧+文旅"跨界融合发展的探索实践

河北积极探索"微短剧+文旅"的跨界融合与资源共通，延伸微短剧产业链，推动文旅微短剧的取景地升级为具有辨识度的文旅网红"打卡地"，达到优质微短剧和文旅的双"破圈"效应。

（一）加强政策支持与项目引导，推动"微短剧+文旅"发展新模式

一方面，加强政策支持与项目引导。河北持续对"微短剧+文旅"跨界融合提供政策支持，积极对文旅微短剧项目的创作、创新进行引导，初步形成河北省文旅厅、市县文旅局、文旅企业、影视公司及相关机构等跨界联动的局面，探索并实践"微短剧+文旅"跨界融合，加速激发文旅消费市场活力，形成当地微短剧新业态。另一方面，推进"微短剧+文旅"发展新模式。河北省广播电视局通过题材规划、项目扶持、评奖推优等多种策略引领主题微短剧创作实践并依托政策优惠与资金援助的双重动力，构建了重点网络剧（片）项目库，引领高品质文旅微短剧的创作。2023年，河北文旅部门集中开展短视频宣传活动，累计播放量达4.6亿次。同时征得河北文旅主题歌曲289首，在多平台展播。② 2024年，河北省广播电视局拟定《河北省

---

① 《以短视频为支点，撬动新经济增长极》，浙江省社会科学界联合会网站，2024年11月26日，https://www.zjskw.gov.cn/art/2024/11/26/art_1229536517_61687.html。
② 《河北文旅自媒体宣传奖励活动"出圈"又"出彩"，新的一年再启新程》，河北省文化和旅游厅网站，2025年2月10日，https://whly.hebei.gov.cn/c/2025-02-10/579729.html。

"跟着微短剧去旅行"重点创作选题和创作单位推荐名录》，入选作品立项纳入网络视听节目绿色通道，重点辅导推广。2024年8月，2023～2024年度河北省优秀网络视听剧本征集活动成果发布，共有19部剧本获奖。其中，《荣誉家长》《为了真理与正义》《皮影戏》等9部作品获得精品剧本奖。①

（二）注重内容创新与品质提升，促进涌现文旅新业态

首先，注重内容创新。河北省广电局与河北省文旅厅合作，积极探索传统媒体与文旅产业、短视频运营等产业跨界深度融合，推动微短剧题材内容创新。河北推出了《回到崇礼》《你好，苏东坡》《等你三千年》《戏台》《幸福北庄四部曲》《邯郸梦之AI在战国》《磁山长歌·梦回远古》等网络微短剧。其中，"跟着微短剧去旅行"第三批推荐剧目包括《你好，苏东坡》《回到崇礼》。其次，注重品质提升。随着创作计划有序推进，河北文旅微短剧的专业化、精品化水准得到了大幅度提升，推进微短剧质量优化升级。文旅微短剧《等你三千年》是其中的优秀代表作品。2025年1月，在首届"繁星闪耀"微短剧年度盛典中，微短剧《等你三千年》和庄与蝴蝶文化公司斩获"年度微短剧赋能案例""年度微短剧创作机构"双项殊荣。《等你三千年》依托优质的创意和拍摄质感，强化了邯郸极具辨识度的文化IP，该微短剧播出后抖音点赞量超过18万次，单集评论量达2.7万条，显著提升了观众对邯郸这座千年古城的关注度。最后，促进涌现文旅新业态。河北的文旅微短剧通过各自不同的切入点，将微短剧与地方文化、旅游相结合，从不同角度展现了河北的风土人情，从而营造出一种全新的观影与旅行体验。2024年12月，"跟着微短剧去旅行"创作计划发布第五批推荐剧目，河北的《我在正定》《田园织梦》《驴火了》3部作品位列其中，实现了"微短剧+文旅"的跨界融合，也为未来的微短剧创作开拓了新的视野与方向。

---

① 《2023—2024年度河北省优秀网络视听剧本征集成果发布》，人民网，2024年8月31日，http://he.people.com.cn/n2/2024/0831/c192235-40962010.html。

（三）创新跨平台合作与多渠道传播，发展文旅传播新方式

文旅微短剧通过平台合作与多渠道传播，已经成为新兴、高效的文旅传播方式。一是，河北省广播电视局持续推动微短剧创作与网络视频播出平台深度合作，加快文旅微短剧传播。《等你三千年》《邯郸梦之AI在战国》等主要依托河北、邯郸等文旅官方账号在抖音、微信视频号等主流社媒平台上发布，两批播出剧目基本触达了拥有不同观看习惯、扎根不同平台的视听受众，展现出较强的地域属性和灵活的传播手段。二是，多层次平台合作与多渠道的传播策略，将为文旅微短剧带来更高的曝光度和关注度。河北通过主流媒体宣传报道、视频平台推广支持、线上线下联动、大小屏互动等多种传播形式，有效地扩大了地方文旅IP的传播范围和影响力。2025年1月，河北的《河北48小时》《警务室的故事》入选"微短剧陪你过大年"2025年微短剧春节档推荐片单。本次的推荐片单包括电视大屏端和网络平台端两个系列，其中电视大屏端系列被首次添加，是微短剧走向多渠道传播的重要举措。

三 河北"微短剧+文旅"跨界融合发展面临的挑战

近年来，河北广电部门与文旅部门积极推动"微短剧+文旅"的跨界融合，赋能产业发展，为开发文旅资源、传播文旅品牌提供助力，并取得了一定成效。河北已打造了一系列具有鲜明河北特色的"微短剧+文旅"作品，如《等你三千年》《回到崇礼》《田园织梦》，成为广大观众和游客喜爱的作品。然而，河北的"微短剧+文旅"正处于融合发展初期阶段，仍面临一些发展瓶颈和挑战，如文旅微短剧的内容创新与文旅IP价值挖掘有待加强、"微短剧+文旅"的跨界融合机制有待完善、"微短剧+文旅"的产业链有待延伸。

（一）文旅微短剧的内容创新与文旅IP价值挖掘有待加强

一些文旅微短剧在文旅资源挖掘、内容创作与创新、渠道传播等方面存

在不足，导致其知名度和影响力不足以"出圈"。首先，文旅资料挖掘不足。一些文旅微短剧缺乏对文旅资源，如独特的历史文化、风土人情和地域特色的深入挖掘，文旅打卡地和剧情的融合略显生硬。其次，内容生产与创意不足。部分文旅微短剧在主题选择上过度追随热点，使用相似的元素和套路，缺乏思想深度和艺术高度，文旅景区的辨识度难以提升，出现同质化倾向。同质化倾向和辨识度的趋同，导致观众的关注度下降，难以实现从观众到游客、从线上热度到线下文旅消费的融合转变。目前，在各地文旅推出的微短剧中，内容生产与创新不足，容易导致微短剧成为传统旅游宣传片，或者文旅沦为微短剧背景板。近年来，全国各地文旅部门争相推出宣传短视频，其中文旅局（厅）长的宣传短视频以民族服装、古装侠客的风格为主，是文旅微短剧同质化的具象体现。最后，传播渠道不畅通。部分文旅微短剧的跨界融合不足，难以突破地域限制，导致无法触达更加广泛的受众。

（二）"微短剧+文旅"的跨界融合机制有待完善

"微短剧+文旅"的内容生产和传播的重要途径是跨界融合。目前，河北的"微短剧+文旅"正处于探索实践阶段，在跨界融合方面还存在不足，如跨界合作机制不健全、跨界融合效果不显著、跨界融合缺乏各方资源有效整合，跨界融合机制有待完善。首先，跨界合作机制不健全。主要体现在"微短剧+文旅"的跨界合作需要整合文旅行业相关的资源，涉及地方政府、文旅管理部门、传统媒体、文化机构等多个部门和领域，需要对跨界合作机制提出更高的要求。政府与传媒平台、影视企业之间的沟通协调不通畅，导致跨界合作的统筹规划不完备。传媒平台、影视企业、文旅管理部门之间的沟通协调不足，导致跨界融合的互补性缺乏。河北的跨界合作机制不健全，文旅资源与外部资源整合时面临多方沟通、合作困难的问题。其次，跨界融合效果不显著。目前，"微短剧+文旅"跨界融合的效果并不显著，需要继续优化改进。如跨界合作内容缺乏创新，精品力作少，对受众的吸引力不足等。多种传播平台的跨界合作不足，与突破地域限制的有效传播还有差距，难以实现文旅微短剧"出圈"的预期目标。河北"微短剧+文旅"跨界融合的成功案例较少，示范效应还不够凸显。最后，跨界融合缺乏各方资源有效整合。"微短剧+文旅"跨界融合涉及与文旅产业相关资源的有效整合。文旅微短剧要与微短剧的创作者、地方政府、文化机构、景区的管理部门以及多层次的传播平台等多个领域资源进行有效整合，需要建立紧密的合作机制，以实现协调沟通、互利共赢，促进文旅资源的跨界深度融合。

（三）"微短剧+文旅"的产业链有待延伸

首先，"微短剧+文旅"的产业链有待延伸。"微短剧+文旅"跨界融合，有助于提升微短剧赋能文旅发展的能力，带动地方文旅消费，促进文旅微短剧的产业链延伸。其次，文旅微短剧缺乏及时有效的宣发、推广机制。文旅微短剧传播渠道相对单一，受众有限，难以爆火"出圈"。最后，市场化运作模式尚不成熟。现阶段，大多数文旅微短剧创作及相关文旅项目都是由地方政府部门主导完成，文旅微短剧的发展主要依赖政府的政策支持和资金补贴，民间资本参与较少。文旅微短剧的公益性质较强，更多是推广地区旅游目的地，市场化运作模式尚不成熟，制约其可持续发展。

四 河北推动"微短剧+文旅"跨界融合发展的对策建议

近年来，河北实施"跟着微短剧去旅行"创作计划，"微短剧+文旅"跨界融合已进入多层次联手、相互合作的深入发展阶段。为提升河北"微短剧+文旅"的内容质量，扩大文旅微短剧的产业规模，形成发展"微短剧+文旅"精品化、长效化的新格局，应从加强政策扶持、深化内容创作与创新、完善跨界融合机制、推动多业态联动、多层次培养跨界融合人才资源等方面，形成具有激励机制扶持、高质量内容创作、多平台推广传播的全方位发展策略。

（一）加强政策扶持，强化统筹引领

首先，政府要发挥领军作用，逐步加强政策扶持。为促进"微短剧+文旅"在多领域实现跨界融合与创新突破，应从省级政策层面对文旅微短剧的全产业链加强政策引导和支持，以提供资金激励、专业人才培育、文旅资源及基建保障等方式实现，同时鼓励微短剧制作的上下游机构和企业落户，实现文旅微短剧产业链延伸，并借助"微短剧+文旅"赋能，激发文旅、电商、传媒平台等产业的融合活力。其次，因地制宜推进"微短剧+文旅"创作计划。河北应深入挖掘省内特色文旅资源，围绕自然景观、历史人文、非遗特色产品、文物精品等汲取灵感，提炼燕赵文化符号，因地制宜创作推出一批河北文旅主题的微短剧，通过开展主题宣传采风、系列文旅套餐、冰雪游、乡村游等活动推进文旅产业与多领域深度融合，提升文旅 IP 跨界运营能力，实现河北文旅微短剧落地转化。最后，政府部门需强化统筹引领，建立跨部门、跨区域、跨领域合作机制，通过搭建线上、线下的传媒、电商等融合平台，为文旅产业与微短剧的深度融合提供政策保障和支持。学习借鉴北京、上海、杭州等地微短剧发展的先进经验，探索设立河北文旅微短剧的创作引导资金或相关产业基金。同时，把文旅微短剧创作生产、媒体传播纳入互联网内容生产传播监管体系，实现文旅微短剧的精品化、规范化发展。

（二）深化内容创作与创新，谋划融合传播新模式

一是，深化文旅微短剧内容创作的融合创新，加速文旅目的地"出圈"。作为"微短剧+文旅"跨界融合的新业态，应抓住文旅微短剧内容创作的融合创新这个着力点，以文旅资源的创新内容和新兴传播平台来贯通文旅消费场景，打造更具特色的文旅 IP 品牌。可以通过微短剧深入挖掘河北丰富的文旅资源，创新讲述河北的历史故事、自然景观、非遗文化、风土人情，植入推广河北的文旅 IP，激发微短剧在文旅宣传方面的驱动力，吸引受众的关注并激发其到实地探访的欲望，实现微短剧与文旅资源、线上与线下相交融，进一步推动微短剧 IP 和文旅品牌的深度融合与创新发展。河北出品的文旅微短

剧《等你三千年》将邯郸这座城市的历史与爱情故事跨界融合，同时将"负荆请罪"成语典故融入剧情，是文旅微短剧内容创作融合创新的优秀范例。二是，拓展内容传播的多元化平台，建立多元化的媒体传播平台和渠道的融合传播模式。实现文旅微短剧全方位、多层次的传播，是提升微短剧影响力的重要途径。文旅微短剧在抖音、快手、小红书等热门视频平台或社交媒体平台上线推广后，可将线上流量转化为线下旅游流量。微短剧要实现文旅产品更有效的传播，从而吸引更多受众的关注和分享，并提高传播力和渗透力，应通过建立官方网站、开通社交媒体账号，并在线发布和推广文旅优秀作品的方式，精准定位目标受众、优化内容呈现方式、加强互动营销。

（三）完善跨界融合机制，探索多元主体协同发展

一是，完善跨界融合机制。"微短剧+文旅"的模式要顺利推进，应强化地方政府、创作团队、传播平台、文旅景区等多方合作，共同探索多边合作机制，促进产业融合。文旅微短剧并不都是纯市场化产物，如文旅微短剧《你的岛屿已抵达》这类能实现经济和社会效益双丰收的作品比较少，大部分需要政府部门的支持和引导。文旅微短剧制作方与政府签订合作协议，可以获得政府支持和政策优惠，为微短剧的创作和推广提供更多创作素材与资源保障。二是，探索多元主体协同发展。目前，"微短剧+文旅"的跨界融合涉及地方政府、文旅行业、影视公司、媒体视频平台、当地居民和游客等多元主体。只有建立有效的多元主体协同机制，联动行业上下游，才能真正实现相关文旅项目的融合开发以及文旅微短剧的有效传播，为实现资源共享、互利共赢的跨界融合发展提供助力。2024年7月，由河北省文化和旅游厅、邯郸市文化和旅游局、武安市文化和旅游局以及武安市磁山文化博物馆联合出品的文旅微短剧《磁山长歌·梦回远古》上线，该剧是多元主体协同发展的具体呈现。

（四）推动多业态联动，实现全产业链IP培育

首先，推动"微短剧+文旅"多业态联动。文旅产业应推动文化微短剧

IP 的多元化运营，形成"微短剧+文旅"多业态联动。立足本地文旅资源优势，统筹多元文化空间，开发精品影视旅游项目，满足受众多维度的线下文旅体验。结合微短剧剧情，联动影视取景的商圈、特色酒店、特色景区等区域转化为文旅街区、旅拍"打卡地"，延长文旅产业链。其次，开发文旅微短剧周边产品，增加文旅消费多业态。挖掘利用本地特色文化 IP，联名文化微短剧，开发如角色手办、主题纪念品、服饰道具等周边衍生产品，既能为游客带来剧集沉浸式体验，促使旅拍业务兴起，又能带动地方小商品生产与零售业发展，实现文旅的多种业态的联动发展，推动区域内影视制作、文创产品、特色民宿、特色餐饮等配套服务产业链延伸。再次，加强"微短剧+文旅"跨界合作，拓展文旅产业链。除影视制作公司和旅游企业联动合作外，微短剧与文旅产业的跨界合作也日益紧密，如微短剧与电商平台联合推出与剧情相关的周边产品。这些跨界合作拓展了上下游产业链，实现了文旅微短剧产业链的延展。最后，着力打造多样化的商业模式。借助微短剧内容的广泛影响力，探索内容植入、联合推广等多样化的商业模式，拓宽收入渠道，提升文化微短剧产业的盈利能力，逐步完善集创作、平台、政策、资本于一体的微短剧产业体系。

（五）多层次培养跨界融合人才资源

"微短剧+文旅"跨界融合发展依托于文旅资源的内容挖掘与数字技术应用，新媒体的传播、创作人才的培养也是推动微短剧行业高质量发展的关键。一是多层次培养河北"微短剧+文旅"跨界融合人才，推进文旅产业快速发展。通过校企合作、产教融合等模式，依托高等院校加强编剧、导演、演员、后期制作等专业人才培养；通过举办创作技能培训班，培育本土微短剧创作人才，全面提升微短剧制作的专业水平。二是建立高端微短剧人才引进、奖励扶持和培训输出机制。引进和培育制片、编剧、导演、剪辑等优秀微短剧人才，将符合条件的人才纳入相关政策支持范围，吸引微短剧行业的高层次人才投身河北"微短剧+文旅"的创作与实践。三是举办微短剧征集评选大赛活动，开辟文旅微短剧创作与人才培养的新赛道。政府通过举办文

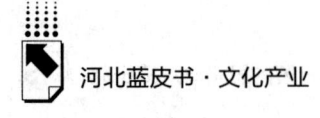

旅微短剧优秀作品评选大赛活动，为有才华的创作者提供内容创作和职业发展平台。

参考文献

刘阳：《网络微短剧　跑进长赛道》，《人民日报》2024年7月8日，第11版。

何天平、李杭：《文旅融合背景下微短剧业态的效益转化与产业赋能》，《文化艺术研究》2024年第4期。

胡智锋、李斐然：《网络微短剧的发展现状及思考》，《传媒》2024年第16期。

汪文斌：《"微短剧+文旅"创作计划效果探析——基于"繁星指数"的观察发现》，《传媒》2024年第16期。

张诚平、夏雨晴：《短视频助力文旅融合发展的创新路径》，《传媒》2024年第24期。

杨健、蔡海晴：《"微短剧+文旅"模式的创新策略研究》，《中国电视》2024年第10期。

卞芸璐：《从"看清"到"放大"：由网络微短剧论"小屏"的媒介偏向》，《中国电视》2024年第2期。

张国涛、胡冰：《微短剧推动文旅融合发展策略与路径》，《新闻战线》2024年第9期。

曹燕：《文旅微短剧如何打通"人、货、场"》，《中国旅游报》2024年4月9日，第5版。

莫惘：《"微短剧+文旅"的破圈传播与融合创新研究》，《新闻潮》2024年第9期。

B.16
国家全域旅游示范区创建的"迁西样本"

宋东升*

摘　要： 本文从迁西县的旅游资源基础与全域旅游发展现状出发，提出了迁西县全域旅游示范区创建的主要路径，包括全域开发：打造主题多元、互联互动的大旅游场；改造升级：景区层级和服务设施"双提升"；融合发展："旅游+""+旅游"全业态融合；全民共建：高位推动、齐抓共管与协同联动；合作开发：内部资源与外部资本相结合。在此基础上提出了迁西县经验对河北省全域旅游发展的启示，包括全域旅游的特色化定位、全域旅游的品质化打造、全域旅游的全业态融合、全域旅游的创意化开发、全域旅游的外部化借力、全域旅游的全民化共建。

关键词： 全域旅游　全域旅游示范区　迁西县

　　全域旅游是对特定行政区域内旅游业发展的全面规划、旅游资源的全域开发和旅游景区的全景打造，即通过区域资源有机整合，旅游业与其他行业的全业融合，旅游环境、设施与服务的优化提升，体制机制、政策法规和发展路径的全面创新，社会参与的全民共建共享等，实现旅游业外延的全域拓展和内涵的迭代升级，是在新发展阶段以旅游业带动区域经济社会全面发展的旅游业新发展方式。

　　全域旅游是我国旅游业发展的新阶段和新模式，是为顺应我国旅游业新发展阶段在需求侧出现的休闲化、个性化需求的新趋势而进行的旅游业供给

---

* 宋东升，河北省社会科学院经济研究所研究员，主要研究方向为开放型经济和文化产业。

侧结构性改革，也是我国旅游业发展的提质升级和战略性转变，对区域旅游业以及经济社会的高质量发展具有重要意义。从推动全域旅游发展的关键路径来看，"国家全域旅游示范区"创建不仅是国家层面以政策集成激励各地发展全域旅游的主要方式，更是各地通过发展全域旅游带动旅游业和经济社会发展跃升的第一抓手。

2020年12月，河北迁西县经文化和旅游部评审认定为第二批"国家全域旅游示范区"。本文对迁西县"国家全域旅游示范区"创建路径和经验的个案研究，旨在为河北省全域旅游发展提供一些有益的共性化启示。

一 迁西县的旅游资源基础与全域旅游发展现状

迁西县拥有华北地区稀缺的自然生态资源、独具特色的农耕文化资源和源远流长的历史文化资源。在自然生态资源方面，迁西县拥有63.5%的森林覆盖率，众多的水库、河流资源形成了独特的北国水乡风貌，素有"燕山绿色明珠、京津冀后花园"之美誉，成为发展旅游业的特色自然生态资源类别。在农耕文化资源方面，迁西县是著名的"中国板栗之乡"，板栗不仅是迁西的地域特色和区域标识，也是发展旅游业的特色产业资源类别。在历史文化资源方面，迁西县不仅有滦河文化、古岩文化、新石器文化等古文化资源，还有现存绵延106公里的长城、长城古堡青山关、潘家口水下长城和保存最完好的榆木岭长城，留有曹操东征乌桓、戚继光镇守蓟镇边关以及抗战时期《大刀进行曲》诞生地——喜峰口的历史文化印迹，多样化的区域历史文化资源底蕴深厚、交相辉映，成为发展旅游业的特色历史文化资源类别。自然生态资源、农耕文化资源和历史文化资源共同构成了迁西县发展旅游业多样化的资源禀赋基础和全域旅游的多主题依托。

依托得天独厚、丰富多样的自然生态资源、农耕文化资源和历史文化资源，迁西县打造了类型多样、多姿多彩的旅游景区群，包括独具特色的长城文化休闲景区青山关，北方佛教名山凤凰山，宗教文化、皇家文化、秀美旖旎的自然景观交相辉映的"天下名山"景忠山等主题多样、特色鲜明的旅游景区。自开展"国家全域旅游示范区"创建工作以来，迁西县依托丰富多样、独具特色的旅游资源禀赋，组建推动示范区创建的专门机构，动员全民参与，夯实创建基础，优化旅游环境，完善旅游设施，创新发展路径，丰富和提升全域旅游业态、产品。迁西县通过高质量打造形成品牌化发展，在体制机制、产品供给、主题打造、服务设施、要素保障、环境提升、品牌营销、监管治理等方面全方位推进"国家全域旅游示范区"创建。此外，迁西县突出"生态型"国家全域旅游示范区的主题定位，打造"诗意山水·画境栗乡"的全域旅游品牌和"中国山水盆景、世界板栗园林"的山水旅游胜地，走出了一条独具山区特色的"生态型"全域旅游示范区创建之路，并相继荣获2020年、2021年和2024年"中国县域旅游发展潜力百强县市"等国家级荣誉称号。

二　迁西县全域旅游示范区创建的主要路径

（一）全域开发：打造主题多元、互联互动的大旅游场

迁西县依托"灵山、秀水、长城、栗香"四大特色旅游资源禀赋，将迁西县县域作为一个大景区进行全域开发、全景打造，形成了"北部长城文化体验带、中部水韵休闲度假带、南部乡野田园旅居带"三大旅游产业带，以及与之互为支撑的"长城人家""栗林花海""秀水田园""绿野飘香""禅意山居""花乡果巷"六大特色旅游产业集聚区，推出了生态休闲、漫游露营、长城寻梦、滨水度假、运动康养、文化体验、乡居度假等多元化的特色主题旅游产品，全域开发景区景点，打造处处是景、点点可游的全域化、全景化的县域大旅游场。

互联互通、全域连接是全域旅游发展的基础设施支撑，也是形成全域旅游大旅游场的内在要素和前提条件。全域旅游在景区景点"点"状开发的基础上，也需要专门的旅游通道将不同景区景点串点成线、连线成面，以实现全域旅游的可通达性和景区景点的互联互通。同时，旅游通道本身不仅是

全域旅游发展的交通基础设施,也是交旅融合的特殊旅游景观和全域旅游的新型业态,是"旅游公路"与"公路旅游"路景合一的融合体。迁西县在开发景区景点的同时也投资建设和优化完善全域旅游基础设施,改造提升了栗香湖风景大道、凤凰山旅游连接线、碾唐线景观道、迁曹线风景道、三抚路景观道等旅游通道,在以高速路、国省干线、外环路为骨架的交通主网络的基础上打造了北部长城旅游风景道、中部环栗香湖旅游绿道、南部超级果道三大全域旅游廊道,形成了四通八达、快速便捷的全域旅游交通网络,并将旅游通道与沿途景观有机结合,构建了旅游景区景点、旅游廊道和旅游主题区三位一体、互联互通的全域旅游发展格局。

(二)改造升级:景区层级和服务设施"双提升"

既有旅游景区资源是入选"国家全域旅游示范区"创建单位最重要的前提条件,其改造升级也是创建"国家全域旅游示范区"的常规举措和关键路径。迁西县在"国家全域旅游示范区"创建中全面实施既有旅游景区的提质升级,提升了景忠山等既有A级旅游景区的层级,建成国家4A级旅游景区4家、国家3A级旅游景区3家、国家级水利风景名胜区1家、国家级红色旅游经典景区1家[1],显著提升了景忠山、青山关等重点旅游景区的旅游功能和层级,并以长城国家文化公园建设为契机启动了青山关国家5A级旅游景区创建工作,着力打造对区域全域旅游具有核心支撑效应的吸引物,通过核心景区的提档升级辐射带动全域旅游景区整体的数量扩张与质量提升。

在景区层级提升的同时,迁西县还着力提升旅游服务设施层级,以精品民宿、乡村酒店建设等为抓手推动旅游服务设施层级的整体提升,全面实施精品民宿建设工程,在提升旅游服务设施中大力推进精品民宿的先行发展,着力解决全域旅游发展中普遍存在的住宿设施与旅游高质量发展不匹配等基

---

[1] 《迁西县荣获"国家全域旅游示范区"称号》,"美丽栗乡"澎湃号,2020年12月18日,https://m.thepaper.cn/baijiahao_10444820。

础性问题，目前已培育了"长城人家""秀水田园""绿野飘香""栗林花海""记忆乡愁"五大精品民宿品牌，打造了"归巢部落""夕阳里·凡舍""云天漫步"等几十家精品民宿，其中"归巢部落"入选全国5家"最美森林民宿"，"云天漫步"等民宿被评为"河北省百佳特色精品民宿培育单位"。

在着力建设精品民宿的同时，迁西县还利用前沿科技赋能全域旅游，构建了集管理、服务和营销于一体的全域智慧旅游系统，基本实现了对整个县域的全面覆盖，构建了一张实时纵览全域旅游景况的智慧旅游天网，既通过实时解决游客遇到的问题提升了全域旅游服务能力以及游客的体验感，又通过对全域众多山川河流等复杂地势和情势的实时监控提升了全域旅游的安全水平。

（三）融合发展："旅游+""+旅游"全业态融合

迁西县全面推动"旅游+""+旅游"产业相互赋能，最大限度地发挥全域旅游对当地产业发展的全面带动效应，大力发展旅游业与当地生态、乡村/农业、文化等各业态的协同联动与融合发展。

1."旅游+生态"

迁西县将全域旅游与当地生态建设有机结合，全面开展全域生态治理，建设高质量的生态功能涵养区和田园康养旅游区，不仅把生态建设作为全域旅游发展的基础性支撑，更是将生态建设成果直接转化为促进全域旅游发展的产业优势。

在推动全域旅游与当地生态建设融合发展的过程中，迁西县大力实施治山、治水、治气、治城等生态涵养工程，取缔造成资源破坏、环境污染的盲目开采等生产经营活动，在全域范围内打好绿化、净化、美化环境建设攻坚战。

在全域治水方面，迁西县全域净化疏浚域内河流、库区，实施各类水库的"清网行动"，整治修复被污染、不达标的河道，净化提升大小河流与水库的水质，"清网行动"不仅极大地改善了河流与水库的水质生态，还将大小水库建成了全域旅游的新景区、做成了全域旅游的新拼图。

在矿山治理方面，作为矿业大县的迁西县因地制宜地进行县域内矿业生态建设，将矿业开采区域建成林木、花草的绿化区域，着力整治作为滦河支流的长河河道，全部拆除沿岸众多的采沙场、选矿场等，将原本不在旅游范围内的生产经营性矿区转变成全域旅游的新景区和新业态。

在城乡卫生方面，迁西县持续开展环境卫生综合整治与管控，推进县域环境全域综合整治，大力实施清水润城等净化美化工程，全面开展以"洁净美"村庄清洁行动为重要抓手的农村人居环境治理，荣获"全国村庄清洁行动先进县"等美誉。

2. "旅游+乡村/农业"

迁西县推动全域旅游与当地乡村/农业融合发展，打造了云天漫步、雨花谷、庚水田园乡村振兴示范区等精品农旅体验项目，全域布局各具特色的休闲农业园、农家乐、精品民宿、特色餐饮等乡村休闲旅游项目，全面推进乡村旅游的规范化、品牌化和多样化建设，并推动符合条件的特色村庄争创河北省乡村旅游样板村，通过规范化、品牌化建设和样板村创建提升乡村旅游的美誉度。

在全域旅游与当地特色农业融合发展的过程中，迁西县充分挖掘和利用特色板栗文化资源，全面推动板栗文化休闲农园、板栗文化采摘篱园和板栗文化主题精品民宿的建设，开发了栗香植物园、栗香湖风景区以及体现板栗文化主题的长城人家等乡村休闲旅游精品项目，打造了以特色板栗文化资源为主题的特色农业旅游项目。同时，迁西县还以特色板栗文化资源的利用和开发为引领，全面深入挖掘当地各种特色农林资源优势，进一步开发了以板栗、栗蘑、安梨等深加工为基础的系列地域特色农旅产品、特色餐饮等。在特色农旅产品方面，迁西县开发了极具迁西特色的"旅游后备箱"农旅产品，延伸了全域旅游发展的业态范围。在特色餐饮方面，迁西县开发了板栗、河鲜、山菌等农产品主题特色餐饮，还依托当地的特色美食文化优势创意开发了板栗宴、香椿宴、豆腐宴、野菜宴、牡丹宴、滦河鱼宴等系列地域特色农家菜系列，进一步丰富了全域旅游的产品线。

3. "旅游+文化"

迁西县大力推动全域旅游与当地文化的融合发展，注重在既有旅游项目中植入、充实传统民俗文化体验内容，并顺应旅游业发展的新需求积极拓展文旅消费的新场景，进一步延伸开发了文创产品、体育旅游、工业旅游等新型文旅业态，实现了以文融旅、以文塑旅和以文促旅。通过融入文化内容丰富旅游新体验，通过文化创意开发打造旅游新品质，通过文化新场景塑造旅游新形象。

在植入、充实传统民俗文化体验内容方面，迁西县充分挖掘和创意利用既有景区的民俗文化元素，通过举办凤凰山民俗文化节、景忠山纳福文化节和传统文化庙会等系列大型文旅传统节庆活动进一步增强了景区的人气和吸引力。作为集凤凰、祈福、唐王、还乡河等多彩文化于一体的传统品牌景区，凤凰山景区深入挖掘整理凤凰山历史文化、民俗文化等传统文化资源，并将其与山、水、林、泉、洞等自然生态资源合为一体、相得益彰，并在其中着力突出"祈福纳祥、身心康养"的"吉祥文化"核心主题，确立了"灵山福地 凤舞吉祥"的品牌形象定位，通过精准定位打造综合性、多元化的特色文旅示范景区。

在开发文创、体育、工业等新型文旅业态方面，迁西县依托自身的文化、山水和工业资源延伸开发特色文创、体育赛事和工业旅游等系列项目。在特色文创产品开发上，迁西县依托特色文化资源推动文化与旅游商品开发的有机结合，设计开发丰富多彩的地域特色文创产品，开发了景忠山板栗酒、五海庄园猕猴桃等系列特色文创旅游商品，并在文创产品开发中将栗花手工艺品制作、栗乡耳枕制作技艺等当地非物质文化遗产进行了现代传承、产业转化与价值增值。在体育赛事开发上，迁西县依托山水资源优势大力推动旅游与体育的融合，相继举办了"武林风"环球拳王争霸赛、中国公路自行车联赛、河北迁西体育旅游季、河北省首届全民健身大会等颇具影响力的大型体育赛事活动，打造了龙井关长城漂流等户外体育旅游新品牌。在工业旅游开发上，迁西县还依托自身的工业资源禀赋打造了景田饮用水基地、金厂峪国家矿山公园、景忠山酒业等特色工业旅游项目，在特色板栗农业旅游之外附加了新的旅游业态。

（四）全民共建：高位推动、齐抓共管与协同联动

在"国家全域旅游示范区"创建中，迁西县成立党政"一把手"挂帅的高规格全域旅游创建工作领导小组，设立全域旅游发展综合管理机构，整合全域旅游资源，统筹推进全域旅游工作，形成了高位推动、全县"一盘棋"以及旅游、发改、文化、农业、交通运输、城管等相关部门齐抓共管与协同联动的全民共建推动机制，将旅游业相关工作从单一的部门性工作提升为统领县域经济社会发展的综合性、全局性工作，全面整合全域旅游发展各相关部门的工作职能和部门资源，形成了与全域旅游这一旅游业发展新模式相契合的全域旅游一体化推进机制。

在确立全域旅游一体化推进机制的基础上，迁西县还确立了规划先行、总规统领、多规合一的全域旅游规划体系，以科学规划指导引领"国家全域旅游示范区"创建的谋篇布局，促进迁西县旅游资源的全域整合与开发。同时，与在全域范围内开发景区景点相呼应，迁西县还在全域旅游营销层面建立了协同联动机制，在资源整合与开发的基础上实施推动全域旅游发展的整合营销策略，整体塑造迁西县全域旅游目的地的品牌营销形象。

（五）合作开发：内部资源与外部资本相结合

为在"国家全域旅游示范区"创建中形成坚实的资本支撑，迁西县从县域外大力引进有实力的大公司、大资本、战略投资者合作，与其共同开发当地全域旅游品牌项目，将自身的特色旅游资源优势与外部资本优势有机结合，先后与河北旅游投资集团股份有限公司等多家实力企业签订了迁西全域旅游项目开发、中国（迁西）国家长城公园开发等项目合作协议，并与合作公司签约开发了大凤凰山景区、栗香湖体育康养小镇等项目。

在吸引外部资本合作开发旅游项目的过程中，迁西县还创新设立全域旅游项目开发投入机制，大力推动旅游业融资机制和投资机制创新，以投融资机制创新吸引外部资本等旅游业发展的稀缺要素资源参与当地全域旅游开发。为此，迁西县创新构建了具有突破性和引领性的"全域旅游基础设施

PPP融资建设"模式,以此实现了当地政府与外部金融机构、开发企业等的高效对接与合作。

三 迁西县经验对河北省全域旅游发展的启示

(一)全域旅游的特色化定位

区域旅游开发往往不是单一类别旅游资源的单元开发,而是多类别旅游资源的多元开发。多元开发虽塑造了多样化的区域旅游主题,但要真正形成旅游吸引力还应靠特色鲜明的区域旅游主题,即在多样化的旅游主题中选择最有优势或吸引力的旅游资源或项目类别,并以此在整体旅游营销中突出区域旅游的特色主题定位,将区域旅游主题的特色化定位作为区域旅游业发展的核心竞争力和市场利器,以区域特色旅游资源和特色化定位支撑和带动区域旅游的整体发展。在全域旅游的视域下,旅游资源的全域、全类别开发更容易稀释对区域旅游特色的关注度和竞争优势聚焦,从而陷入多点开花、面面俱到、缺乏聚焦、丧失特色的区域旅游发展窘境。为避免以面代点、以整体淹没局部、以平庸掩盖特色,更需要以全域旅游的特色化定位彰显全域旅游的发展个性和独特竞争优势。

生态建设不仅是全域旅游发展的必备要素和基础性条件,也可以成为全域旅游发展的特色主题和优势业态。迁西县是"七山二水"的纯山区县,在县域地貌分布中山水生态资源占绝对优势,具有依托山水生态资源禀赋发展山水旅游的良好条件。与其拥有的历史文化等资源相比,众多秀美山川景区景点是迁西县发展全域旅游的最大特色和突出优势。因此,迁西县虽拥有山川生态、长城遗迹、农耕文化、远古文化、红色文化等丰富多样的旅游资源,既是山水迁西又是文化迁西,但基于旅游资源稀缺性、旅游资源价值、旅游客源市场需求偏好等综合考量,在华北地区独具优势的山水生态资源才是迁西县最具价值和市场吸引力的特色旅游资源,因而迁西县确立了"诗意山水·画境栗乡"的全域旅游品牌,突出打造具有区域特色和比较优势的"生态型"国家全域旅游示范区。

从一个更长的时间维度和更广的视角来看，迁西县不仅一直将生态建设作为当地旅游业发展的根基，还将其作为当地经济社会发展的核心支撑，其生态建设的经验做法还被国务院作为典型经验在全国范围内推广。迁西县对生态建设的长期聚焦和强大定力不仅为当地经济社会发展确立了精准的战略导向并取得了应有的发展成果，也为当地全域旅游发展确立了科学的特色化定位。

（二）全域旅游的品质化打造

全域旅游不仅是景区景点体量的外延扩张，更是景区景点的内涵升级和质量提升。在"国家全域旅游示范区"创建中，迁西县全面实施对旅游景区景点和作为支撑的旅游服务设施的提质升级，以景区景点和服务设施的提质升级为着力点提升全域旅游发展的内涵与品质，以品质化打造促进全域旅游的品牌化发展。

县域地理空间的主体是乡村区域，乡村区域也是县域全域旅游发展的主体空间区域，县域乡村旅游的发展品质在很大程度上决定着县域全域旅游的发展品质，而打造有品质的乡村旅游是塑造全域旅游发展品质的重中之重。迁西县在推动全域旅游与乡村/农业融合的过程中，十分注重农旅业态发展和产品的品质化打造，全域推进乡村旅游特色村（户）、休闲农园、农家乐的品质化、品牌化建设，打造了各具特色、各具品位的精品农旅体验项目和乡村休闲旅游主题品牌，并推动乡村旅游特色村、特色小镇等通过品质升级创建乡村旅游样板村、品牌田园综合体等省级和国家级示范项目。同时，迁西县还通过聚焦精品民宿建设提升乡村区域的旅游服务设施建设水平，并不断推动以入选省级和国家级示范项目为目标的精品民宿品质化升级、品牌化建设，将乡村区域旅游转化为县域全域旅游发展品质的突出亮点和精美卖点，推动乡村区域旅游品质化发展成为县域全域旅游品质化打造的重要支撑和强大助力。

（三）全域旅游的全业态融合

旅游业是无边界产业，具有和一切区域旅游吸引物融合生成旅游新业态、新价值的产业属性。全域旅游的全域开发和全业态融合是与区域内所有自然生态资源和环境以及文化、产业、生活等人类活动的全面融合，旅游业与区域产业的全业态融合、互动发展是全域旅游融合发展的核心要义。

在"国家全域旅游示范区"创建中，迁西县全面推动旅游业与生态、乡村/农业、文化等的全业态融合发展，不断升级和拓展县域全域旅游发展业态和产品体系，充实和丰富县域全域旅游发展的内涵，最大化地发挥县域全域旅游发展的关联与融合效应，形成了山水生态旅游、特色乡村旅游、文化体验旅游、特色产业旅游等多主题、全融合的旅游业态体系以及集生态、文化、休闲等诸多内容于一体的旅游产品体系。

迁西县推动全域旅游全业态融合可分为"升级式"融合和"拓展式"融合两条路径。所谓"升级式"融合即通过融合进一步充实和丰富既有项目的旅游内涵，主要体现在挖掘和利用既有景区的文化元素和（或）植入现代休闲娱乐文化内容。通过挖掘和梳理文化、凸显文化主题或附加文化活动内容提升既有项目的旅游价值。所谓"拓展式"融合即通过融合进一步开发全新的旅游业态和旅游产品，不断拓展全域旅游业态和产品发展的边界，以外延式发展打造旅游新业态和新产品、拓展文旅消费新场景。

（四）全域旅游的创意化开发

旅游业也是创意产业，创意化开发是旅游发展的内在要求和基本特征，创意化开发、创新性发展也是实现现代旅游业高质量发展的重要路径。创意化开发不仅创造出丰富多彩、有吸引力的旅游业态与旅游产品，通过推陈出新保持和提升了旅游区域和项目的吸引力，而且通过文化赋能、艺术创新等推动了旅游业的迭代升级。

在"国家全域旅游示范区"创建中，迁西县十分重视全域旅游项目的创意化开发和创新性发展，尤其注重以当地特色资源为基础的特色乡村旅游主题项目和特色文创产品的创意化开发。在特色乡村旅游主题项目的创意化开发方面，迁西县不仅开发了以板栗文化为主题的长城人家、水墨山庄等乡居休闲旅游项目和花乡果巷特色小镇国家级田园综合体示范项目，而且开发了板栗、栗蘑等农旅融合系列地域特色商品、地域农耕文化特色餐饮等。在特色文创产品的创意化开发方面，迁西县依托当地古岩文化、滦河文化、手工艺类非遗资源等历史文化资源开发了地域特色主题系列文创产品。

（五）全域旅游的外部化借力

旅游业发展不仅需要大体量的、长周期的资金投入，且其创意化开发的产业属性也需要文化创意、品牌营销等高端开发与运营要素的强势注入，包括大资本、大企业、品牌企业、创意企业的深度参与。

作为最基层的"国家全域旅游示范区"创建单元，县域创建"国家全域旅游示范区"的最大制约就是雄厚资金和高端要素的不足，因而必须引入外部资本和外部高端开发要素以弥补县域金融财力和专业能力的不足，通过内外资源优势的互补和互利合作共同推动县域全域旅游发展。

在"国家全域旅游示范区"创建中，迁西县十分注重依托自身独特的资源优势导入有实力的外部资本合作开发当地旅游项目，广泛借助外部资本的资金实力、专业化运营经验、品牌优势和营销能力等高起点、高质量打造大体量的全域旅游重点项目、亮点项目，借势借力助推全域旅游的高质量发展。

（六）全域旅游的全民化共建

从全域旅游的客体来看，全域旅游主要是空间上的全面开发和业态上的全面融合。从全域旅游发展的主体来看，全域旅游则是区域内各种组织和个体力量的全面参与。全民共建是全域旅游发展的本质特征，也是"国家全域旅游示范区"创建的基本要求。全民共建不仅是区域内各行动主体的全面参与，也意味着各行动主体的协调配合和联动并进，因而需要当地政府的组织领导与顶层设计。

在"国家全域旅游示范区"创建中，迁西县高度重视对全域旅游发展的组织领导和顶层设计。在组织领导方面，迁西县将"国家全域旅游示范区"创建作为"一把手"工程来高位推动，成立了专门的全域旅游创建工作领导机构和综合管理机构，全面调动和整合全域旅游发展各相关部门的职能和资源，充分激发和引导各市场主体的参与热情，组织、动员和协调区域内各行动主体统筹推进全域旅游发展，打破全域旅游发展的部门边界，将其升级为县域经济社会发展的统领性、综合性和全局性工作，形成了高位推动、各职能部门齐抓共管、各行动主体协同联动的全民共建一体化工作推动新机制。在顶层设计方面，迁西县建立了以总规划为统领、各专业规划相衔接的全域旅游发展规划体系，以全域旅游规划体系指导"国家全域旅游示范区"创建，以规划"一盘棋"实现对县域旅游资源的全域整合和开发。

在"国家全域旅游示范区"创建中，迁西县的全民化共建不仅体现在资源投入和全域开发这一"生产性"层面，也体现在全域整合营销这一"销售性"层面，构建了"产销"一体化的全民化共建体系。此外，迁西县还在全域旅游营销层面建立了一体化的协同联动机制，在全域开发这一"生产性"层面的基础上实施全域旅游整合营销策略，着力塑造全域旅游目的地的品牌营销形象，积极促进迁西县全域旅游景区景点与专业旅游营销机构的互动合作，实现对迁西县全域旅游品牌的整体推介。

参考文献

李妙侠、顾大鹏：《迁西县入选首批国家全域旅游示范区》，《河北经济日报》2016年2月23日，第5版。

《争创"两山"实践创新基地！迁西加快建设高质量"京津冀后花园、生态文明示范区"》，河北新闻网，2022年2月18日，http：//ts.hebnews.cn/2022-02/18/content_8729664.htm。

《【河北县情概览】唐山市迁西县》，"方志河北"澎湃号，2019年12月6日，https：//m.thepaper.cn/baijiahao_5165426。

顾大鹏、邢丁：《迁西去年实现　旅游综合收入62.5亿元》，《河北经济日报》2021年2月18日，第6版。

王春丽：《全域旅游示范区建设典型案例分析》，《经济研究导刊》2022年第4期。

戴学锋、杨明月：《全域旅游带动旅游业高质量发展》，《旅游学刊》2022年第2期。

B.17
河北滨海文化创意产业发展与网红项目开发研究
——以秦皇岛阿那亚为例

姚胜菊[*]

摘 要： 近年来，秦皇岛阿那亚以其美丽的滨海风光和人性化的发展理念成为网红景点，引起了学术界的普遍关注。本文对秦皇岛阿那亚的发展现状进行了深入探索，结合国内外滨海文化创意产业的成功案例找到了河北滨海文化创意产业发展中存在的问题，包括：政策体系不健全，资金投入不足；区域协同意识不强，产业合作共赢欠缺；产业纵向衔接断层，产业横向配套不优；高端人才较为匮乏，人才结构不够合理。针对上述问题，本文提出完善产业扶持政策，实现业界高效联盟；推动区域协同发展，打造地域文化品牌；增强硬件保障能力，提升要素服务水平；提高人才整体水平，优化人才谱系结构等对策建议。

关键词： 阿那亚 滨海文化创意产业 网红项目开发

在秦皇岛市区南部，有一座名为"阿那亚"的美丽社区，吸引了无数游客前来休闲度假，不仅成为众多游客的热门旅游目的地，也成为京津冀居民热衷的身心放松之所，更成为近年来滨海文化创意产业发展的典范。本文将对秦皇岛阿那亚的成功经验及面临的困境进行深入探索，希望从中找到能够推动河北滨海文化创意产业长足发展的实践路径。

---

[*] 姚胜菊，河北省社会科学院经济研究所研究员，主要研究方向为民营经济、区域经济、宏观经济。

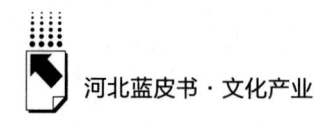

一 秦皇岛阿那亚的发展现状

（一）以"生态+文化+生活"三位一体的发展理念，打造充满艺术气息的生活空间

在生态上，阿那亚立足于丰富优质的天然滨海生态资源；在文化上，充分将文化元素融入其中；在生活上，融合生态资源和文化元素，给社区居民和游客带来愉悦体验。孤独图书馆、阿那亚礼堂、沙丘美术馆、海边音乐厅等，吸引了众多游客和社区居民，他们在这里寻找到心灵的归宿，享受艺术与商业完美结合所带来的独特体验。充满艺术气息的画廊和工作室，定期举办的展览活动等，都为游客和社区居民提供了进行深度文化体验的机会。

（二）以"文化+"融合创新的发展模式，构建具有新型体验特色的旅游场景

在"文化+农业"方面，阿那亚开发了一系列农业体验活动，让游客亲身体验从种植、收获到加工的全过程，感受农业文化的魅力；在"文化+旅游"方面，阿那亚有十几家宾馆和上千家民宿，每年会接待大量前来观光、打卡的游客，使其感受当地文化氛围；在"文化+健康"方面，阿那亚通过举办各类健身活动，如马拉松比赛、瑜伽课程等，进一步推动社区健康产业的发展；在"文化+商业"方面，近年来阿那亚引入多个国际知名品牌并开展推广活动，极大地提高了社区的创意品位和知名度。

（三）以优质的硬件设施和贴心服务，赢得游客广泛好评

在基础设施建设和服务质量提升方面，阿那亚均取得了显著成效，使消费者在感受自然风光和文化体验的同时，也能够享受到宾至如归的服务。在基础设施建设方面，阿那亚不仅配有餐厅、咖啡馆、电影院、食堂、酒吧、酒店、医院、图书馆、游泳池、幼儿园等，还超常规配备有球场、马场、滑板公园、剧场、艺术馆、农庄游乐场等，这些设施兼顾实用与艺术的多重功能，为社区居民和游客打造了一站式消费场景。在服务质量提升方面，阿那亚强调其产品及服务不仅满足用户的基本需求，更注重让用户获得情感满足和心理认同。

阿那亚的成功为河北乃至全国滨海文化创意产业的发展提供了一种可资借鉴的模式。

二　国内外滨海文化创意产业的成功案例

（一）国外滨海文化创意产业的典型模式

1. 法国尼斯模式

法国尼斯是享誉国际的滨海旅游目的地之一，在滨海文化创意产业方面取得了显著成就。一是政府、市场、社会多方合作，协同治理。市级政府成立跨部门的文旅发展委员会，统筹政策制定；区级政府设立文化创意产业园区管理委员会，提供一站式企业服务；基层社区组建旅游合作社，负责民俗文化项目运营。在此基础上，带动市场和社会广泛参与。以"蓝色海岸创意走廊"项目为例，政府提供50%的启动资金，企业投资建设数字艺术中心，高校团队开发AR（增强现实）导览系统。二是以科技赋能实现文化创意产业增值。运营者建立"文化科技实验室"，并与索菲亚科技园的AI（人工智能）企业合作开发"虚拟尼斯"平台，通过VR（虚拟现实）技术还原古罗马竞技场。促进文化产品创新，推出"气味博物馆"系列文创产品，将滨海松针、柑橘花香等地域元素转化为嗅觉符号。三是坚持本土化与国际化完美融合。经营者通过"多语言文化导览系统"为游客提供12种语言服务，提高国际游客对当地文化的理解度，使非法语游客满意度提升至92%。在游客体验设计方面，开展"文化沉浸日"活动，游客可参与橄榄油压榨、陶艺制作等活动，数据显示，此类深度体验活动使游客停留时间平均延长1.8天。

2. 西班牙太阳海岸模式

西班牙太阳海岸的滨海文化创意产业发展之所以有借鉴价值源于其注重政策支持、遗产保护及持续发展等综合性策略的制定与运用。一是注重政策支持。政府相关部门通过设立"文化发展基金",对有精准开发意向的中小企业进行资助,加速企业成长;对向特定文化项目或技术开发项目进行投资的企业,政府会提供一定比例的税收返还;政府还会牵线搭桥,提供技术咨询,进一步促进技术与市场的有效对接;此外,政府还会通过组织国际交流活动、建立品牌推广平台等方式,帮助企业拓展国际市场,提升其在国际上的知名度和影响力。二是注重遗产保护。太阳海岸拥有丰富的历史古迹、独特的传统文化,对历史建筑、遗址和传统艺术的保护已经渗透到本地居民的生活理念和生活实践之中;为了实现保护与开发相结合,太阳海岸将传统工艺和艺术融入现代设计之中,创造出具有地方特色并体现创新风格的文化创意产品,这些产品不仅具有艺术价值,还具有实用价值和商业价值,成为连接古今、沟通国内外文化的桥梁;政府通过组织各种以地方特色为主题的文化活动,如传统节日庆典和现代艺术展等,太阳海岸成功地将文化遗产转化为吸引国际游客的热点。三是注重持续发展。太阳海岸在发展过程中始终秉持可持续发展的原则,注重环境保护和生态平衡,实施了海滩保护计划、推广可持续旅游等措施,这些都是确保该地区长期吸引力的关键因素;政府出台规定限制滨海建筑物的高度,以保护自然景观的协调性,采用太阳能路灯解决公共照明问题,提倡交通出行使用租赁电动车,开发"文化遗产徒步路线"以减少碳排放等,都是可持续发展理念的具体体现。

(二)国内滨海文化创意产业的典型模式

1. 海南三亚模式

海南三亚凭借其独特的地理位置、宜人的气候、丰富的自然资源和民族风情,成为国际知名的旅游度假胜地。一是三亚具有独特的滨海资源,其丰富的海洋资源和独特的热带海洋气候,为当地旅游业的发展提供了得天独厚的条件。此外，三亚还蕴含着丰富的多民族文化，历史文化积淀厚重，包括回族、黎族、苗族等多元的民族文化，为其旅游业的蓬勃发展储备了文化养分。二是三亚培植了高品质的旅游服务体系。多年来，三亚培育了与国际接轨的服务理念，在此基础上构筑的软硬件基础设施使三亚旅游服务体系建设走在了全国前沿，站上了一个新的高度，包括高端酒店、多元餐饮及丰富的娱乐服务，都获得了世界各国游客的广泛认可。三是三亚实施"文旅融合"的发展策略。三亚不断开发新项目，如海滩音乐节、灯光秀等，成功将传统文化与现代娱乐元素有机结合，丰富了旅游活动内容，增强了游客的获得感。四是政府努力平衡旅游业发展与自然环境保护之间的关系，致力于对旅游资源的保护性开发，在保护自然景观和生态环境的同时，通过科学规划和精准开发，确保旅游资源的合理利用和长期保护。

2. 厦门鼓浪屿模式

厦门鼓浪屿是国内滨海文化创意产业发展的老品牌，上百年的文化积淀成为其当前和今后发展的不竭动力。其成功秘诀有以下四点。一是地理位置优越。鼓浪屿被誉为"海上花园"，面向大海的东侧有厦门岛做遮挡，有台湾岛做屏障，所以受台风的侵扰较少；背山面海，既有海洋的广阔和深邃，又有山海的秀美和宁静，形成了一个理想的天然旅游胜地。二是名人辈出。有被誉为"万婴之母"的我国妇产科开创者林巧稚、有民族英雄郑成功、有国学大师林语堂、有富甲一方的林尔嘉，他们为鼓浪屿留下了宝贵的文化遗产。三是艺术氛围独特。鼓浪屿通过发展以音乐、艺术、手工艺品等为主的创意市集，不仅为游客提供了深入体验本地文化的机会，也为当地的创意产品提供了展示与销售的平台。这种市集与文化旅游的深度融合，拓展了文化体验的深度与广度，同时也成为推动当地经济发展的新引擎。四是社区深度参与。地方政府大力提倡当地居民积极参与文化遗产的保护和开发，这不仅提升了社区的凝聚力，也为游客提供了更具互动性和参与感的旅游体验。

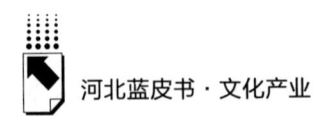

三 河北在发展滨海文化创意产业中存在的问题

（一）政策体系不健全，资金投入不足

1. 政策体系不健全

近年来，全国沿海省份纷纷出台推进滨海文化创意产业发展的政策措施，辽宁出台《辽宁省打造高品质文体旅融合发展示范地指导意见》并将做强滨海文体旅产业带作为重要一环；山东在《海洋强省建设行动计划》中，将"推进海洋文化振兴行动"列为九大行动计划之一；江苏印发《江苏省沿海特色文化产业集聚区建设实施方案》，提出依托南通、盐城、连云港等沿海地区的自然环境优势、历史文化底蕴和产业发展基础，打造江苏文化产业发展新增长极；浙江出台《关于进一步促进文化和旅游消费的若干措施》，明确实施全省海洋旅游发展行动计划，培育壮大海洋新兴产业，加快发展海洋休闲产业；2022年6月，福建沿海六市一区文化和旅游部门共同签署《福建滨海旅游联盟章程》，创新拓展海洋经济、文旅经济发展新空间；广东陆续发布《广东省滨海旅游发展规划》《广东滨海旅游公路规划》等文件，从根本上夯实全省滨海文化旅游产业发展的基石。河北作为沿海省份，滨海文化创意产业的顶层设计略显不足，缺乏具有引领性、专门针对滨海文化创意产业的政策体系，在2021年10月发布的《河北省文化和旅游发展"十四五"规划》中，尽管提出将"沿渤海文化和旅游带"建设作为"六带"之一，但全局谋划和项目落地仍有待加强。

2. 资金投入不足

福建2023~2025年每年安排1.3亿元用于支持文化体制改革和文化产业发展，2024年该专项资金重点支持海洋文化传承发展工程和文化数字化建设项目；浙江2024年文化产业发展专项资金为2亿元，其中分配到沿海几个地市的有8000万元，占比达40%。而在693个"河北省2024年省重点建设项目"中，滨海文化创意产业建设项目仅有秦皇岛一项入围；在703

项"河北省 2025 年重点建设项目"中，也是同样情况。唐山和沧州的滨海文化创意产业分别计划重点开发曹妃甸和沧南区域，但项目还有待培育。可见河北滨海文化创意产业建设项目中重点项目少、大项目少，应推动政府和社会投资。

（二）区域协同意识不强，产业合作共赢欠缺

1. 区域协同意识不强

河北滨海文化创意产业发展缺乏整体谋划，没有从京津冀协同发展战略的角度明确三地的共同发展目标和区域角色定位。秦皇岛、唐山、沧州虽然都是河北海岸线上的旅游胜地，但是缺乏省级层面或跨市的统一政策引导和协调机制，省市职能部门未能将沿海三地作为一个系统的滨海文化创意产业带进行规划，缺乏跨区域联动机制，区域协同意识不强，不利于形成差异化互补的产业集群。

2. 产业合作共赢欠缺

秦皇岛、唐山、沧州三地的文化创意产业项目在空间布局上较为分散，没有形成集中连片的产业集聚区和产业带。一是秦皇岛的文化创意产业大都集中在沿海旅游景区周边，唐山的文化创意产业主要围绕工业遗址，沧州的文化创意产业则将注意力集中在大运河沿线，三地之间缺乏有机联系和产业呼应，无法形成合力。二是三地在滨海文化创意产业的发展上缺乏创新，没有充分考虑各自的资源特色和禀赋，缺乏明确的产业分工和差异化定位，造成产业重复建设和恶性竞争。三是三地之间在文化资源的共享方面存在障碍，在要素支撑方面缺乏有效的资源共享平台和沟通机制，在文化遗产开发、历史典故挖掘等方面，没有实现信息的互通有无和合作共赢，导致资源的利用效率不高，无法实现"1+1>2"的整体效益。

（三）产业纵向衔接断层，产业横向配套不优

1. 产业纵向衔接断层

从河北滨海文化创意产业的初期策划、中期设计到后期的产品生产、销

售，滨海文化创意产业链上下游衔接断层。一是秦皇岛的滨海文化创意产业与唐山、沧州相比，自然条件较好，发展历史悠久，成熟度较高，客流量较大，但在文化创意产业的产品设计和制造业方面支撑力不强。唐山作为河北第一工业大市，其制造业能力更强，秦皇岛的旅游产品设计与生产需要唐山的工业设计企业和制造企业支持，但产业协同不足，两地之间的合作难以实现，导致产业链断裂，产业附加值无法有效提升。二是滨海文化创意产业衍生产品的品牌效应不强。河北滨海文化创意产业在衍生产品开发方面，对文化内涵深度挖掘与现代诠释的力度不足，以公众需求为导向的意识不强，对创新与传承的结合度有待提高。

2. 产业横向配套不优

河北滨海文化创意产业发展所需的配套设施和服务支撑不足，如交通、住宿、餐饮等旅游配套设施，以及金融、法律、知识产权保护等服务体系，没有形成一体化的协同发展格局，影响了产业的整体发展环境和企业的运营效率。一是基础性的支持要素有待完善。以航空运输能力为例，2024年，秦皇岛机场完成旅客吞吐量只有35.4万人次，即使在暑期，单日旅客吞吐量仅有约1万人次。运力有限，航线不多，秦皇岛的软硬件运输能力都有待提升。从市区公共交通能力来看，旅游专线的运营时间较短，班次有限，前往部分景区的公交线路较长，换乘站点较多，增加了游客的时间成本。离市中心较远的旅居社区缺乏配套的三甲医院与优质学校，难以吸引长期定居者，制约"旅居融合"发展。二是生产性服务业有待健全。在融资支持方面，文化创意产业多为轻资产企业，缺乏抵押物，导致金融机构在信贷投放上较为谨慎，金融机构对文化创意产业的信贷支持相对有限，部分企业面临融资困难；在法律服务方面，司法保护在文化创意产业中的应用还不够深入，企业对法律风险的防范意识有待增强，文化创意企业面临知识产权、合同纠纷等多方面的法律问题，需要更专业的社会支持；融资、司法等生产性服务业一体化格局还未形成，各服务体系之间缺乏有效联动，导致文化企业在运营中存在多头对接、效率低的问题。

（四）高端人才较为匮乏，人才结构不够合理

1. 高端人才较为匮乏

滨海文化创意产业发展需要创意设计、文化艺术、市场营销、经营管理、技术支持等多方面的人才，这些都属于高端生产性服务业范畴，高端人才大多集中在现代生活氛围较为浓厚的地区，而河北沿海地区经济发展水平有限，这类人才较为紧缺。一是领军人才匮乏。在滨海文化创意产业的各个细分领域，如影视制作、文化艺术创作、数字创意等，河北沿海地区缺乏具有产业影响力的领军人才。高端人才的匮乏，使当地文化创意产业在创新引领、品牌塑造和国际交流合作等方面难以取得突破。在国际文化创意产业交流活动中，由于缺乏知名专家学者和行业领军人才，河北沿海地区较难争取到高端的合作项目和资源。二是应用型人才偏少。滨海文化创意产业的发展，不仅需要专业前沿型人才，更需要应用型人才。在推进滨海文化创意产业发展中，本地创意设计人才缺乏将文化与科技、商业跨领域深度融合的能力，在开发以海洋文化为主题的沉浸式体验项目时，现有的设计人员难以将先进的人工智能技术与丰富的海洋文化内涵有机结合，导致项目无法实现预期目标。在沿海文旅项目设计中，景区标识、旅游纪念品的打造多呈现风格单一的特征，多数产品只是简单地对海洋元素进行拼凑，未能深入挖掘出当地的历史文化、民俗风情等独特内涵并将其融入设计，产品缺乏创新性，难以激发游客的购买欲。

2. 人才结构不够合理

一是复合型人才不足。文化创意产业涉及文化、艺术、科技、商业等多个领域，需要既懂文化艺术又懂市场运营，还具备一定科技知识的复合型人才。但在河北沿海地区，这类复合型人才稀缺，使文化创意项目在策划、运营和创新等方面受到限制。二是人才层次结构不合理。基层执行层面的人才较多，而中高层的管理人才、创意策划人才和技术研发人才不足。基层人才在执行具体任务方面具有一定能力，但在项目的整体规划、

创意构思和技术创新等方面，缺乏中高层人才的引领和指导，容易导致文化创意项目缺乏深度和创新性，不利于提升产业附加值。三是人才分布不均。河北沿海地区的文化创意产业中的热门领域，如旅游文化、广告设计等吸引了较多的人才，而一些新兴或小众领域，如数字艺术、文化科技融合等领域的人才较少，这就导致彰显滨海文化创意产业发展前沿的新兴产业发展滞后。

四 推动河北滨海文化创意产业发展的对策建议

（一）完善产业扶持政策，实现业界高效联盟

1. 完善产业扶持政策

以秦皇岛滨海文化创意产业为龙头，对秦皇岛、唐山、沧州的沿海文化创意产业发展进行统一谋划，依托三地的自然环境、历史文化和经济基础，打造河北文化产业发展新增长极。应制定出台"河北滨海文化创意产业集聚区建设规划"，充分利用河北沿海城市的海洋文化和工业文化资源，推动文化创意产业与旅游、农业、工业、房地产等融合发展，打造具有国际影响力的滨海文化创意产业带。

2. 实现业界高效联盟

河北应在省文化主管部门的主导推动下，建立"河北滨海文化创意产业发展联盟"。建立产业发展联盟的宗旨是凝聚多方力量推动河北滨海文化创意产业质量的提升，融合资源，促进产业协同创新，提升沿海地区及全省的文化软实力和综合竞争力；目的是做强具有河北特色的滨海文化创意产业品牌，推动海洋文化与旅游、工业、房地产、会展等产业深度融合。河北还应通过开展项目合作、建立示范基地等形式，推动滨海文化创意产业精品项目、高端项目落地发展；建立信息共享平台，促进成员单位之间的资源优化和优势互补；争取政府专项资金引导、社会资金参与的联合项目落地实施；加强与京津两市以及滨海文化创意产业发达省市的合作，推动文化创意产业

一体化发展，实现业界高效联盟；开展行业国际交流与合作，提升河北滨海文化创意产业在国内外的影响力。

（二）推动区域协同发展，打造地域文化品牌

1. 推动区域协同发展

一是整合文化资源。对沿海三地的滨海文化资源进行全面普查和梳理，建立滨海文化资源数据库，实现资源共享。如对秦皇岛的长城文化、唐山的曹妃甸湿地文化、沧州的运河文化等进行整合开发，打造具有区域特色的文化创意产品和项目。二是共建产业园区。沿海三地合作共建滨海文化创意产业园区，通过联合招商、共同建设基础设施等方式，吸引文化创意企业集聚，形成产业集群效应。建议在交通便利的沿海区域，打造集创意设计、研发制作、展示交易等功能于一体的综合性文化创意产业园区。

2. 打造地域文化品牌

一是打造统一品牌。沿海三地合力打造"滨海文化创意"统一品牌，设计具有较强辨识度和影响力的品牌标识和宣传口号，通过多种渠道宣传推广，提升区域文化创意产业的整体知名度和美誉度。二是联合营销推广。沿海三地联合制定文化创意产品和项目的营销推广计划，共同参加国内外举办的文化产业展会、推介会等活动。利用新媒体平台，开展线上线下相结合的宣传推广活动，如制作滨海文化创意主题的短视频、直播节目等，扩大品牌影响力。三是举办文化活动。沿海三地共同举办具有国际影响力的滨海文化创意节、艺术展览、音乐演出等活动，吸引国内外的文化创意人才和艺术爱好者参与，提升区域文化创意产业的影响力和吸引力。

（三）增强硬件保障能力，提升要素服务水平

1. 增强硬件保障能力

一是加强交通保障。应扩大河北沿海城市机场的航线覆盖范围，开通更多直飞航线，秦皇岛北戴河机场应与国内外各大航空公司加强沟通，增加秦皇岛至国内主要省会城市的直飞航线；唐山机场应增加航线数量、提

高航班密度，与国内外各航空公司进行深入沟通与洽谈，尤其是与低成本航空公司合作，争取开通一些一线城市、旅游热门城市的低成本航线，吸引更多价格敏感型旅客；沧州机场也要争取尽早投入运营，提高其在全国范围内的交通便利程度。二是优化餐饮服务。深入挖掘滨海地区的特色美食，打造一批具有地域文化特色的餐饮品牌，通过举办美食节、烹饪比赛等活动，提高特色美食的知名度。并在此基础上，积极引进全国其他地区菜系和国际知名菜系，使国内外消费者不用长途奔波也能品尝到世界各地的美食。三是提升住宿条件。鼓励建设不同档次、不同风格的酒店，包括高端的海景度假酒店、经济实惠的快捷酒店以及特色民宿等，满足不同层次、不同特点游客的需求。推动住宿与文化创意产业融合发展，打造主题酒店、艺术酒店等特色住宿产品，让游客在住宿过程中也能感受到浓厚的文化氛围。

2. 提升要素服务水平

一是加大金融支持力度。在"河北文化产业发展引导资金"中专门划拨部分资金设立"河北滨海文化创意产业专项发展基金"，用于支持滨海文化创意产业重点项目以及产业园区建设，对具有创新性、示范性的滨海文化创意产业项目给予专项补贴，降低企业的前期投入成本。同时，通过政府购买服务、项目补贴、以奖代补等方式，支持滨海文化创意产业相关企业的发展。鼓励银行等金融机构开发适合滨海文化创意产业特点的金融产品和服务，如知识产权质押贷款、供应链金融等。推动金融机构与滨海文化创意产业相关企业建立长期稳定的合作关系，为企业提供一站式金融服务。二是加强法治保障。建立健全文化市场综合执法体系，加强对滨海文化创意产业市场的日常监管和执法检查，严厉打击各类违法违规行为。加强与公安、工商、版权等部门的协作配合，建立联合执法机制，形成执法合力，维护文化创意产业市场秩序。组织和引导律师事务所、法律援助机构等为滨海文化创意产业相关企业提供法律咨询、合同审查、纠纷调解等法律服务。开展法律培训和讲座，增强企业的法律意识和风险防范能力。建立文化创意产业法律服务平台，为企业提供便捷的法律服务渠道。

（四）提高人才整体水平，优化人才谱系结构

1. 提高人才整体水平

一是加强人才培养体系建设。鼓励省内高校如燕山大学、河北工业大学等根据滨海文化创意产业的需求，开设如海洋文化设计、海洋影视制作、海洋主题旅游规划等相关专业，加强课程体系建设，注重实践教学环节，与企业合作开展项目式教学，为学生提供实际操作机会；依托河北的职业教育资源，针对在职人员和待业人员开展与文化创意产业相关的职业技能培训，如动漫设计培训、文化营销培训等。同时，鼓励社会培训机构参与、提供多样化的培训课程，以提升从业人员的专业技能。二是加大人才引进力度。政府出台针对滨海文化创意产业高端人才的引进政策，如给予购房补贴、落户优惠、子女教育保障等。对带项目、带技术入职的高层次人才及团队，为其提供创业启动资金和场地支持，吸引优秀人才来河北发展；设立海外人才引进专项资金，鼓励海外留学人员和海外高端人才来河北滨海地区创业和工作。为海外人才提供国际化的工作和生活环境，如建立国际人才社区，提供语言服务、文化交流等配套设施。

2. 优化人才谱系结构

一是做实人才规划与需求分析。由政府相关部门牵头，联合行业协会等机构，深入开展河北滨海文化创意产业调研，全面了解产业内各领域，如海洋文化旅游、海洋主题影视动漫、海洋工艺品设计等的发展现状、发展趋势及人才需求情况，建立动态的人才需求数据库，为人才结构优化提供数据支持。根据产业发展目标和人才需求调研结果，制定科学合理的中长期人才发展规划。明确不同阶段、不同领域所需的人才类型和数量，确定人才结构优化的目标和重点，为人才培养、人才引进等提供数据指导。二是丰富人才培养形式。推动高校打破学科壁垒，推出跨学科人才培养项目。鼓励海洋科学与艺术设计、旅游管理与文化创意等专业交叉融合，培养既懂滨海文化内涵又具备创意设计、经营管理能力的复合型人才；加强与国外知名高校、文化机构的合作与交流，开展国际联合培养项目、学生交换项目等，为人才提供

海外实习、交流的机会，培养具有国际视野和跨文化沟通能力的滨海文化创意人才。

参考文献

王雅楠等：《文化生态视角下南通特色农业产业转型研究》，《上海供销合作经济》2024年第5期。

朱榕、严鑫：《生态出彩　文旅出圈》，《福州日报》2023年9月26日，第4版。

王萱等：《AIGC赋能医学教育的SWOT分析》，《中国医学教育技术》2024年第4期。

B.18 非遗河北梆子的保护困境、文化传承与创新发展[*]

张祖群 李潘一 胡雨薇 郭晶瑛 姜智琪[**]

摘 要： 河北梆子是中国传统戏剧中独特的地方戏，以慷慨有力、豪迈高亢的旋律与腔调，形成圈层式传播空间。本文从非物质文化遗产视角，以媒介考古方法与案例调研法，分析河北梆子面临传承环境发生变化、剧目内涵建设不完善、演出市场日渐萎缩、艺术生产需求对接不畅等危机，呈现河北梆子非遗困境。为疏解河北梆子困境，本文从文化传承与创新发展两方面着手，发掘河北梆子蕴含的艺术个性和丰厚的生活美学。河北梆子创新发展在于以非遗特质为核心，勇于创新发展，从人才建设、品牌意识、管

---

[*] 本文系中国高等教育学会2022年度高等教育科学研究规划课题重点项目"基于文化遗产的通识教育'双向'实施途径"（22SZJY0214）、2024年北京理工大学教育教学改革重点项目"基于遗产公约与文明互鉴的设计学类本科专业综合素养提升研究"（2024CGJG017）、河北雄安新区哲学社会科学课题研究（历史文脉专项）"雄安文化沉积与文化特质研究"（XASK20240201）、2025年北京理工大学本科教育教学改革与教学建设项目"推进遗产公约与文明互鉴：《文化遗产史与文化思潮》研究型课程创新"（2025KCJS028）、2025年北京理工大学"研究生教学质量提升"重点建设专项"中华优秀传统文化主体性与设计创新研究"（2025JXAL23）、2025年北京理工大学研究生教育培养综合改革一般项目（教研教改面上项目）"课程—竞赛与实践三位一体：设计学（文化遗产与创新设计）硕士生培养综合能力提升计划"（72233）的研究成果。

[**] 张祖群，中国科学院博士后，北京理工大学设计与艺术学院文化遗产系高工、硕导，主要研究方向为文化遗产与艺术设计、文化旅游等；李潘一，北京理工大学设计与艺术学院文化遗产系2023级硕士生，主要研究方向为文化遗产与艺术设计；胡雨薇，北京理工大学设计与艺术学院文化遗产系2024级硕士生，主要研究方向为文化遗产与艺术设计；郭晶瑛，北京理工大学设计与艺术学院文化遗产系2024级硕士生，主要研究方向为文化遗产与艺术设计；姜智琪，北京理工大学设计与艺术学院研究人员，主要研究方向为文化遗产与艺术设计。四名学生对本文学术贡献一样，为并列第二作者。潘玉蔚、赵彤彤参与资料整理、修改，特此致谢。

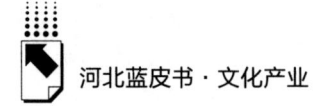

理体制、宣传方式、文创设计等多个方面，增强其艺术活力和市场竞争力。

关键词： 河北梆子　非遗保护　文化传承　文化产业化

一　河北梆子的文化特质分析

（一）河北梆子的时空渊源

河北梆子是中国传统戏剧的重要组成部分，历史悠久且传统深厚。自清朝道光年间开始，以陕西梆子为原核经过150多年发展逐渐形成的具有独特风格和地方特色的剧种。由于时代、地域及语言差异，河北梆子曾被称为直隶梆子、京梆子等。19世纪60年代至70年代，河北出现许多班社，以郑长泰为代表的优秀演员不断涌现，形成河北梆子历史上第一次发展高潮。河北梆子与当时盛行的京剧形成竞争关系，其班社遍布河北及周边地区，成为以燕赵农村为主要市场的剧种。进入20世纪30年代，河北梆子在北平、天津和上海等大城市逐渐衰退，其影响向中小城市缓慢扩展，在农村仍有影响，但到20世纪40年代末几乎消失。1931年九一八事变后，许多艺人发展受到限制，回到关内，生活困苦，天津和上海剧团解散或转行。八路军冀中军区于1946年建立培新剧社及河北梆子剧团，红色文艺革命拯救了这个濒危剧种，并为其复兴奠定了基础。1952年，这一剧种被正式命名为河北梆子。20世纪60年代初，河北梆子开始全面复苏，在"文革"期间遭遇挫折，在改革开放后再度焕发生机。2006年5月，河北梆子入选第一批国家级非物质文化遗产名录；2008年6月，北京市河北梆子剧团、天津河北梆子剧院入选第一批国家级非物质文化遗产名录（河北梆子扩展项目）。

河北梆子曾经涌现出许多历史名家。早期演员有侯俊山、郭宝臣、孙培亭、商文武、薛固久、韩金福、童子红、魏联升等。复兴时期的著名演员包括响九霄、小香水（李佩云）、崔灵芝、赵鸣岐、金刚钻、韩俊卿、王玉磬、秦凤云、银达子、贾桂兰、冀桂云、刘香玉、向月樵、金宝环、金桂芬、金紫云、高凤英、孟翠英、田志中、冀宽、筱翠云和梁达子（云峰）等。后起之秀包括张淑敏、裴艳玲、路翠格、张惠云、齐花坦、刘俊英、王伯华、闫建国、李淑惠、王瑞楼、张志奎等。演员们凭借出色表演获得了多项荣誉，其中最具代表性的是中国戏剧奖·梅花表演奖，该奖项是中国戏剧表演领域的最高荣誉，河北梆子为历届中国戏剧梅花奖添上了浓墨重彩的一笔。

表1 河北梆子获得中国戏剧梅花奖

界别	姓名	演出曲目	工作单位
第一届（1984）	蒋宝英	话剧《懿贵妃》	河北省音像出版社
第三届（1986）	裴艳玲 张惠云	裴艳玲在《钟馗》中扮演钟馗，在昆曲《夜奔》中扮演林冲；张惠云主演《陈三两》《大登殿》	河北省河北梆子剧院 河北省河北梆子剧院
第五届（1988）	刘秀荣	主演《花为媒》《杨三姐告状》	石家庄市评剧院青年评剧团
第六届（1989）	雷宝春	在《范进中举》中扮演范进，在《夜审姚达》中扮演姚达	石家庄市河北梆子剧团
第七届（1990）	牛淑贤	主演《红娘》《梵王宫》	邯郸市艺术研究所
第八届（1991）	胡小凤	主演《大祭桩》《审子辨奸》	邯郸市艺术研究所
第十三届（1996）	彭蕙蘅	主演《宝莲灯》《美狄亚》等	河北省艺术职业学院戏剧系
第十四届（1997）	袁淑梅	在《神河口中》中扮演绵子，在《花为媒》中扮演张五可，在《红珠女》中扮演红珠女，在《闯法场》中扮演陈金娥	石家庄市评剧院
第十五届（1998）	许荷英	主演《花亭会》《梦蝶》《翠屏山》《劈棺》等	河北省河北梆子剧院
第十六届（1999）	李萍	在《梳妆楼》中扮演萧太后，主演《三娘教子》《六月雪》	张家口市戏剧家协会
第十七届（2000）	梁维玲	在《蔡文姬》中扮演蔡文姬，在《大登殿》中扮演王宝钏	河北省京剧院
第十八届（2001）	苗文华	主演《江姐》《朝阳沟》《大祭桩》《东施与西施》等	邯郸东风剧团

续表

界别	姓名	演出曲目	工作单位
第十九届（2002）	刘莉莎	主演《李慧娘》《杜十娘》《百花公主》《石门风萧萧》等	石家庄市河北梆子剧团
第二十届（2003）	徐金仙	主演《三看御妹》《胡风汉月》《杨三姐告状》《七品村官》《花为媒》《心灵的呼唤》等	石家庄市评剧院青年评剧团
第二十一届（2004）	王晓英 赵立华	王晓英主演《十三世达赖喇嘛》《醒悟》《帘卷西风》《苍生》等；赵立华主演《刘伶醉酒》《周仁献嫂》《清风亭》《七品村官》等	河北省梆子剧院
第二十二届（2005）	张慧敏 李玉梅	张慧敏主演《红灯记》《贵妃醉酒》《红娘》《龙凤呈祥》《珍妃》等；李玉梅主演《梦蝶劈棺》《大脚皇后》《窦娥冤》《落花情》等	河北省京剧院 河北省保定艺术剧院 河北省河北梆子剧院
第二十三届（2007）	罗慧琴	主演《花为媒》《杨三姐告状》《红丝错》《嫦娥奔月》《香妃与乾隆》《红星谣》等	唐山市评剧团副团长
第二十四届（2009）	王英会	主演《清风亭》	天津市河北梆子剧院 河北省河北梆子剧院
第二十五届（2011）	吴桂云 赵玉华	吴桂云主演《辕门斩子》《狸猫换太子》《长剑歌》《钟馗》《南北合》；赵玉华主演《铁弓缘》《桃花村》《虹桥赠珠》《昭君出塞》	河北省河北梆子剧院 石家庄市京剧团
第二十七届（2015）	许荷英 邱瑞德	许荷英主演《日头日头照着我》；邱瑞德主演《六世班禅》	河北省河北梆子剧院
第二十八届（2017）	王少华	主演《徐策》	河北省河北梆子剧院
第三十一届（2023）	郝士超	主演《好南关》	河北省河北梆子剧院

资料来源：根据调研材料整理。

戏曲在审美上重视人伦，倾向于模仿，偏好通俗风格，与民俗文化背景密切相关。[1] 戏曲本身就是一种民俗，戏曲的民俗性一经流传就内含其中。

---

[1] 戴峰：《论民俗与戏曲的关联》，《湖北社会科学》2007年第3期。

1. 燕赵大地：河北梆子的滋生地与传播空间

河北历来是燕赵之地，明清时期因靠近京城，物华天宝，人杰地灵，丰厚的历史文化与民俗风情沉淀其中，由此形成具有燕赵地区民俗特点的河北梆子。首先，燕赵地区具有悠久的历史文化底色，形成河北梆子慷慨悲歌艺术特色的内在地理空间。其次，河北梆子自下而上传承，从底层农民群众中兴起直至鼎盛，体现出燕赵地区朴素的地方情怀。而生活化语言是河北梆子的优秀表现形式，以方言唱说通俗易懂而又贴近生活。最后，技艺是河北梆子中必不可少的标识符号，燕赵地区的杂技、艺伎文化根基稳重，为河北梆子技艺表演体系的建立奠定了基础。

河北梆子主要流行于河北省，其传播空间为四个层次：

第一层次，河北省。石家庄、保定、邯郸等地是河北梆子的发源地和发展重心，许多著名的河北梆子剧团的演出活动均在这里举办。

第二层次，周边地区。河北梆子还影响山西、北京、天津等河北周边地区。在这些地区演出活动相对频繁，受到民众广泛的接受和喜爱。

第三层次，全国范围。随着时间的推移，河北梆子的影响力逐渐扩大，成为全国范围内具有代表性的地方戏曲之一。在一些大型文艺演出、文化交流活动中，河北梆子常常被引入，吸引了众多戏曲爱好者。

第四层次，海外传播。河北梆子通过侨团、文艺演出等形式传播到海外，越来越多海外观众有机会了解和欣赏这一优秀戏曲艺术。

总的来说，河北梆子的传播空间主要集中在河北及其周边地区，但其影响力已逐步扩展到全国乃至海外。通过不断演出、交流和传承，河北梆子得以持续发展和创新。

2. 燕赵民间：河北梆子的载体与传播范畴

不论是纵向的时代性传承还是横向的地区性传播，燕赵的民俗文化空间都为河北梆子的传承提供了契机。首先，在燕赵地区，河北梆子多是以节日演出活动为载体进行传播，每逢岁时节令，河北梆子剧团多上演大戏。在民间庙会与集市，民众逛庙会、看大戏，形成集民间信仰与集市、娱乐于一体的民俗展演，在庙会上河北梆子演员凭借高超技艺而大放光彩。其次，燕赵地区民间艺术（民间年画、剪纸窗花、小型泥玩、建筑彩画、木偶皮影等）也潜移默化地成为河北梆子的传播载体和表现内容。受燕赵民俗文化的滋养和广大民众特别是农民审美趣味影响的河北梆子，自然而然地渗入到民间艺术中。① 作为河北地方性剧种，河北梆子蕴含着丰富的燕赵民俗文化谱系。

（二）河北梆子的艺术特色

河北梆子的发展经历了直隶老派、山陕派和直隶新派三种流派。前两者合称为京梆子，三个流派代表了其历史的不同阶段，都对河北梆子演变做出过贡献。直隶老派起源于农村，分为南北两派。北派以京津为中心，流行于河北、山东和东北地区。其特色是文武兼备，演员既能演文戏也能演武戏，重视剧目创新与时装戏，演唱以直隶方言为主，风格平稳刚劲。南派以上海为中心，保留山陕梆子的假声花腔，唱腔柔美。山陕派主要由山陕艺人构成，演出前通常经历"治扭"改造。山陕派与直隶老派合作，在光绪年间与京剧竞争，影响力不断扩大。直隶新派源于直隶老派，兴起于清末民初，迅速风靡。以女演员为中心，演员唱功卓越，唱腔复杂且高亢华丽，伴奏音乐激烈。

河北梆子的三种流派体现出六大艺术特征：①唱腔结构：多为板腔体，分为生、旦、丑三行，主要板式有慢板、二六板、流水板等，风格高亢激越；②吐字特点：多为宽落音、夯音和硬上功，演唱强调"喷口"，收音讲究"砸夯"，形成慷慨悲壮的吐字风格；③以气带声："先运气、后出声"，有"共鸣音"，以丹田用气，换气、偷气之间形成不同声调，真嗓、假嗓和真假嗓转换浑然天成；④伴奏多样：乐队由文、武两场组成，武场吸取昆曲精华，锣鼓点节奏鲜明、铿锵有力，文场以板胡为主，笛子为辅，形式多样；⑤剧目丰富：约有500个传统剧目；从京剧等改编了100多个新剧目。⑥语言句式多元：主体唱词多为齐头句式，常用七言、十言句式，偶有五言

---

① 吴守斌：《河北梆子改革中的民俗性与现代性思考》，硕士学位论文，兰州大学，2010。

句式，在语言的整体意蕴上体现出直率、诙谐、朴实的农民特色，如"如此便是好日子了"，农村生活特色鲜明①。

二 河北梆子的保护困境剖析

全球文化趋势和经济社会变迁使我国以传统戏曲为代表的非物质文化遗产面临挑战。随着现代化建设加速、外来文化入侵、各种娱乐活动推广以及多媒体平台介入，河北梆子的保护与传承不容乐观，面临以下困境。

（一）传承环境发生变化

河北梆子的诞生与发展，不仅丰富了民众的精神文化生活，也传承和发扬了中华优秀传统文化。随着时代变迁和城镇化推进，城乡二元结构导致城市与农村之间的生活差距日益显著，民众开始追逐快节奏的城市生活。在传统农耕社会，社会文化生活滞后，民众娱乐方式单一，看戏是重要的文娱活动。随着物质生活条件的改善，观众可以通过新媒体随时获取各种信息和娱乐内容，文化的传播媒介发生显著变化。随着时代的变迁，传统戏曲的受众群体逐渐缩小，市场环境的变化导致河北梆子的生存空间受到严重挤压。

教育制度改革使乡村民众深信知识改变命运，他们希望通过上大学摆脱农村，追求更高社会地位，这就使学习传统戏曲被视为次要、末位选择。

河北梆子强调唱功和表演技巧，需要每天进行发声、肢体协调和舞台表现等基本功训练。这些训练过程既艰辛又枯燥，通常需要数年才能见到成效。许多剧团常外出演出，条件艰苦，年轻人难以忍受这种生活方式。中老年河北梆子传承者日渐老去，年轻的传承者越来越少。

（二）剧目内涵建设不完善

河北梆子在发展与改革中，存在过度追逐形式革新而忽视剧目内涵建设

---

① 赵惠芬：《河北梆子文化述论》，《戏曲艺术》2008年第4期。

的问题。在河北梆子发展鼎盛时期，剧目丰富多样，涵盖了各种题材和类型。根据历史故事和民间传说改编的剧目如《宝莲灯》《秦香莲》《辕门斩子》《三娘教子》《大登殿》成为舞台上常演剧目。自20世纪80年代以来，除裴艳玲的《钟馗》等少数剧目轰动一时，河北梆子缺少能在国内真正叫响的代表性剧目。受到众多因素的影响，一些冷门剧目不经常演出，逐渐被人遗忘。戏曲本身的自我探索与发展瓶颈矛盾突出，亟待相关部门和戏曲工作者通过挖掘整理传统剧目、创作新剧目等方式丰富河北梆子剧目库。

（三）演出市场日渐萎缩

首先，河北梆子传统文化受众逐渐减少。随着社会的快速发展和城镇化进程加速，现代娱乐方式和流行文化的兴起使传统戏曲对年轻人的吸引力减弱。城乡二元结构导致的生活方式差异使许多农村观众向城市迁移，他们追求快节奏的生活而忽视了对传统文化的传承与欣赏。随着多元化娱乐方式的不断涌现以及西方文化的冲击，民众的公共文化生活越来越丰富，思想观念也有所改变。很多人热衷于电视、电脑、网络所构筑的声光世界，尤其是90后、00后、10年后的年轻人可能对本土戏曲闻所未闻，更不用提对它们的热爱与学习了。

其次，河北梆子的传承与演出面临人才短缺。由于现代社会对高学历和职业发展的重视，许多年轻人放弃戏曲学习，转而追求更"体面"的职业。戏曲学习过程漫长且艰辛，需要付出大量的时间和精力进行基本功训练。剧团面临演出条件艰苦、收入微薄的困境，优秀人才不断流失。河北梆子观众趋于老龄化，演出市场不容乐观。随着农民进城务工、农民工市民化等，很多人只有节假日才回农村或者常年在城市生活，导致在农村看戏的大多是留守的老年人。加之河北梆子乡土气息浓厚，以地方方言为主，在本地区或周边地区观众还能听懂，向外发展存在困难。

最后，河北梆子的市场营销和传播手段不足。河北梆子的数字化传播和推广滞后，缺乏有效的宣传渠道，难以吸引新的受众。政策支持力度不足，资金短缺，导致创新和现代化改编动力不足。

总之，河北梆子演出市场的萎缩是多重因素共同作用的结果，急需通过综合性措施来恢复其市场活力。

（四）艺术生产需求对接不畅

市场经济正在不断冲击着艺术的生产与消费，商品经济因素渗透到河北梆子方方面面。一方面，河北梆子面临市场效益差、剧团入不敷出、失去更多观众的严峻形势，为了追求高上座率，赚回市场，以盈利为主要目的商业性演出不断增多，造成了市场冗余，产品过剩；另一方面，一些表演过于强调思想内涵，反而带给观众不适的观感，一些新剧目演出装台复杂，与大众审美趣味和欣赏习惯存在差距，一些低俗的、平庸的、取乐性质的改编剧目开始走上戏曲舞台，新剧目与当下观众的需求无法形成有效的契合。

（五）政府保护有待加强

近年来，河北财政收入呈现逐年递增的趋势，但整体上对非物质文化的资金投入仍不足。每年用于河北梆子等戏曲文化的保护资金较少，2015年7月以来，河北财政投入926万元用于购买话剧、戏曲、交响乐和歌舞等艺术演出（合计879场）[1]，这些资金大多运用到现代交响乐和歌舞等表演中，投入在河北梆子等戏曲上的资金较少。相比于每年国家至少投入1000万元的昆曲保护资金[2]，对河北梆子保护资金的投入明显不足。

对河北梆子的宣传力度不够，影响力较低。宣传方面仍然采用报纸、杂志等传统媒体，宣传渠道较为单一，网络平台等现代媒体利用不足。

三 河北梆子的文化传承路径

非物质文化遗产是中华文明的重要组成部分。1997年，费孝通提出

---

[1]《河北省级财政专项经费购买文化服务激活演出市场》，河北省财政厅网站，2014年7月28日，https://czt.hebei.gov.cn/xwdt/gzdt/201407/t20140728_203365.html。

[2]《昆曲：从"困曲"到知音满天下》，《光明日报》2007年1月19日，第5版。

"文化自觉",强调在西方文化冲击下应保持对中国传统文化的认同。[①] 保护好非物质文化遗产,对于提升民族自尊心和促进文化自觉、增强民族归属感,推动经济、社会和文化协调发展,构建社会主义和谐社会,都将起到重要促进作用。地方政府不要停留在申报非物质文化遗产代表性项目(以下简称"非遗项目")热潮中,活态的非遗项目重在保护与传承。

(一)加大投入拓宽筹资渠道

《国务院办公厅印发关于支持戏曲传承发展若干政策的通知》中提出戏曲是中华优秀传统文化的重要载体之一。为贯彻落实以上通知,2016年,河北省人民政府办公厅发布了《关于支持戏曲传承发展的实施意见》,将保护传承京剧、河北梆子等戏曲剧种作为其重点任务之一。河北进一步出台《河北省非物质文化遗产保护专项资金管理办法》(2019),实现非遗专项资金的制度化增长。各地也出台一些配套非遗保护专项资金管理政策,例如《石家庄市非物质文化遗产保护专项资金管理办法》(2024)。

针对河北梆子资金投入不足的现状,当地政府应该积极争取国家专项资金投入。加大对河北梆子等戏曲文化的财政扶持力度,设定戏曲保护与开发专项资金,对专业和业余的河北梆子剧团进行资金投入或财政补贴,保障专业和业余河北梆子剧团的生存和发展,激发剧团的表演热情。随着政府对于公共文化服务的重视程度越来越高,对戏曲剧种的投资力度越来越大,河北梆子的演出场次和活动经费显著增加。2023年,河北戏曲公益性演出(戏曲进乡村)补贴2067万元,按照每个乡镇6场演出,每场演出补助5000元的标准,全年深入672个乡镇,开展了3800余场演出活动。安排中央资金2322.5万元,支持包括河北梆子在内国家级非遗代表性项目71个,举办1563余场非遗展演活动;安排中央资金235.5万元,补助包括河北梆子在

[①] 费孝通:《反思·对话·文化自觉》,《北京大学学报》(哲学社会科学版)1997年第3期。

内112名国家级非遗代表性传承人。①

通过积极争取国家艺术基金、旅游国债基金、设立非物质文化遗产旅游专项贷款、筹集旅游开发专项扶贫资金等方式，多渠道筹集保护与开发资金②，加大对河北梆子保护的投入力度，疏解河北梆子的生存困境。截至2024年3月，河北共有241个项目获得了国家艺术基金1.89亿元的资助。其中，河北梆子《长信宫灯》、《万里江山》、《六世班禅》、《李保国》国家艺术基金项目获得200万~250万元不等的资助。

（二）加强传承人的培养保护

由于演出费用偏低，河北梆子戏曲人才流失严重。通过增加河北梆子艺术拔尖人员的补贴，既解决了传承人的生存困境，也调动了其传承的积极性和主动性。同时，应为河北梆子戏曲艺人缴纳养老保险、医疗保险等，加强社会保障，为其解决后顾之忧。还应注重年轻一代的培养与教育，通过政策引导，激发年轻人的传承热情。③ 创新河北梆子传承人培养机制，为河北梆子的生存和发展创造条件。

（三）培育受众群体促进普及

鼓励更多人参与河北梆子的学习和传承，主要包括三个方面。第一，传承戏曲非物质文化遗产需要青少年的积极参与。当地青少年的文化认同感对地方戏曲艺术的传承与发展至关重要④，从小培养青少年对戏曲艺术、民间音乐等的兴趣。将河北梆子引入学校，努力使河北梆子在青少年群体中传

---

① 《河北省文化和旅游厅2023年度中央支持地方公共文化服务体系建设补助资金、河北省国家非物质文化遗产保护资金绩效自评报告》，河北省文化和旅游厅网站，2024年3月31日，https://whly.hebei.gov.cn/c/2024-03-31/576352.html。
② 陈炜、劳国炜：《广西融水苗族自治县芦笙踩堂开发式保护研究》，《广西社会科学》2012年第7期。
③ 老杨：《河北梆子困境之我见》，《大舞台》2005年第2期。
④ 胡铁龙：《市场经济下地方戏剧的生存现状和发展对策——以晋江高甲戏为个案》，《枣庄学院学报》2013年第4期。

播，以防止观众断层导致传统文化市场萎缩。第二，在大中小学开展"传统文化进校园"活动，将河北梆子表演课程纳入教学，并融入校园文化。对于有表演天赋和喜爱河北梆子的学生，在初中或高中适当分流，鼓励其进入戏曲职业院校或戏曲高等院校深造。第三，扩展至成人，成立河北梆子戏迷协会，以培养粉丝和普及戏曲知识。戏迷协会作为基层群众与演出团体之间的桥梁，对接群众文化需求，组织群众喜闻乐见的演出活动。

（四）把握民俗节庆会演舞台

每个剧种创作、传承、演出都蕴含地方民俗特点，为戏曲艺术提供了天然的文化土壤[①]，各种民俗活动助推河北梆子传播与发展。在传统节日期间，以庙会为文化空间，元宵节上演《元宵谜》，端午节上演《白蛇传》等，形成河北梆子独特的时节时令曲目，使戏曲艺术深植于当地人的思想和生活方式中。

把握会演、公共节假日演出机会，展现河北梆子风采。近几年，《人民英雄纪念碑》（北京多个场次会演，2019），《三娘教子》《龙凤呈祥》《新安驿》（北京，2021），全国戏曲（北方片）会演暨梆子声腔优秀剧目展演（石家庄，2023），点亮"北方戏窝子"河北省戏曲全剧种会演汇报演出（石家庄，2023），点亮北方戏窝子"燕赵杯"全国戏曲票友大赛（石家庄，2023），元宵佳节戏曲晚会（邢台，2024），"我们的中国梦，文化进万家"迎新年大型戏曲演出（任丘，2024），《密云十姐妹》（北京多个场次会演，2024），河北梆子剧目在会演中反响较好。

（五）传承自身的艺术特色

针对河北梆子的发展与改革困境，应适应社会变迁，将艺术的动态发展尽情展现。[②]要创新河北梆子的剧目及表演形式，利用技术手段对新中国成

[①] 谢会敏：《河北民俗与河北梆子的兴起》，《大众文艺》（理论）2009年第14期。
[②] 常丽文：《论地方戏曲的保护与创新发展》，《中国戏剧》2014年第1期。

立后失传的剧目资料进行整理与更新。除了侧重反映家庭婚姻爱情、儿女情长的生活戏之外，还可以全方位、多层次地增设正史故事、历史演义、民间传说、先进典型人物等题材。适应观众新时尚研发新时代的河北梆子剧目，满足人民群众的精神文化需求。

河北梆子的活态保护与传承不仅应关注其外在的表演形式，更应关注其内在的文化价值与精神内涵。保护与传承的关键在于扎根燕赵大地的民俗土壤，传承和发扬河北梆子的民俗特征在多元文化影响下保留本土特色与艺术特质，持续创新，实现与时代潮流的同频共振。

（六）建立档案及影像资料

作为燕赵文化的艺术载体之一，河北梆子应形成内在完整的艺术传承系统。[①] 一是应争取国家艺术基金重大项目或国家重大文化工程；二是应撰写河北梆子发展史与建设文献数据库，利用现代技术搜集、复原与保存剧目及演出相关资料，系统整理河北梆子剧本；三是应建立河北梆子博物馆与地方传习所，作为河北梆子的保护传承基地。

四 推动河北梆子创新发展的对策建议

传承发扬河北梆子文化传统，可以从人才建设、品牌意识、管理体制、宣传方式、文创设计等多个方面入手，增强其艺术活力和市场竞争力。

（一）加强人才梯队建设

现今河北梆子的国家级传承人有10人（齐花坦、张慧云、裴艳玲、田春鸟、刘玉玲、刘俊英、许荷英、阎建国、陈春、刘凤玲），省级传承人（统计第1至第6批，第7批尚未公布）有1052人[②]，市级和县级传承人数

---

① 赵惠芬：《河北梆子文化述论》，《戏曲艺术》2008年第4期。
② 根据河北省文化和旅游厅公布的数据统计。

量更多。传承人主要工作单位有河北梆子剧院、石家庄市戏曲艺术中心、邯郸市艺术剧院、保定市文化馆、唐山市戏剧团等。一是要提高河北梆子从业人员待遇，让戏曲表演者安心于艺术创作与表演。二是要加强对河北梆子新人的挖掘与培养，成立青训班和特训班，从戏曲苗子中选拔优秀人才加以培育，延续从业人员的高质量、高水平，让河北梆子在"传帮带"中培养强大后备军。①

（二）树立品牌意识

树立品牌意识不仅有助于传统戏曲艺术的传承，更有助于提升民众对地方文化的认同。产品需要宣传，品牌需要扩展。河北梆子以独特的艺术风格和表现形式，在新时代发展过程中，逐渐形成"燕赵文化"品牌。在新时代背景下，河北梆子既要保留原有特色，又要吸收现代元素和多样化表现手法，在激烈的文化竞争中提升河北梆子活力和吸引力。

（三）优化管理体制

优化管理体制是促进河北梆子艺术发展的关键。回顾新中国成立初期的戏曲改革和改革开放后河北梆子的管理体制，管理者需要充分考虑当代观众审美需求，积极运用现代科技手段，在戏曲创作上持续创新，实现市场化管理和商业化运作，以更好地展现戏曲魅力。在戏曲宣传与推广上持续发力，让更多观众接触和了解戏曲，激发观众的兴趣，继而推动河北梆子艺术的传承与发展。

（四）创新宣传方式

不断探索和尝试新的表现形式和传播渠道，以更好地保护和传承河北梆子。在"互联网+"时代，网络成为传播范围最广的宣传媒介。应充分利用

---

① 秦庆昆、田丽萍、靳涛：《河北梆子的音乐特点、艺术价值及其创新与发展》，《河北师范大学学报》（哲学社会科学版）2009 年第 5 期。

网络媒体平台,制作河北梆子宣传片,以线上形式宣传推广,提高其知名度,让潜在的戏曲爱好者接触并认识河北梆子。

一是推进河北梆子与媒体、影视、广告、娱乐项目等相关领域合作,提高其影响力。首先,为适应现代生活的快节奏,通过与中央电视台(某戏曲节目)、河北网络广播电视台、河北广播电视台、其他网络传播媒体合作,将河北梆子某些经典曲目、经典片段放到电视广告以及网络剧前的广告中[1],让更多观众有机会接触并产生兴趣了解河北梆子。其次,建立河北梆子网络服务平台,设置河北梆子演出表、最新剧目、经典演出视频等栏目,方便戏曲爱好者查询。开设河北梆子微信公众号、新浪微博账号,在固定时间发送演出通知、演出曲目、历史源流、演员简介等。最后,通过组织演出、文化交流活动,邀请更多观众亲身观看与体验河北梆子,助力河北梆子走出河北,走向全国乃至国际舞台。

二是推出"旅游+戏曲"联合促销模式。为适应现代社会的发展,河北应借助白洋淀、避暑山庄、直隶总督署、野三坡等旅游资源,推出"旅游+戏曲"联合促销模式(即在景区、宾馆的屏幕广告中加入河北梆子宣传信息,在景区、宾馆适当场地播放或演出河北梆子,实行白天看景、晚上听戏联动机制等),扩大河北梆子的受众人群。

三是以河北梆子为原型开发旅游演艺项目。旅游演艺项目是专为游客设计的文艺演出,与一般的文娱演出不同。优先选择具有地方代表性的文化艺术,展示地方文脉,帮助游客感知旅游目的地文化内涵。河北梆子蕴含着燕赵文化的独特魅力,适合开发成旅游演艺项目。将地方文脉与旅游演艺有效融合,如在雄安上演《瓦桥关》,在冀南平原上演《岳母刺字》,在冀北大地上演《辕门斩子》等。开发河北梆子旅游演艺项目可以填补游客晚间娱乐的空白。

四是利用粉丝效应扩展发展空间。河北应拓展渠道推进河北梆子老艺人

---

[1] 邵振奇:《数字化浪潮下戏曲受众的阅读变化及戏曲传播的创新》,《中州学刊》2015年第8期。

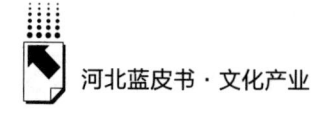

与掌握自媒体技术的人员合作，以抖音、快手等平台为载体，对河北梆子排练、演出、道具、说戏等内容进行拍摄、剪辑、制作、上传、维护等，并逐渐打造非遗UP主，吸引粉丝，增加流量。

（五）加强文创衍生品设计

戏剧文化生产分为筹备、排练和市场推广三个阶段，旨在为公众提供高质量的文化演出、围绕戏曲设计文创衍生品。近年来，河北涌现出两个文创衍生品设计典型。

1. 河北梆子人物形象系列插画

河北梆子人物形象系列插画（见图1）的设计注重对传统角色的准确把握与再现。角色有生、旦、净、丑等类别，每个角色都有其独特的服饰、妆容和性格特征。生角通常表现英俊、威武的形象，旦角则体现温婉、柔美的气质，净角往往个性鲜明、威严庄重，丑角往往幽默风趣。插画设计师通过色彩和线条，强调角色差异，使角色形象生动、鲜明。这种视觉表达不仅能够吸引年轻人的目光，还能够实现河北梆子文化价值的有效传递。河北梆子人物形象系列插画文创产品包括明信片、海报、手提袋、文具以及玩偶等，

图1 河北梆子人物形象系列插画

资料来源：贾兴宇：《非遗视野下河北梆子人物形象的文创产品设计研究》，硕士学位论文，内蒙古大学，2020。

种类多样。这些文创产品不仅具有实用价值，还富含艺术欣赏性。通过将传统戏曲元素融入日常生活用品，让更多人感受河北梆子的魅力，增强对中华优秀传统文化的认同感和亲切感。此外，这些文创产品也成为文化传播载体，激发了戏曲爱好者的收藏兴趣。

2.《河北梆子》系列之立体纸插

立体纸插不仅是一种艺术品，更是对河北梆子文化的重新诠释和传承。在2022年"鑫达杯"第四届河北省文创大赛中，以《蝴蝶杯》《大登殿》剧目里三个典型人物形象为原型的立体纸插作品，结合纸艺方式呈现河北梆子的人物特征及戏剧文化价值。每个角色的设计都注重戏曲审美细节，力求还原人物角色在舞台上的神韵与风采。《河北梆子》系列之立体纸插将传统与现代相结合，通过视觉艺术传递戏曲文化的魅力，让每一位观众在欣赏作品的同时，感受源远流长的文化情怀。该作品被评为2022年十大"最佳网络人气奖"作品之一。[1]

（六）加强多方共同扶持

首先，民间和社会参与至关重要，文化爱好者、艺术团体和观众的支持为河北梆子的传承与发展注入活力。民间的推广和传播，使河北梆子走进更多人的生活，增强其社会影响力。其次，政府支持、政策引导和财政投入为河北梆子的宣传推广提供了必要的资源和平台。通过政策倾斜推动艺术发展，以举办文化活动和赛事来提升河北梆子知名度，增强其市场竞争力。最后，社会扶持和政府扶持相辅相成，为河北梆子的传承与发展提供坚实基础。

（七）创新融合多元文化

河北梆子是山陕梆子与燕赵文化相结合的产物。在多元文化共存的背景

---

[1]《匠心筑梦｜润石文创作品省赛摘银》，润石集团网站，2022年12月24日，https://www.bestone.net/news/321.html。

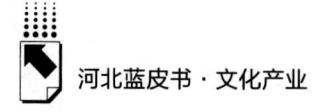

下，河北梆子面临机遇与挑战，创新观念可以转危为机，开创新局面。① 河北梆子需要借鉴其他艺术形式、艺术流派优点，以河北梆子原生态特质为核心实现多剧种融合、多角色扮演、多乐器伴奏，在多元文化潮流中促进自身成长。

---

① 秦庆昆、田丽萍、靳涛：《河北梆子的音乐特点、艺术价值及其创新与发展》，《河北师范大学学报》（哲学社会科学版）2009年第5期。

B.19 河北省长城沿线非物质文化遗产保护和活化利用研究

白翠玲 雷欣 李昱瑾 苑潇卜[*]

摘 要： 河北省长城沿线的非物质文化遗产是长城文化另外一种表现形式，是河北省长城沿线社会习俗、经济发展、文化教育等方面的集中体现。非物质文化遗产的保护和活化利用是非遗实践中的关键命题。物质经济和社会文化生活的剧烈变动导致非遗的保护和活化利用陷入困境。本文采用文献资料法、参与式观察和访谈法进行实证研究。研究表明，第一，河北省非遗资源总体呈现数量丰富、特色鲜明、内涵深厚的特点，从类型上看，传统技艺类和民俗类比重最大，传统舞蹈类比重最小，各种类型在空间上呈现不平衡性，整体表现为冀中北部地区相对集中、南部地区相对较少的空间格局。第二，河北省非物质文化遗产传承保护体系基本形成，保护主体以政府为主，非遗活态传承多样化，但面临整体性活化利用有待增强，跨区域系统整合难度大；要素资源投入不足，产业化和文旅融合不深入；长城精神文化内涵挖掘阐释不足，同质化和商业化明显；数字化赋能创新不足，传播展示平台缺失等困境。第三，未来，河北省长城沿线非物质文化遗产需要构建差异化和系统性保护体系，实施综合性保护策略；加强要素投入和文化挖掘阐释，推动文旅深度融合发展；构建多元化参与机制，实施社区和数字双赋能工程；加强区域协调联动，建立非遗保护合作机制。

---

[*] 白翠玲，河北地质大学管理学院教授，主要研究方向为旅游规划与管理、乡村旅游、遗产旅游；雷欣，燕山大学经济管理学院博士生，主要研究方向为旅游规划与管理、遗产旅游；李昱瑾，河北地质大学管理学院硕士生，主要研究方向为土地资源管理；苑潇卜，河北省博物院馆员，主要研究方向为文化旅游、文化遗产保护。

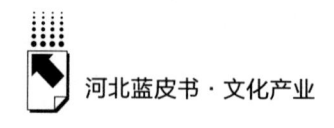

关键词： 非物质文化遗产　长城　文化产业化　河北省

中国有着悠久的历史，在漫长的岁月中用智慧和生命积淀了宝贵的文化财富，树立了中华民族的精神风骨，形成了丰富的非物质文化遗产（以下简称"非遗"）资源。作为中华优秀传统文化的重要组成部分，河北省长城沿线的非遗承载着许多随时代变迁而可能消失的文化记忆，充分体现了河北人民的审美理想和文化价值观念。随着现代化进程的加速，非遗的生存空间不断被挤压。因此，保护和活化利用非遗，弘扬中华优秀传统文化，已成为当下的迫切任务。

一　河北省长城沿线非遗保存现状分析

《中华人民共和国非物质文化遗产法》规定，非遗是指各族人民世代相传并视为其文化遗产组成部分的各种传统文化表现形式，以及与传统文化表现形式相关的实物和场所。非遗项目可详细分为"民间文学""传统音乐""传统舞蹈""传统戏剧""曲艺""传统体育、游艺与杂技""传统美术""传统技艺""传统医药""民俗"10个子类。河北省长城沿线非遗分布的不平衡性本质上是自然地理、历史进程、民族互动、经济转型和政策实施等多维度因素共同作用的结果。

（一）长城沿线非遗总体情况

河北省非遗资源总体呈现数量丰富、特色鲜明、内涵深厚的特点。根据河北省文化和旅游厅数据，河北省长城沿线省级以上非遗项目有277项。在项目类别方面，民间文学类共计20项，传统音乐类共计35项，传统舞蹈类共计4项，传统戏剧类共计38项，曲艺类共计11项，传统美术类共计14项，传统体育、游艺与杂技类共计22项，传统技艺类共计55项，民俗类共计58项，传统医药类共计20项。河北省长城沿线分布有与长城守护有关的

300多个长城古村落，民间还流传着许多与长城有关的名人轶事、传说、农耕生活、民俗节庆等非遗资源。加强河北省长城沿线非遗的传承保护和开发，不仅有利于实现河北省长城沿线文化资源的保护传承利用，还有利于推动长城文旅融合模式创新，更有利于深度阐释长城文化精神。

（二）非遗的空间分布格局

从全国范围来看，根据文化和旅游部公布的数据，长城沿线的国家级非遗项目总数超过360项，遍布15个省（区、市）的78个地级市和191个县（区）。其中，内蒙古自治区、河北省、新疆维吾尔自治区和山西省的分布最为密集，河北省的占比超过11%。从地区分布来看，西北地区的非遗项目最为集中，其次是华北地区，中部地区和东北地区的分布则相对稀疏。

从河北省来看，非遗项目在长城沿线的9市1区均有分布。根据河北省文化和旅游厅公布的数据，石家庄市非遗项目数量最多，拥有59项；数量次之的分别是承德市48项，张家口市36项，保定市28项，秦皇岛市25项，廊坊市21项，雄安新区和邯郸市均为19项，邢台市14项；数量最少的是唐山，拥有8项。整体呈现冀中北部地区相对集中，南部地区相对较少的空间格局。

（三）非遗的等级和类别结构

从全国范围来看，根据文化和旅游部公布的数据，长城沿线的国家级非遗项目10类均有分布，其中民俗类、传统音乐类、传统技艺类、传统戏剧类、传统美术类数量居于前列，分别占长城沿线国家级非遗总数的16.12%、14.21%、12.84%、12.3%、11.75%；民间文学类，传统舞蹈类，曲艺类，传统体育、游艺与杂技类，传统医药类的数量较少，分别占9.02%、8.74%、6.01%、5.19%、3.83%。

从河北省来看，根据河北省文化和旅游厅公布的数据，河北省有6项非遗项目被联合国教科文组织列入人类非遗代表作名录，有40多项非遗项目被列入国家级非遗代表性项目名录，有200多项非遗项目被列入省级非遗代表性项目名录。河北省长城沿线非物质文化遗产种类繁多，拥有以孟姜女故事传说、契丹始祖传说等为代表的民间文学；以雄县古乐、里东庄音乐老会等为代表的传统音乐；以井陉拉花、徐水狮舞等为代表的传统舞蹈；以武安平调落子、二人台等为代表的传统戏剧；以西河大鼓、张北大鼓等为代表的曲艺；以沙河藤牌阵、文安八卦掌等为代表的传统体育、游艺与杂技；以蔚县剪纸、曲阳石雕等为代表的传统美术；以定瓷、易水砚制作技艺等为代表的传统技艺；以温氏妇科诊疗法为代表的传统医药；以女娲祭典、蔚县拜灯山等为代表的民俗，门类齐全，其中蔚县剪纸、丰宁满族剪纸、唐山皮影戏、杨氏太极拳、武式太极拳、王其和太极拳6项被联合国教科文组织列入人类非遗代表作名录，40多项为国家级非遗项目，200多项为省级非遗项目，还有多项市级非遗项目。具有多样性、地域性、高品质等特点的河北省长城沿线非遗，体现了壮美的长城形象和厚重的长城文化。

（四）河北省不同类型非遗分布情况

河北省长城沿线非遗种类丰富与其齐全的地质地貌类型密切相关，也是其多民族融合与文化多样性的产物。河北省北部燕山山脉和西部太行山区的封闭地形，为非遗的保存提供了天然屏障。而东部平原因开发较早，传承主体缺失，历史上曾是政治经济中心，主流文化影响较深，非遗流失或者同质化相对严重。河北省作为中原文化与北方游牧文化的交汇地带，不同区域的历史积淀差异显著。如邯郸市是燕赵文化形成的核心地区，邯郸成语典故最为典型，地处河北省北部的承德市则受满族、蒙古族文化影响，非遗文化以民族音乐和舞蹈为主。

从类型来看，根据河北省文化和旅游厅公布的数据，民间文学类分布在长城沿线的6市，在秦皇岛市、承德市和唐山市分布最多，占全省的75%；传统音乐类分布在长城沿线的8市1区，在雄安新区、保定市、廊坊市呈现集聚状态，占全省的65.7%；传统舞蹈类分布在长城沿线的7市，在张家口市、承德市、秦皇岛市呈现集聚状态，占全省的50%以上；传统戏剧类分布在长城沿线的8市，在石家庄市和张家口市分布集中，呈现南北两核的集聚状态，两地分别占全省的28.9%和34.2%；曲艺类分布在长城沿线的4市1区，在张家口市呈现集聚状态，占全省近50%；传统美术类分布在长城沿线的7市，在承德市呈现集聚状态，占全省的40%以上；传统体育、游艺与杂技类分布在长城沿线的6市1区，在廊坊市、雄安新区呈现集聚状态，占全省的45.5%；传统技艺类分布在长城沿线的9市1区，在承德市、保定市、石家庄市分布最多，尤其是在保定市、石家庄市呈现集聚状态，占全省的30%以上；民俗类分布在长城沿线的8市1区，其中承德市、张家口市、石家庄市、保定市分布最多，在空间上呈现张家口市、承德市集聚和石家庄市、保定市集聚的南北两核状态。

二 河北省长城沿线非遗的保护和活化利用现状

（一）非遗传承保护体系基本形成

近年来，河北省在非遗的传承与保护方面取得了显著成效，尤其是在长城沿线的非遗保护和活化利用方面。河北省不仅建立了较为完善的四级目录体系，其中蔚县剪纸、丰宁满族剪纸等项目更是被联合国教科文组织列入人类非遗代表作名录，这不仅展示了河北省在非遗保护方面的突出成果，也彰显了其在全国范围内的影响力。为了进一步巩固和发展这些成果，河北省制定了《河北省非物质文化遗产条例》《河北省省级非物质文化遗产代表性传承人认定与管理办法》《河北省长城保护条例》等一系列规章制度，为河北省非遗保护提供了坚实的制度保障。

在具体措施方面，河北省打下了扎实的基础，对长城沿线的59个县（区）进行了非遗资源调查，清晰掌握了各类非遗项目的底数。同时，河北省注重非遗代表性传承人的培养与扶持，通过建立系统的传承人制度，确保非遗技艺能够在新生代中延续。数字化技术赋能长城沿线非遗环境保护，如通过无人机巡查和数字化建模等方式，对长城沿线非遗项目进行技术保障。

2012年，河北省设立了非遗保护专项资金，为非遗项目的保护与传承提供了经济支持。这些努力使河北省在全国范围内的非遗保护工作中，无论是在申报项目、传承人培养还是在资金投入等方面，均表现出色。随着非遗保护制度和工作体系的日益完善，河北省在巩固现有的保护成果方面取得了长足进展，推动了非遗保护工作的深入发展。当前，河北省的非遗保护已进入一个新阶段，重在抢救、巩固保护成果，同时注重增强传承实践的能力，以更好地服务于社会的可持续发展。

（二）保护主体以政府为主，辅以社会组织机构

从保护主体的角度来看，河北省的非遗保护工作涉及多个层面的组织机构，包括行政部门、事业单位、企业、协会等。这种多元化的保护体系形成了一个相对完善的保护网络。在这一保护网络中，各县（区）的文化馆、文物保管所和非遗保护协会（中心）承担了大部分的保护任务，成为主要的执行力量。这些单位通过日常的管理和维护，确保非遗项目的妥善保存和传承。此外，一些非遗项目还由文化和旅游局、文物保管所、文化体育办公室、乡政府、村委会、管委会、戏剧艺术研究院、剧团、武术协会、公司（工厂）、文学艺术界联合会等单位负责保护。这些单位虽然在数量上不占主导，但它们在特定领域内发挥了重要作用，为非遗保护工作提供了多样化的支持。

这种结构基本形成了以行政部门和事业单位为主导，以企业和协会为辅助的多层次、多元化的保护体系。行政部门和事业单位作为非遗保护的核心力量，负责政策制定、资金拨付和日常管理；而企业和协会则在非遗项目的推广、活化利用和市场化运营方面发挥补充作用。这样的管理模式不仅使非遗项目得到有效保护，也为其可持续发展提供了多维度的支持。

（三）非遗活态传承多样化，但存在不平衡性

总体来看，河北省在非遗的保护和活化利用方面取得了一定成效，但不同类型的非遗项目发展存在不平衡性。河北省通过节假日组织多样化的非遗

展览与展示活动，如联合长城沿线15个省（区、市）举办线上交流活动，开展"长城脚下话非遗"展示展演等活动，开展长城非遗研学活动，挖掘长城沿线非遗文化，使广大群众能够更直观地感受和参与非遗的传承与保护，增强文化认同感。同时，将非遗与文创相结合，如开发长城雪糕、长城剪纸、长城瓷器等文创商品，用非遗技艺展现长城文化。

民间文学类的非遗资源，以各地传说为主，这些传说大多为当地居民耳熟能详的故事，内容丰富多样，涵盖了历史人物、神话传说和地方传说。例如，历史人物传说中有伯夷、叔齐、李广、窦尔墩、韩信、秦始皇等；神话传说中有契丹始祖、玄鸟生商等故事；地方传说则如平泉、鹰手营子等地方故事。对于这些传说，河北省在整理和挖掘上已取得了较为深入的成果，并通过评述、图书、图片和讲解等多种形式传播，但整体影响力和受众范围相对有限。

传统音乐类、传统舞蹈类、传统戏剧类、曲艺类等非遗资源的保护和活化利用仍有待加强。传统音乐类非遗资源如笙管、鼓吹乐、音乐会管乐、吹歌、古乐等，尽管历史悠久，但在现代社会中的传播和推广力度不足。传统舞蹈类非遗资源如拉花、狮舞、高跷、秧歌、抬皇杠、背阁等多在当地节庆活动中以表演形式出现，但缺乏系统性推广和商业化运作。传统戏剧类非遗资源，如武安平调落子、武安傩戏、二人台、磁县怀调、口梆子、晋剧、赛戏、哈哈腔、丝弦、木偶戏、秧歌戏等，虽然种类繁多，但因其表现形式传统，未能有效适应现代观众的审美，影响力不足。曲艺类非遗资源如戳古董、大鼓、干嗑、二人转、磁县坠子等，在群众基础较好的地区仍有一定活力，但整体上未能形成规模化发展。

传统美术类和传统技艺类非遗资源在产业化方面表现突出，在全国范围内形成了一定的品牌效应。传统美术类非遗资源如剪纸、石雕、民间建筑艺术、面塑、布糊画、花灯、泥塑等，通过与现代市场需求结合，逐渐实现了规模化生产和广泛推广。例如，曲阳石雕、伯延民间建筑艺术、蔚县剪纸等已经成为推动地方经济发展的重要组成部分，具有较高的市场认知度和经济效益。传统技艺类非遗资源，如绞胎陶瓷制作技艺、定瓷制作技艺、易水砚制作技艺、板城烧锅酒五甑酿造技艺、刘伶醉酒酿造技艺、山庄老酒酿造技艺等，也通过品牌化运营和产业链延伸，实现了非遗技艺的活化与传承。这些非遗资源不仅保留了传统技艺的精髓，还通过现代化的生产与营销手段，成功打开了市场，成为河北省非遗保护和活化利用的典范。

三 河北省长城沿线非遗的保护和活化利用困境

河北省长城沿线非遗的保护和活化利用虽然发展态势良好，但在长城国家文化公园（河北段）建设背景下，也面临一些不容忽视的问题。

（一）整体性活化利用有待增强，跨区域系统整合难度大

非遗与其所依存的文化生态环境紧密相连，二者互为依托、相互成就。非遗的传承和发展，离不开其所生长的文化土壤和空间，一旦脱离了这些生存环境，非遗便失去了其赖以维系的根基。如曲阳石雕、磁州窑烧制技艺等对自然环境的依赖度高，其发展受到原材料产地的制约。河北省非遗保护政策主要向知名度高的项目倾斜，如吴桥杂技、蔚县剪纸等，导致政策侧重于部分知名非遗，而偏远地区非遗的边缘化现象明显。经济较发达的环京津地区，城市化进程较快，传统手工艺、民俗活动失去传承主体，很多年轻人对非遗缺乏兴趣，非遗代表性传承人老龄化等问题突出。

受行政区划的影响，河北省长城沿线在管理上存在诸多矛盾和挑战。在某些地区还存在对文化生态保护区域协同性的重要性认识不足的问题，这些地区的行政区划边界问题导致管理上的多头化和交叉重叠，多个部门和机构在同一区域内行使管理职能，缺乏统一的协调机制，使资源管理效率低下，亟待系统性整合。此外，由于长城部分段落的勘界问题，相邻行政区域常以长城中心线为界，存在权属不清、责任不明的问题。同样的挑战也出现在长城国家文化公园的建设和非遗资源的保护管理工作中。由于缺乏有效的跨区域协调机制，长城沿线在文化公园建设和非遗保护方面的协同配合困难重

重。如太行山区的剪纸等非遗多点化布局，尚未形成区域联动保护机制。由于缺乏全局视角，长城沿线的非遗资源难以作为一个整体进行系统性保护与管理，这不仅削弱了长城文化带的整体性和连续性，也制约了非遗资源的有效利用与传承。随着长城国家文化公园（河北段）建设的推进，如何在开发中保护和传承非遗资源，成为一个亟待解决的重要课题。

（二）要素资源投入不足，产业化和文旅融合不深入

河北省长城沿线非遗保护经费主要依赖中央和省级财政拨款，基层文保单位普遍面临资金短缺，社会力量参与有限。大多数经费用于重点项目修缮，非遗文化保护与传承资金量占比很小。河北省国家级非遗代表性传承人中，60岁以上传承人占比超70%，部分项目面临失传风险。且传承人数量与项目规模不匹配，部分项目仅存1~2名传承人。例如，抚宁剪纸、临城南调等传统技艺因缺乏年轻学徒，技艺传承困难。部分非遗项目在保护与利用方面尚未完全实现文旅融合"应融尽融、宜融则融"的原则要求。虽然一些以传统文化表演和技艺为主的非遗项目仍需加强推广和产业化运营，而传统美术类和传统技艺类非遗的成功经验则值得进一步推广，以实现更为全面的非遗保护与利用。同时，传统音乐、传统舞蹈、传统戏剧、曲艺等非遗展演多集中于节庆活动，常态化传承不足，缺乏系统性传承机制。

当前，一些非遗资源仍停留在原始化保护阶段，即主要依靠物理保存和简单展示来维持其存在。这些非遗资源往往以静态的观赏和参观形式呈现，仅依赖于口耳相传，缺乏更深层次的互动和传播。许多优秀的非遗资源仍然被束之高阁，"躺"在博物馆中或隐藏在偏远的乡村，不为公众所熟知。缺乏精细的包装策划和高水平的文化创意支持，这些非遗资源未能充分发挥其文化和经济潜力，导致其在与文旅产业融合过程中动力不足，效果有限。

（三）长城精神文化内涵挖掘阐释不足，同质化和商业化明显

长城精神文化内涵包含外在和内在两个层面。外在层面是指长城所蕴含的奋斗精神和爱国情怀，内在层面是指依托长城修建产生的文化现象、文化

遗存等，二者在中华民族"长城文化"的价值体系中具有同样重要的意义。长期以来，人们更侧重于对长城精神文化的外在层面的研究，对内在层面的关注还远远不够，只是将非遗资源简单包装为旅游产品，弱化了其文化价值。长城河北段有着为数不少的民间文学类和民俗类的非遗项目，如山海关长城一带民间文学类非遗项目"孟姜女哭长城"，通过口口相传，讲述山海关长城修建的背景，反映了当时的百姓生活场景和历史文化风貌，然而当下对这一项目的挖掘整理还远远不够，项目的知名度和影响力有待于进一步提高；又如山海关景区虽举办"浑锅文化节"，但非遗美食的商业化运营导致传统制作工艺简化，文化体验流于表面；再如张家口大境门长城附近的边贸文化传承发展及相关文创产品的研创开发，做好将对弘扬长城精神内涵产生良好的助力，然而当前无论是对边贸文化的挖掘还是对文创产品的研发都还停留在表面，存在设计层次低的问题，致使这一边贸文化没有得到很好的传承发展。当前对长城精神内在层面的挖掘、记录、整理还远远不够。文创产品同质化现象严重，尽管开发了"长城雪糕""剪纸文创"等产品，但设计单一、缺乏地域特色。

（四）数字化赋能创新不足，传播展示平台缺失

河北省长城沿线非遗的数字化保护与传播相对滞后。河北省虽建立"云长城·河北"数字平台，但非遗数字化覆盖率低，部分数字化项目投入不足，大量非遗技艺仍以传统方式保存，易因传承人离世导致技艺流失。非遗活化多依赖传统展演形式，与增强现实（AR）、元宇宙、人工智能（AI）等新技术结合较少。虽部分场所推出文物 AR 互动，但非遗项目数字化互动体验仍处于初级阶段，未能有效吸引年轻群体。

此外，河北省长城沿线的非遗项目与文旅资源之间缺乏一个系统的、具有影响力的传播展示平台，导致非遗文化的影响力难以扩大。非遗项目缺乏创新的展示形式，无法吸引公众的广泛参与，特别是年轻一代对非遗的认同感不足。这种局面不仅限制了非遗的传承和发展，也阻碍了非遗项目与文旅资源的深度融合，削弱了文旅产业的整体竞争力。

四 河北省长城沿线非遗的保护和活化利用路径

针对河北省长城沿线非遗的保护和活化利用困境,本文提出以下四个方面的路径。

(一)构建差异化和系统性保护体系,实施综合性保护策略

河北省长城沿线非遗分布的不平衡性需要通过差异化和整体性的保护策略,实现非遗的可持续传承和发展。长城国家文化公园建设在基础性保护非遗的同时,应充分认识并尊重沿线各地区的独特文化特征。一是应根据各地的具体情况制定保护策略,山区侧重于原生态保护基础上的传承利用开发,平原地区适宜推动活态传承。二是对于非遗项目数量众多、特色鲜明且保存状况良好的地区,可以探索建立非遗生态保护实验区,实施全方位的保护措施。三是实施数字化建档工程,系统整理和挖掘长城沿线的非遗资源,开展"口述"工程,对重大历史事件、重要人物以及经典故事进行详细记录和梳理,运用三维扫描、VR/AR技术对濒危项目进行全息记录,形成具有系统性的文献成果;建立"长城非遗基因库",对非遗项目进行谱系化分类管理,开发智能监测系统,对长城沿线国家级非遗项目和代表性传承人进行专项数字化记录,运用互联网技术构建"线上长城文化公园"数据库,实现线上线下互动,实时追踪非遗代表性传承人技艺状态及传承效果。

(二)加强要素投入和文化挖掘阐释,推动文旅深度融合发展

加大资金和人员等要素投入力度,设立省级非遗保护专项资金,向基层倾斜,并建立社会参与机制;定向培养非遗代表性传承人,提高非遗保护员待遇。充分发挥长城沿线丰富的自然、地理与文化资源优势,特别是其靠近京津地区的区位条件,全面开发非物质文化遗产的旅游潜力,推动区域文化

和旅游产业的融合发展。一是通过深度挖掘和利用非遗资源，推动现有景区转型与升级，实现文旅深度融合，以山海关—金山岭—大境门为轴线，建设10个非遗主题驿站，打造"长城非遗廊道"；开发"戚继光戍边宴"场景复原沉浸式体验产品，将抚宁太平鼓融入实景演出、设计主题线路、培训研学导师等。二是积极建设非遗传承与展示中心，在丰宁、隆化、蔚县等传统技艺类非遗资源集中的地区设立非遗传习所或非遗工坊，并在长城国家文化公园（河北段）内的主要展示场馆，如中国长城文化博物馆、金山岭长城自然文化博物馆、大境门长城文化博物馆等，设立互动展销体验区，打造集观赏、体验、学习和购物于一体的综合性非遗体验场所。三是大力开发长城沿线非遗相关的创意旅游产品，设计推出具有地域特色的工艺品、地方名吃以及长城沿线非遗旅游地图等系列商品，培育长城非遗文化创意品牌，提升区域文化产业的市场竞争力。

（三）构建多元化参与机制，实施社区和数字双赋能工程

习近平总书记指出："要做好长城文化价值发掘和文物遗产传承保护工作，弘扬民族精神，为实现中华民族伟大复兴的中国梦凝聚起磅礴力量。"①在推进长城国家文化公园建设过程中，要紧扣长城的边塞攻防文化、戍边文化、边贸文化和民俗文化等特色，全面解析长城抗战精神的传承与发展。一是建立政、企、社协同平台，设立长城非遗保护基金，实行"政府引导+社会认捐+市场运作"模式；推行"非遗管家"制度，专业团队驻点服务重点村落；建立非遗知识产权交易中心；等等。二是社区赋能工程，实施"非遗乡村"计划，将非遗保护纳入村规民约，培育"新乡贤"群体，搭建电商营销矩阵，创设"非遗积分制"，村民通过传承活动兑换公共服务等。三是实施国际传播计划，搭建数字传播创新平台，打造"数字长城非遗元宇宙"，实现虚拟非遗社区运营；开展抖音、快手等平台"百匠直播"计划，培育网红传承人；开发AR导览系统，实现历史场景复原。

---

① 《习近平关于社会主义精神文明建设论述摘编》，中央文献出版社，2022，第229页。

（四）加强区域协调联动，建立非遗保护合作机制

建设长城国家文化公园是一项涉及多部门和多地区的大规模工程，其在推进过程中不可避免地会受到地域影响。因此，必须打破部门和地域的界限，建立高效的跨区域协调与合作机制。一是要建立非遗项目环境影响评估制度，控制过度商业化开发；二是要构建跨区域合作联盟，促进各地之间的紧密合作与信息共享；三是要构建非遗经济圈，推动核心非遗项目与周边资源的联动发展；四是要加强长城沿线非遗的保护传承，建立生态保护补偿机制，结合各方经验，加大对长城沿线非遗的保护力度。通过以上措施，共同推动长城文化品牌持续发展壮大，从而实现长城国家文化公园建设的整体目标。

参考文献

林继富：《非物质文化遗产保护传承与建设中华民族现代文明》，《中南民族大学学报》（人文社会科学版）2024年第7期。

高艳芳：《中国非物质文化遗产研究20年：进程、经验与展望》，《湖北民族大学学报》（哲学社会科学版）2024年第3期。

廖四顺：《乡村非物质文化遗产保护传承与旅游高质量互动发展》，《社会科学家》2024年第2期。

林琰、李惠芬：《非物质文化遗产的保护机制与活化路径》，《南京社会科学》2023年第3期。

韩若冰：《非物质文化遗产的活化、传承与创新——以"情动机制"为视角》，《民俗研究》2019年第6期。

赵蕊菡、谢枝彤、薛淑允：《文化传承视角下我国公共图书馆非物质文化遗产活化利用研究》，《图书情报工作》2024年第15期。

杨敏等：《大别山非物质文化遗产空间分布特征与活化路径研究》，《中学地理教学参考》2023年第36期。

《河北多举措推动长城沿线非遗保护》，文化和旅游部网站，2020年12月17日，https://www.mct.gov.cn/preview/whzx/qgwhxxlb/hb/202012/t20201217_919654.htm。

王佳钰、苏明明、窦浩涵：《文化生态学视域下手工艺类非物质文化遗产的困境识

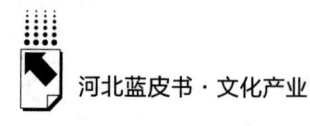

别与传承发展——基于从业者视角》，《旅游科学》2024年6月13日网络首发。

白翠玲、雷欣、苑潇卜：《长城国家文化公园（河北段）文化遗产展示体系研究》，《河北地质大学学报》2022年第3期。

苑潇卜：《长城国家文化公园（河北段）建设中非遗传承保护和发展利用研究》，《旅游纵览》2021年第2期。

吕铖亮：《行动者网络视角下非物质文化遗产的活化利用机制研究——以绍兴市为例》，硕士学位论文，中共浙江省委党校，2022。

郭虹、坚冰卓、姬红杰：《甘肃新疆两省区非物质文化遗产法律保护的经验与启示》，《边疆经济与文化》2024年第4期。

付蒙蒙：《乡村振兴战略背景下成都市非物质文化遗产的协同管理研究》，硕士学位论文，四川农业大学，2022。

B.20
太行八陉（河北部分）传统村落的旅游资源基础与文化基因*

张祖群　王滢　李潘一　杜林鑫　蓝子钧**

摘　要： 本文首先以历史文献方法、实地调研方法分析了太行八陉（河北部分）传统村落的基本情况，包括太行山区传统村落的独特价值和以太行八陉为轴心的"线性文化景观"。其次分析了太行八陉（河北部分）传统村落的旅游资源基础，包括山水格局与建筑载体、先贤人物与传统民俗。最后分析了太行八陉（河北部分）传统村落的文化基因，包括主体基因、附着基因、混合基因、变异基因。

关键词： 太行八陉（河北部分）　中国传统村落　旅游资源基础　文化基因

---

* 本文系中国高等教育学会2022年度高等教育科学研究规划课题重点项目"基于文化遗产的通识教育'双向'实施途径"（22SZJY0214）、2024年北京理工大学教育教学改革重点项目"基于遗产公约与文明互鉴的设计学类本科专业综合素养提升研究"（2024CGJG017）、世界中餐业联合会2025年度重点课题"新媒体时代中华饮食文化基因识别与传播路径研究"（WFCCI-2025-KT033）、世界中餐业联合会2025年度饮食文化专题研究课题"京津冀地区饮食文化的地域特色与传承"（WFCCI-2025-KT024）、2025年北京理工大学本科教育教学改革与教学建设项目"推进遗产公约与文明互鉴：〈文化遗产史与文化思潮〉研究型课程创新"（2025KCJS028）、2025年北京理工大学研究生教学质量提升重点建设专项"中华优秀传统文化主体性与设计创新研究"（2025JXAL23）、2025年北京理工大学研究生教育培养综合改革一般项目（教研教改面上项目）"课程—竞赛与实践三位一体：设计学（文化遗产与创新设计）硕士生培养综合能力提升计划"（72233）的研究成果。

** 张祖群，中国科学院博士后，北京理工大学设计与艺术学院文化遗产系高工、硕导，主要研究方向为文化遗产与艺术设计、文化旅游等；王滢，北京理工大学设计与艺术学院2023级硕士生，主要研究方向为文化遗产与艺术设计；李潘一，北京理工大学设计与艺术学院2023级硕士生，主要研究方向为文化遗产与艺术设计；杜林鑫，北京理工大学设计与艺术学院研究人员，主要研究方向为智能创新设计；蓝子钧，北京理工大学计算机学院研究人员，主要研究方向为信息科学与文化艺术设计。

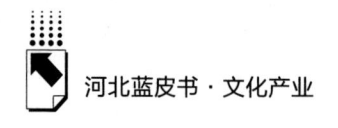

一 太行八陉（河北部分）传统村落的基本情况

（一）太行山区传统村落的独特价值

太行山是我国第二阶梯与第三阶梯的地理分界线，也是黄土高原与华北平原的天然分界线。太行山绵延400多千米，其相对隔绝的自然环境，为众多依山而居的传统村落构筑了天然的保护屏障，流传至今的自然资源与文化遗产展现出不可估量的人文价值。太行八陉作为沟通太行山东西两侧，连接山西、河北、河南三省的咽喉要地，战略地位显赫，同时亦是文化、商贸的交通要道。在6批合计8155个中国传统村落名录中，太行山区占671个（多分布于太行八陉范围内），占比约为8.2%，成为北方传统村落密集分布地带。[1]

2017年10月，党的十九大报告首次提出实施乡村振兴战略；2022年10月，党的二十大报告再次吹响了全面推进乡村振兴的号角，明确提出"要坚持农业农村优先发展"。全国各地纷纷响应国家号召，将目光投向了这些承载着厚重历史的传统村落，使之成为社会各界关注的焦点。[2] 行政区域与自然界限的犬牙交错，在一定程度上阻碍了村落的协同发展，给太行山区传统村落的整体性保护与可持续发展带来挑战。太行八陉不仅是认知太行山区传统村落发展脉络的基础，更是当下连接各村落、促进整体保护与再生的关键纽带。通过深入挖掘与利用太行八陉传统村落的价值，建立起整体的线性文化遗产区域，构建更加协调、统一的保护与发展框架，为太行八陉传统村落的未来发展注入新活力与新希望。太行八陉（河北部分）串联的传统村落如表1所示。

---

[1] 刘伟国：《太行山传统村落的历时性文化谱系——以沁河中游传统堡寨村落为例》，《福建论坛》（人文社会科学版）2020年第8期。
[2] 贾芳婷：《京西古道传统村落建筑保护与活化策略研究》，《美与时代》（城市版）2023年第9期。

太行八陉（河北部分）传统村落的旅游资源基础与文化基因

表1 太行八陉（河北部分）串联的传统村落

入选批次	村名	所属太行八陉
第一批（2012年）	石家庄市井陉县南障城镇大梁江村	井陉
	石家庄市井陉县南障城镇吕家村	井陉
	石家庄市井陉县于家乡于家村	井陉
	石家庄市井陉县南峪镇地都村	井陉
	石家庄市井陉县天长镇梁家村	井陉
	石家庄市井陉县天长镇宋古城村	井陉
	石家庄市井陉县天长镇小龙窝村	井陉
	石家庄市鹿泉市白鹿泉乡水峪村	井陉
	邯郸市磁县贾壁乡北贾壁村	滏口陉
	邯郸市磁县陶泉乡北岔口村	滏口陉
	邯郸市磁县陶泉乡花驼村	滏口陉
	邯郸市磁县陶泉乡南王庄村	滏口陉
	邯郸市涉县固新镇固新村	滏口陉
	邯郸市涉县偏城镇偏城村	滏口陉
	邯郸市涉县关防乡宋家村	滏口陉
	邯郸市涉县河南店镇赤岸村	滏口陉
	邯郸市涉县井店镇王金庄村	滏口陉
	邯郸市武安市伯延镇伯延村	滏口陉
	邯郸市武安市冶陶镇安子岭村	滏口陉
	邯郸市武安市冶陶镇固义村	滏口陉
	邯郸市武安市冶陶镇冶陶村	滏口陉
	邯郸市武安市邑城镇白府村	滏口陉
	张家口市蔚县南留庄镇南留庄村	飞狐陉
	张家口市蔚县涌泉庄乡北方城村	飞狐陉
	张家口市蔚县暖泉镇北官堡村	飞狐陉
	张家口市蔚县暖泉镇西古堡村	飞狐陉
	张家口市蔚县宋家庄镇上苏庄村	飞狐陉
第二批（2013年）	保定市顺平县腰山镇南腰山村	蒲阴陉
	张家口市蔚县南留庄镇水东堡村	飞狐陉
	张家口市蔚县南留庄镇水西堡村	飞狐陉

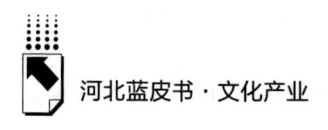

续表

入选批次	村名	所属太行八陉
第三批（2014年）	邯郸市峰峰矿区和村镇金村	滏口陉
	邯郸市涉县关防乡岭底村	滏口陉
	邯郸市磁县陶泉乡北王庄村	滏口陉
	邯郸市武安市管陶乡朝阳沟村	滏口陉
	张家口市蔚县南留庄镇白后堡村	飞狐陉
	张家口市蔚县南留庄镇曹疃村	飞狐陉
第四批（2015年）	石家庄市井陉县天长镇核桃园村	井陉
	石家庄市井陉县天长镇长生口村	井陉
	石家庄市井陉县天长镇吴家垴村	井陉
	石家庄市井陉县天长镇庄旺村	井陉
	石家庄市井陉县天长镇板桥村	井陉
	石家庄市井陉县天长镇石桥头村	井陉
	石家庄市井陉县天长镇乏驴岭村	井陉
	石家庄市井陉县天长镇北关村	井陉
	石家庄市井陉县天长镇东关村	井陉
	石家庄市井陉县秀林镇南横口村	井陉
	石家庄市井陉县小作镇卢峪村	井陉
	石家庄市井陉县小作镇沙窑村	井陉
	石家庄市井陉县南障城镇七狮村	井陉
	石家庄市井陉县苍岩山镇杨庄村	井陉
	石家庄市井陉县苍岩山镇汪里村	井陉
	石家庄市井陉县测鱼镇石门村	井陉
	石家庄市井陉县于家乡南张井村	井陉
	石家庄市井陉县于家乡张家村	井陉
	石家庄市井陉县于家乡狼窝村	井陉
	石家庄市井陉县辛庄乡小切村	井陉
	石家庄市井陉县辛庄乡苏家嘴村	井陉
	石家庄市井陉县辛庄乡胡仁村	井陉
	石家庄市井陉县辛庄乡洪河漕村	井陉
	石家庄市井陉县南王庄乡河应村	井陉
	石家庄市鹿泉区石井乡封庄村	井陉

续表

入选批次	村名	所属太行八陉
第四批(2015年)	邯郸市峰峰矿区和村镇李岗西村	滏口陉
	邯郸市峰峰矿区界城镇老鸦峪村	滏口陉
	邯郸市涉县更乐镇大洼村	滏口陉
	邯郸市涉县固新镇原曲村	滏口陉
	邯郸市涉县辽城乡岩上村	滏口陉
	邯郸市涉县鹿头乡东鹿头村	滏口陉
	邯郸市磁县白土镇吴家河村	滏口陉
	邯郸市磁县白土镇五合村	滏口陉
	邯郸市磁县都党乡同义村	滏口陉
	邯郸市磁县北贾璧乡岗西村	滏口陉
	邯郸市武安市贺进镇后临河村	滏口陉
	邯郸市武安市管陶乡万谷城村	滏口陉
	邯郸市武安市马家庄乡没口峪村	滏口陉
	保定市顺平县大悲乡刘家庄村	蒲阴陉
	张家口市蔚县代王城镇张中堡	飞狐陉
	张家口市蔚县暖泉镇千字村	飞狐陉
	张家口市蔚县暖泉镇中小堡村	飞狐陉
	张家口市蔚县南留庄镇史家堡村	飞狐陉
	张家口市蔚县南留庄镇单堠村	飞狐陉
	张家口市蔚县南留庄镇杜杨庄村	飞狐陉
	张家口市蔚县南留庄镇大饮马泉村	飞狐陉
	张家口市蔚县南留庄镇小饮马泉村	飞狐陉
	张家口市蔚县南留庄镇白河东村	飞狐陉
	张家口市蔚县南留庄镇白南堡	飞狐陉
	张家口市蔚县南留庄镇白宁堡村	飞狐陉
	张家口市蔚县南留庄镇堝串堡村	飞狐陉
	张家口市蔚县南留庄镇白中堡村	飞狐陉
	张家口市蔚县阳眷镇南堡村	飞狐陉
	张家口市蔚县宋家庄镇宋家庄村	飞狐陉
	张家口市蔚县宋家庄镇邢家庄村	飞狐陉
	张家口市蔚县宋家庄镇郑家庄	飞狐陉
	张家口市蔚县宋家庄镇王良庄	飞狐陉
	张家口市蔚县宋家庄镇大固城村	飞狐陉
	张家口市蔚县宋家庄镇吕家庄村	飞狐陉

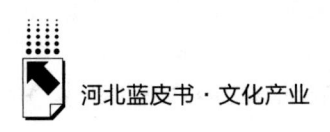

续表

入选批次	村名	所属太行八陉
第四批（2015年）	张家口市蔚县宋家庄镇邀渠村	飞狐陉
	张家口市蔚县宋家庄镇大探口村	飞狐陉
	张家口市蔚县宋家庄镇北口村	飞狐陉
	张家口市蔚县下宫村乡浮图村	飞狐陉
	张家口市蔚县涌泉庄乡卜北堡村	飞狐陉
	张家口市蔚县涌泉庄乡任家涧村	飞狐陉
	张家口市蔚县涌泉庄乡辛庄村	飞狐陉
	张家口市蔚县白草村乡钟楼村	飞狐陉
第五批（2017年）	石家庄市井陉矿区贾庄镇贾庄村	井陉
	石家庄市井陉矿区凤山镇南凤山村	井陉
	石家庄市井陉县天长镇河东村	井陉
	石家庄市井陉县南峪镇南峪村	井陉
	石家庄市井陉县南峪镇台头村	井陉
	石家庄市井陉县威州镇北平望村	井陉
	石家庄市井陉县南障城镇小梁江村	井陉
	石家庄市井陉县南障城镇大王帮村	井陉
	石家庄市井陉县苍岩山镇固兰村	井陉
	石家庄市井陉县北正乡赵村铺村	井陉
	石家庄市井陉县于家乡高家坡村	井陉
	石家庄市井陉县于家乡水窑洼村	井陉
	石家庄市井陉县于家乡当泉村	井陉
	石家庄市井陉县孙庄乡孙庄村	井陉
	石家庄市井陉县辛庄乡桃王庄村	井陉
	邯郸市峰峰矿区义井镇王三村	滏口陉
	邯郸市峰峰矿区义井镇北侯村	滏口陉
	邯郸市峰峰矿区彭城镇张家楼村	滏口陉
	邯郸市涉县井店镇禅房村	滏口陉
	邯郸市涉县更乐镇南漫驼村	滏口陉
	邯郸市涉县关防乡后岩村	滏口陉
	邯郸市磁县陶泉乡西花园村	滏口陉
	邯郸市磁县陶泉乡齐家岭村	滏口陉
	邯郸市磁县北贾壁乡双和村	滏口陉
	邯郸市磁县北贾壁乡西苗庄村	滏口陉
	邯郸市武安市午汲镇大贺庄村	滏口陉

续表

入选批次	村名	所属太行八陉
第五批（2017年）	邯郸市武安市北安庄乡黄粟山村	滏口陉
	邯郸市武安市石洞乡什里店村	滏口陉
	保定市顺平县台鱼乡北康关村	蒲阴陉
	张家口市蔚县下宫村乡苏贾堡村	飞狐陉
	张家口市蔚县涌泉庄乡闫家寨村	飞狐陉
	张家口市蔚县涌泉庄乡西陈家涧村	飞狐陉
第六批（2022年）	石家庄市井陉县秀林镇南张村	井陉
	石家庄市井陉县秀林镇北张村	井陉
	石家庄市井陉县南王庄乡东尖山村	井陉
	石家庄市井陉县天长镇东窑岭村	井陉
	张家口市蔚县阳眷镇郑家窑村	飞狐陉
	张家口市蔚县西合营镇赵家湾村	飞狐陉
	张家口市蔚县南杨庄乡牛大人庄村	飞狐陉
	张家口市蔚县南杨庄乡东大云疃村	飞狐陉
	张家口市蔚县代王城镇马家寨村	飞狐陉
	张家口市蔚县下宫村乡东庄头村	飞狐陉
	张家口市蔚县柏树乡西高庄村	飞狐陉
	保定市易县良岗镇小兰村	飞狐陉
	保定市易县西陵镇凤凰台村	飞狐陉
	保定市易县西陵镇忠义村	飞狐陉
	邯郸市峰峰矿区和村镇八特村	滏口陉
	邯郸市峰峰矿区和村镇刘岗西村	滏口陉
	邯郸市峰峰矿区和村镇东苑城村	滏口陉
	邯郸市峰峰矿区义井镇山底村	滏口陉
	邯郸市峰峰矿区义井镇宿凤村	滏口陉
	邯郸市峰峰矿区义井镇南侯村	滏口陉
	邯郸市峰峰矿区大峪镇南山村	滏口陉
	邯郸市武安市徘徊镇西河下村	滏口陉
	邯郸市武安市磁山镇南岗村	滏口陉
	邯郸市武安市磁山镇明峪村	滏口陉
	邯郸市武安市石洞乡河西村	滏口陉

资料来源：课题组自制。

在2022年传统村落集中连片保护利用示范县（市、区）名单（40个区县）中，河北省石家庄市井陉县、山西省阳泉市平定县入选；在2023年传统村落集中连片保护利用示范县（市、区）名单（35个区县）中，河北省张家口市蔚县、河北省邢台市沙河市入选；在2024年传统村落集中连片保护利用示范县（市、区）（35个区县）中，河北省邢台市信都区、河北省邯郸市武安市入选。几种连片利用示范区的传统村落不仅是中华民族历史文化遗产中璀璨的明珠，更是民族情感与精神的深厚载体，均具有集群效应。在乡村振兴战略框架下，复兴传统村落，需采取科学策略，有效保护、传承与活化利用村落文化遗产，为实施乡村振兴战略提供坚实的文化支撑与动力源泉。

镶嵌于太行山区的众多传统村落传承着北方地区文脉，彰显着燕冀乡土独特的文化基因。太行山区的文化谱系呈现大跨度、不间断、多领域、广交融的特点。太行山区以八陉古道为文化轴心，以众多传统村落为依托，涵盖了中国北方传统乡村生活的方方面面，是研究华北平原地区、黄土高原地区乡村文化生活的百科全书。太行八陉（河北部分）内的历史文名镇（村）和全国乡村旅游重点村名单分别见表2、表3。

表2 太行八陉（河北部分）内的历史文化名镇（村）

入选批次	镇(村)名	是否位于太行八陉地区
第二批(2005年)	河北省蔚县暖泉镇	是
	河北省怀来县鸡鸣驿乡鸡鸣驿村	否
第三批(2007年)	河北省永年县广府镇	否
	河北省井陉县于家乡于家村	是
	河北省清苑县冉庄镇冉庄村	否
	河北省邢台县路罗镇英谈村	否
第四批(2008年)	河北省邯郸市峰峰矿区大社镇	否
	河北省井陉县天长镇	是
	河北省涉县偏城镇偏城村	是
	河北省蔚县涌泉庄乡北方城村	是
第五批(2010年)	河北省涉县固新镇	否
	河北省武安市冶陶镇	是
	河北省井陉县南障城镇大梁江村	是

续表

入选批次	镇(村)名	是否位于太行八陉地区
第六批(2014年)	河北省武安市伯延镇	是
	河北省蔚县代王城镇	是
	河北省沙河市柴关乡王硇村	否
	河北省蔚县宋家庄镇上苏庄村	是
	河北省井陉县天长镇小龙窝村	是
	河北省磁县陶泉乡花驼村	是
	河北省阳原县浮图讲乡开阳村	否
第六批(2019年)	河北省井陉县南障城镇吕家村	是
	河北省蔚县南留庄镇南留庄村	是
	河北省蔚县南留庄镇水西堡村	是
	河北省蔚县宋家庄镇宋家庄村	是
	河北省蔚县宋家庄镇大固城村	是
	河北省蔚县涌泉庄乡任家涧村	是
	河北省蔚县涌泉庄乡卜北堡村	是
	河北省怀来县瑞云观乡镇边城村	否
	河北省沙河市册井乡北盆水村	否
	河北省沙河市柴关乡西沟村	否
	河北省沙河市柴关乡绿水池村	否
	河北省邢台县南石门镇崔路村	否
	河北省邢台县路罗镇鱼林沟村	否
	河北省邢台县将军墓镇内阳村	否
	河北省邢台县太子井乡龙化村	否
	河北省武安市午汲镇大贺庄村	是
	河北省武安市石洞乡什里店村	是
	河北省涉县固新镇原曲村	是
	河北省磁县陶泉乡南王庄村	是
	河北省磁县陶泉乡北岔口村	是

资料来源：住房和城乡建设部网站。

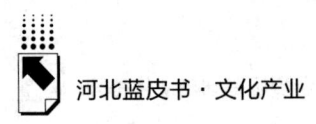

表3　太行八陉（河北部分）内全国乡村旅游重点村名单

年份	批次	全国乡村旅游重点村名称（太行八陉）	全国乡村旅游重点村名称（其他）
2019年	第一批全国乡村旅游重点村	张家口市蔚县暖泉镇西古堡村（飞狐陉）	石家庄市平山县岗南镇李家庄村（冀中南平原） 邯郸市馆陶县寿山寺乡寿山寺东村（冀中南平原） 衡水市武强县周窝镇周窝村（冀中南平原） 保定市涞水县三坡镇百里峡村（冀中南平原） 雄安新区雄县张岗乡王村（冀中南平原） 唐山市曹妃甸区十里海养殖场（冀东） 邢台市沙河市柴关乡王硇村（冀中南平原） 保定市竞秀区江城乡大激店村（冀中南平原） 石家庄市正定县正定镇塔元庄村（冀中南平原） 秦皇岛市北戴河区北戴河村（冀东）
2020年	第二批全国乡村旅游重点村	保定市易县安格庄乡安格庄村（蒲阴陉） 邯郸市涉县井店镇刘家村（滏口陉） 石家庄市井陉县南障城镇吕家村（井陉） 邯郸市邯山区河沙镇镇小堤村（滏口陉） 邯郸市峰峰矿区和村镇东和村（滏口陉） 保定市易县西陵镇凤凰台村（蒲阴陉） 邯郸市涉县关防乡后池村（滏口陉）	承德市滦平县巴克什营镇花楼沟村（冀西北） 保定市阜平县龙泉关镇骆驼湾村（冀中南平原） 承德市围场县御道口乡御道口村（冀西北） 唐山市迁安市大五里乡山叶口村（冀东） 邢台市内丘县南赛乡神头村（冀中南平原） 廊坊市香河县蒋辛屯镇北李庄村（冀中） 石家庄市灵寿县南营乡车谷砣村（冀中南平原） 秦皇岛市北戴河区戴河镇西古城村（冀东） 唐山市迁安市大崔庄镇白羊峪村（冀东） 邢台市信都区浆水镇前南峪村（冀中南平原） 石家庄市晋州市周家庄乡第九生产队（冀中南平原） 承德市丰宁县大滩镇小北沟村（冀西北） 沧州市青县曹寺乡张广王村（冀中南平原） 秦皇岛市北戴河区海滨镇陆庄村（冀东） 保定市阜平县龙泉关镇顾家台村（冀中南平原） 邢台市信都区路罗镇英谈村（冀中南平原） 秦皇岛市青龙满族自治县隔河头乡花果山村（冀东）
2021年	第三批全国乡村旅游重点村	邯郸市武安市淑村镇白沙村（滏口陉）	张家口市张北县小二台镇德胜村（冀西北） 石家庄市平山县西柏坡镇北庄村（冀中南平原） 衡水市故城县房庄吴梧茂村（冀中南平原） 邢台市内丘县侯家庄乡岗底村（冀中南平原） 承德市隆化县七家镇温泉村（冀西北） 邢台市宁晋县贾家口镇黄儿营西村（冀中南平原）

续表

年份	批次	全国乡村旅游重点村名称(太行八陉)	全国乡村旅游重点村名称(其他)
2022年	第四批全国乡村旅游重点村	石家庄市井陉县秀林镇南横口村(井陉) 保定市易县安格庄乡田岗村(蒲阴陉) 邯郸市涉县更乐镇大洼村(滏口陉)	秦皇岛市海港区房庄村(冀东) 邢台市信都区路罗镇小戈廖村(冀中南平原) 承德市兴隆县大水泉镇迷子地村(冀西北) 唐山市遵化市团瓢庄乡山里各庄村(冀东)

资料来源：课题组自制。

（二）以太行八陉为轴心的"线性文化景观"

通过线性文化遗产将沿途历史文化村镇有机串联起来，从宏观视角深入剖析北方古道——太行八陉沿线历史文化村镇的空间布局与类型特色，对于探索历史文化村镇的保护路径与发展模式具有重要的现实意义和实践价值。

第一，太行山区线性文化景观形成的自然条件。太行山脉地域辽阔，覆盖北京市的房山区与门头沟区，河北省的保定市、石家庄市、邯郸市、邢台市四市，河南省的安阳市、鹤壁市、焦作市、新乡市四市，山西省的晋城市、晋中市、临汾市、太原市、忻州市、阳泉市、运城市、长治市八市，共计132个县（市、区）。太行山是黄土高原与华北平原两大自然地理单元的分界线，多种文化交融于此。在太行山区较低山前的缓冲地带，地势开阔平坦，水系发达，土壤丰饶，气候适宜，村落分布密集且规模较大，它们多沿河流走向呈带状分布。海拔较高的山地区域，地形复杂多变，地势起伏显著，山谷间形成诸多险要的关隘与蜿蜒水系，耕地面积缩减，村落的分布较为分散，呈现块状散落状态。

先民们巧妙地利用这些自然条件，依山傍水而居，沿着山谷与河流两岸定居繁衍，同时利用山口之便发展商贸活动，逐渐形成具有鲜明线状特征的聚落空间布局。受太行山区独特的自然地理条件限制，人类文化遗迹展现出一种依据河流、东西向条带状的空间分布特征。

第二，太行山区线性文化带的人文轴线：八陉古道。太行八陉由南至北分为"南四陉"与"北四陉"。南四陉是太行山南端的四条陉道，依次为轵关陉、太行陉、白陉、滏口陉，这四条陉道是连接山西与河南的交通要道。其历史最早可追溯到三朝时期，春秋时期基本成形。北四陉是太行山北段的四条陉道，依次为井陉、蒲阴陉、飞狐陉、军都陉，这四条陉道是连接山西、河北、北京的重要交通要道。其起源较晚，到秦汉时期基本成型。北四陉是抵御入侵和拱卫政治中心的军事要塞。太行山中蕴藏着八条重要的战略通道，根据顾祖禹的《读史方舆纪要》记载，太行八陉被归为军事重险，其相同的特征是地理位置险要，为兵家必争之地，人们加关设隘、凿山开路、遇水搭桥，以通有无；因其位处三省交界，交通较为便利，在和平年代商贸繁荣。①历朝历代的统治者重视这些商贸往来道路和文化传播通道。

二 太行八陉（河北部分）传统村落的旅游资源基础

（一）山水格局与建筑载体

太行八陉作为冀晋豫三地交通命脉，是极其重要的战略要地兼文化商贸通道，其丰富的地理位置与文脉价值孕育了众多中国传统村落。

第一，传统村落选址体现山水格局与人地和谐。

在河北百余千米的南北空间跨度中，传统村落分布在平原、丘陵、山地、草原、高原、湖泊、海滨等复杂多元的地貌环境之上。这种多样性为传统村落的选址提供了丰富的自然条件。村落选址原则体现古人的智慧，人们顺应多样地形，依山傍水、避洪就田，既近水源又利农耕，体现人与自然和谐共生的理念。以井陉为例，其作为晋冀鲁交通要冲，其村落选址遵循"顺应起伏地势，居高而重理水，邻近驿道和古城"原则。井陉地区的核桃园村，主要以自然环境因素作为重要考量，兼顾农耕与防御需要而选址。这

---

① 张祖群：《"太行八陉"线路文化遗产特质分析》，《学园·学者的精神家园》2012年第6期。

种选址策略，使村落在享受自然恩惠的同时，也具备一定自我保护能力。再以白陉为例，其是保留最长最完整的商业古道。白陉地区村落，其建筑载体和山水格局紧密相连，形成独特的线性文化景观，古道既是交通线也是村落发展脉络。

太行山水赋予传统村落优越的自然条件。山脉的起伏为村落选址提供多样的选择，流淌的河流为村落的生产生活提供必要的水源。古人发挥智慧选址建村，这些村落依山傍水，建筑多样且功能齐全，体现出其对自然美与文化传承的追求。太行八陉的传统村落不仅在形式上多样，更在功能上满足居民的生活需求。

第二，传统村落建筑体现防御功能，庙宇戏楼明显。

在建筑载体方面，太行八陉的传统村落体现出丰富的建筑特色。村落内古民居均位于古堡范围内，道路依古堡形制而建，结构整齐，横平竖直。井陉地区的村落建筑多采用当地石材建造，既坚固耐用，又与周围山石环境相协调；白陉地区的村落多采用木材和砖瓦，展现出迥异的建筑风格。这些民居建筑在功能上满足居民的生活需求，在艺术上体现了中国传统建筑的美学特征。例如，井陉地区的南横口村是金元时期井陉窑的主要窑址所在，早期出产白瓷，晚期出产青花瓷，村落空间肌理围绕井陉窑窑址不断发展，体现出手工业经济在这片土地的兴衰变迁。

太行八陉村落建筑体现防御功能。具有防御功能的村落形成双子堡、连环堡等形态，构成方形城郭和台地围合布局。防御性建筑不仅在历史上起到了防御外敌作用，也成为村落内文化系统的重要组成部分。例如，河北省蔚县的曹疃村（见图1）、张中堡村和浮图村等，呈现"吕字型"双轴空间特征，这种布局既体现了防御的功能，也反映了村落社会结构特点。

在太行八陉地区的传统村落中，有许多具有地方特色的建筑元素。庙宇建筑和戏楼是传统村落不可或缺的文化元素。庙宇承载宗教、祭祀与传承之功能；戏楼则是为村民提供娱乐和社交的场所。二者共同彰显了古人对精神文化及村落生活的重视。井陉地区的传统村落笼盔筑墙技艺独特，反映手工业特色与资源的高效利用，如河北省井陉县南横口村古瓷窑（见图2）；白

图 1　飞狐陉沿线的蔚县曹疃村

资料来源：河北文旅。

图 2　河北省井陉县南横口村古瓷窑

资料来源：河北文旅。

陉地区的传统村落，多用木材建造吊脚楼，既适应当地的地形地貌，又体现南北文化融合的特色，如河北省蔚县暖泉古镇千字村的龙现寺三官庙（见图3）。

太行八陉（河北部分）传统村落的旅游资源基础与文化基因

图3　河北省蔚县暖泉古镇千字村的龙现寺三官庙

资料来源：河北文旅。

太行八陉地区的传统村落在山水格局与建筑载体上展现出丰富的地域特色和深厚的文化底蕴，是文旅发展的重要资源。对这些传统村落进行研究和保护，可以更好地传承和发扬这些宝贵的文化遗产，为现代社会的发展注入新的活力。

（二）先贤人物与传统民俗

太行八陉地区的历史长河中，涌现出许多杰出的人物。这些先贤人物与传统民俗共同塑造出独特的地方文化景观。东汉末年曹操在北伐征程中曾穿越太行山，留下《苦寒行》等著名诗篇。这些作品不仅反映了曹操个人的英雄气概，也展现出太行山的壮丽景色。朱德在抗日战争时期曾途经太行山，留下《出太行》等诗作，表达了对太行山人民的深厚感情和对抗日战争胜利的坚定信念。朱德的革命精神和崇高品质，成为太行八陉地区人民宝贵的精神财富。

太行八陉地区的非遗和传统民俗不仅是历史变迁的见证，更是当地社区认同感和持续感的重要来源。非物质文化遗产和传统民俗活动承载着丰富的历史文化信息，是当地社会生活的重要组成部分。井陉拉花、南张井老虎火、晋剧、井陉板桥九曲黄河灯等非遗项目，不仅是艺术形式的展现，更是当地人民生活哲学和世界观的体现。

①井陉拉花，2006年入选第一批国家级非物质文化遗产名录（遗产类别：传统舞蹈）。这种集舞蹈、音乐、服饰于一体的综合性表演艺术，起源于农耕社会，与祭祀、庆典等社会活动紧密相关。它的表演者通常身着色彩鲜艳的服装，手持彩带或扇子，通过一系列精心编排的动作，展现太行山区人民的生活情趣和审美追求。这种舞蹈不仅是一种娱乐活动，更是传承和弘扬太行文化的重要途径。井陉拉花的主要舞蹈动作范式如图4所示。

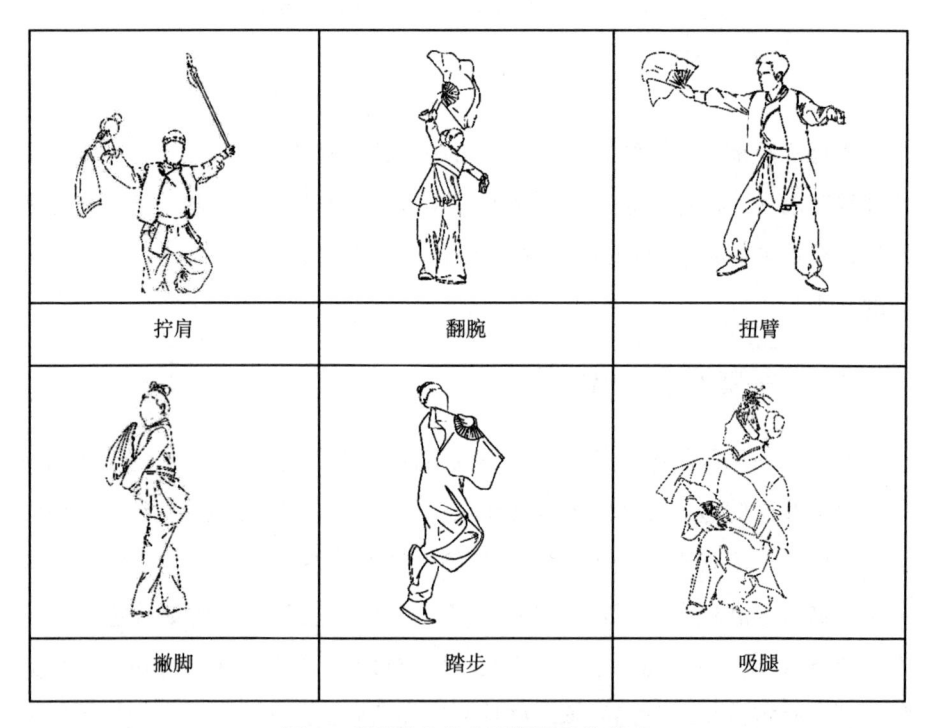

拧肩	翻腕	扭臂
撇脚	踏步	吸腿

图4　井陉拉花的主要舞蹈动作范式

资料来源：课题组自绘。

②南张井老虎火，2008年入选第二批国家级非物质文化遗产名录（遗产类别：传统技艺）。作为一种具有地方特色的民俗活动，体现了太行八陉地区人民对自然和神灵的敬畏。在特定的节日或庆典中，村民们会点燃特制的火把，模仿老虎的动作进行舞蹈，以此驱邪避灾，祈求平安和丰收。这种

活动不仅加强了社区凝聚力,也反映了人们对未来美好生活的向往和追求。南张井老虎火的制作步骤如图5所示。

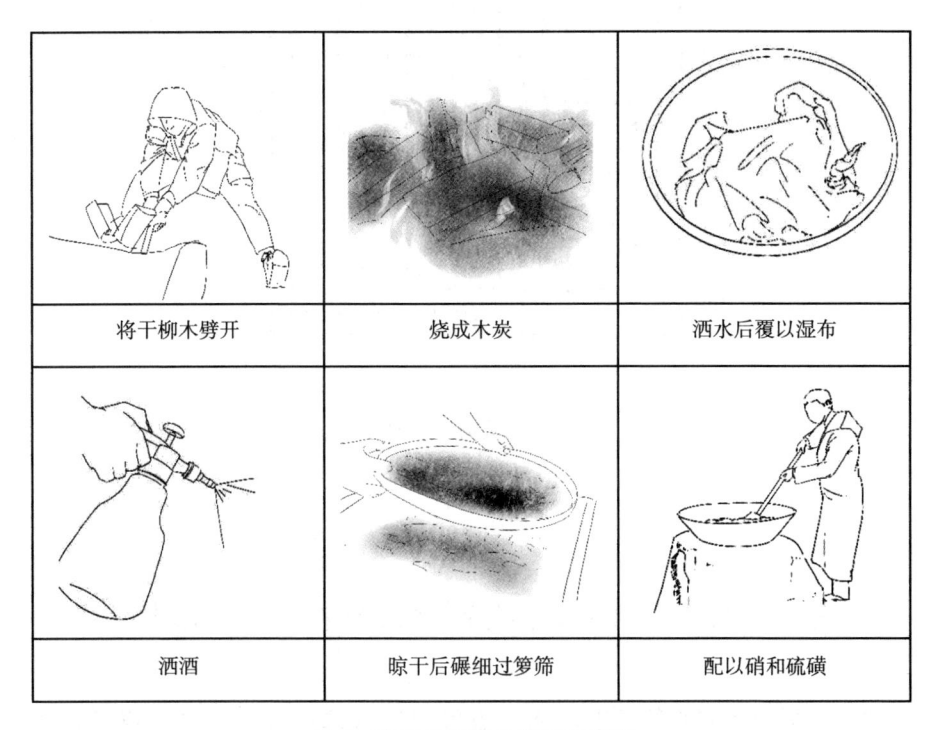

将干柳木劈开	烧成木炭	洒水后覆以湿布
洒酒	晾干后碾细过箩筛	配以硝和硫磺

图5　南张井老虎火的制作步骤

资料来源：课题组自绘。

③晋剧，2006年入选第一批国家级非物质文化遗产名录（遗产类别：传统戏剧）。以太行八陉传统村落为根基，其独特唱腔与表演风靡当地。剧目源于历史与传说，精湛演绎再现人物悲喜，兼具艺术欣赏、历史教育与道德教化之功。

④井陉板桥九曲黄河灯，2009年入选第三批河北省非物质文化遗产名录（遗产类别：民俗）。九曲黄河灯通常在春节或其他重要节日举行，通过搭建迷宫般阵图，模拟黄河的曲折蜿蜒，参与者需要在阵中寻找出口，寓意着新的一年能够克服困难、迎来好运。九曲黄河灯是一种具有地方特色的活动，承载着地方文化传统，促进社区成员的交流认同。九曲黄河灯平面布局如图6所示。

图6　九曲黄河灯平面布局

资料来源：课题组自绘。

三　太行八陉（河北部分）传统村落的文化基因

太行八陉作为北方文化的重要历史载体与交流途径，自古以来便承载着民族融合、军事防御、商贸物流、宗教活动以及城市供给等多重功能，是太行山区古代文明的重要标志。太行山地间星罗棋布般点缀着的广大传统村落，被山间河流与古道串联成文化的金色条带。在千百年来的文化交融与发展中，太行八陉传统村落形成了极具地方特色的文化基因。

（一）主体基因

主体基因是传统村落文化中最核心、最稳定的部分，它代表了传统村落文化的本质特征和主要精神内涵。太行山脉所处的中原地区，作为世界农业文明的摇篮，其文化深深植根于农耕社会，塑造了中原人民踏实勤劳、细腻务实的性格。中原文化追求和平稳定，向往男耕女织的田园生活，这种生活方式不仅铸就了中原人民内心的安定与执着，也赋予了中原文化强大的包容力。这种文化在太行八陉地区得到了传承与发扬，如每年在井陉地区的河北省新乐市都会举行太昊伏羲祭典活动。中原文化重视家族传承、尊崇礼制，强调忠义、古朴与本分，这种文化特质在现代社会中依然熠熠生辉，成为推动地方经济发展的重要精神力量。

（二）附着基因

附着基因是依附于主体基因之上，对主体基因进行补充和丰富的文化元素，包括农耕智慧与建筑艺术、商贸交流与宗教信仰、军事防御与文学创作等。太行八陉传统村落的农耕智慧体现了中原居民对农业的重视和其勤劳务实的性格特征；而建筑艺术则通过独特的建筑风格、布局和装饰，展现了传统村落居民的审美情趣和对美好生活的追求。商贸交流作为太行八陉的重要功能之一，其文化元素也附着于传统村落文化，反映了传统村落作为商贸物流节点的历史地位。同时，宗教信仰作为传统村落居民精神生活的重要组成部分，也丰富了传统村落的文化内涵。太行八陉还有军事防御功能，这里有万里长城第九关的娘子关等重要军事设施。此外，唐朝奇女子平阳公主巾帼守长城的独特文化元素与文学创作相结合，也形成了独特的附着基因。

（三）混合基因

混合基因是多种文化元素在交流融合过程中形成的新的文化特质。太行八陉本身处于太行山这一重要文化分界线上，又是古代重要的交通线路，极大地促进了各种文化在这里的交汇与融合。一是，太行八陉传统村落具有燕赵文化的深邃底蕴。燕赵文化，源自战国时期燕、赵、中山三国之地，是中华文明的重要发源地之一，见证了"北京猿人""山顶洞人"等远古文明的足迹。隋唐盛世，政治稳定促进了文化繁荣，卢照邻、高适等文人墨客辈出，为燕赵文化增添了浓墨重彩的一笔。至清代，颜元等学者力主实践之学，批判空谈，振奋了北方学风，展现了燕赵文化"慷慨悲歌、好气任侠"

的独特精神风貌。

二是，太行八陉传统村落还具有明显的三晋文化的多元融合。三晋，源自春秋时期晋国分裂后的韩、赵、魏三国，历史悠久。魏晋南北朝至辽金时期，游牧民族的迁入为三晋文化注入了新的活力，促进了文化的交流与融合。明清之际，山西经济繁荣，尤其是晋商崛起，形成了黜华尚实的文化风尚。三晋人民因地理环境的差异，展现出北部粗犷尚武、中部精明重商、南部礼让文雅的多元性格特征，共同构成了三晋文化的独特魅力。在太行八陉传统村落中，三晋文化与其他文化元素相互交融，形成了独特的混合基因。这种混合基因体现在传统村落居民的性格特征、生活习俗、文化信仰等多个方面，展现了三晋文化开放包容、多元融合的特点。

（四）变异基因

变异基因是在文化传承过程中因适应环境变化而产生的新的文化特质。一是现代文化元素的融入。随着时代的发展和社会的进步，现代文化元素逐渐融入太行八陉传统村落中，形成了新的变异基因。变异基因体现在传统村落的旅游开发、文化产业发展等方面，为传统村落注入了新的活力和动力。二是文化传承方式发生变革。在文化传承过程中，由于社会环境、教育水平等因素的变化，传统村落文化传承方式可能发生变异。例如，传统的口头传承可能逐渐被书面记录、数字化存储等方式所取代，这种传承方式的变革也是文化生态基因变异的一种表现。属于井陉地区的河北省藁城市的国家级非遗耿村民间故事的传承就是典型范例。随着一系列文化工程的开展，越来越多的优秀民间故事被记录成册，流传越来越广，影响力越来越大，耿村故事逐渐成为一种文化现象。

综上所述，太行山区传统村落的文化基因构成了一个错综复杂而又丰富多彩的体系，它以交通运输文化为轴心，广泛涉及农耕智慧、建筑艺术、商贸交流、军事防御、文学创作以及宗教信仰等多个维度，是漫长历史进程中多种文化元素交织融合、共同塑造的结晶。这些深植于传统村落与古道的文化基因，不仅铸就了太行八陉线性文化遗产别具一格的文化风貌与深厚的精神底蕴，还持续不断地为当地的经济繁荣与社会进步注入了强大的活力与驱动力。

参考文献

李甜甜：《太行八陉沿线历史文化村镇空间分布与类型特色研究》，硕士学位论文，河北工程大学，2023。

B.21
石家庄栾城区无人机演艺主题公园的策划思路与对策建议

张 彬*

摘　要： 本文首先通过分析国内外主题公园与无人机演艺现状，明确了项目发展的定位与特色。其次分析了石家庄栾城区无人机演艺主题公园的发展基础。再次，本文从功能定位与项目特色、设计理念与功能规划角度提出了石家庄栾城区无人机演艺主题公园的策划思路。最后，本文从顶层设计强化、产业生态构建、要素资源保障和品牌保障四个方面提出促进石家庄栾城区无人机演艺主题公园建设的对策建议。石家庄栾城区无人机演艺主题公园项目的落地，不仅能够填补北方科技文旅市场空白，更将成为中国低空经济与文旅融合的创新标杆，为全国"文化+科技"项目提供政策与实践范本。

关键词： 无人机演艺　主题公园　创意策划　石家庄栾城区

一　无人机演艺主题公园项目发展形势分析

随着科技的飞速发展、低空经济的兴起，无人机技术在各个领域被广泛应用，特别是在演艺和娱乐方面，无人机凭借其独特的飞行能力和光影效果，为观众带来前所未有的视觉体验。在当今市场环境下，结合无人机演艺的主题公园项目展现出广阔的发展前景。石家庄市栾城区作为国家首批通用航空产业综合示范区和国家级民用无人驾驶航空试验区的所在区域，拥有发

---

* 张彬，河北省社会科学院经济研究所副研究员，主要研究方向为区域经济、文化产业。

展低空经济的独特优势,急需通过差异化定位抢占这一新兴赛道。区域内装备制造等产业基础(如轨道交通、通用航空技术储备)为无人机技术应用提供了硬件支撑,而区域传统文旅资源的联动需求不仅能丰富栾城区的旅游业态,更能推动河北"科技+文化"的融合发展。

栾城区无人机演艺主题公园项目的策划与实施具有重要的现实意义和广阔的发展前景。一是推动栾城区文化产业数字化转型。无人机演艺主题公园通过 AI(人工智能)、5G、VR(虚拟现实)、AR(增强现实)等技术,将静态文化资源转化为动态数字体验(如无人机编队演绎"三苏文化"、非遗元素),实现文化展示从"平面化"向"沉浸式"升级。这一转化不仅符合国家文化数字化战略,还可以联动本地生物医药、装备制造企业开发衍生产品(如无人机模型、数字藏品),形成"科技+文化+制造"的产业链闭环。二是打造区域文旅新地标与经济增长点。京津冀文旅市场正从传统观光向"科技体验+夜间经济"转型。栾城区无人机主题公园通过差异化定位(如"北方首个无人机文旅融合示范区"),可填补区域科技文旅空白,吸引京津冀客群年均超 1 亿人次。三是提升城市品牌影响力与文化软实力。无人机演艺的"空中媒体"属性具备强传播效应。通过定制化演出(如结合栾城区樱桃节、装备制造博览会、无人机大赛),可迅速在社交媒体产生话题热度,塑造"创新栾城"的城市 IP。此外,项目与赵州桥、正定古城等周边景区联动开发联票线路,可提升区域文旅协同竞争力,助力栾城区从"工业强区"向"科技文旅枢纽"转型。

通过充分利用技术融合创新、文化表达革新和区域协同模式,结合无人机技术的独特魅力,石家庄栾城区无人机演艺主题公园项目将成为推动区域经济、文化和科技融合发展的新引擎。

二 国内外主题公园与无人机演艺现状

(一)全球主题公园发展现状

全球主题公园行业正在进行着深刻的变革。这场变革以多元化、科技化

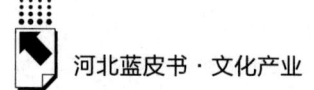

为主要特征，推动了主题公园行业的持续创新与发展。主题公园作为集休闲、娱乐、文化、科技等多功能于一体的综合性旅游目的地，已成为全球旅游业的重要组成部分。

在多元化方面，全球主题公园纷纷打破传统界限，引入了更加丰富的文化元素和主题概念。从古老的文明传说到现代科幻故事，从自然景观的模拟到人文历史的重现，主题公园以多样化的主题和内容满足了游客日益增长的个性化需求。

在科技化方面，新技术的不断涌现为主题公园带来了前所未有的发展机遇。AI、VR、AR等先进技术的运用，使主题公园在场景营造、互动体验等方面取得了突破性进展。游客可以身临其境地感受奇幻世界，与虚拟角色进行互动，享受沉浸式的娱乐体验。

而无人机演艺作为科技化趋势中的一大亮点，以其独特的飞行能力和光影效果，为主题公园注入了新的活力。这种将科技与艺术相结合的表演方式，正逐渐成为主题公园吸引游客的重要手段。

（二）国内主题公园与无人机演艺现状

在国内，随着经济的快速发展和人民生活水平的不断提高，主题公园作为新兴的休闲娱乐目的地，受到了越来越多人的喜爱。国内主题公园市场呈现蓬勃发展的态势，各大主题公园纷纷推出以高科技为支撑的特色项目，不断提升自身的竞争力和吸引力。

无人机演艺在国内的应用也日渐广泛。从大型节庆活动到商业演出，无人机演艺以其独特的创意和视觉效果赢得了观众的广泛赞誉。舞动的无人机编队与璀璨的灯光相映成趣，为观众带来一场场精彩绝伦的视觉盛宴。这种新颖的表演形式不仅丰富了国内的演艺市场，也为观众带来全新的艺术享受。

尽管国内主题公园和无人机演艺在各自领域都取得了显著的发展成果，但将二者相结合的项目却并不多见。目前，国内尚无成熟的无人机演艺主题公园。这一现状既表明了该领域市场潜力巨大，也为该项目的实施提供了发展机遇。栾城区通过深度融合主题公园与无人机演艺两大元素，有望打造出独具特色且充满吸引力的新型旅游目的地，从而填补该项目在国内市场的空白并满足游客日益多样化的旅游需求。

三 石家庄栾城区无人机演艺主题公园的发展基础

（一）栾城区的发展背景与优势

1. 栾城区文化、产业及空域资源充裕，有助于特色主题公园建设

首先，栾城区拥有深厚的文化底蕴，历史遗产与民俗文化资源丰富。作为"三苏祖籍地"，其"三苏文化"在全国具有独特标识性，可通过无人机光影秀与数字技术活化呈现（如苏轼诗词的空中动态演绎），形成文化IP的科技表达。同时，区域内赵州桥、正定古城等文旅资源联动需求显著，为无人机演艺主题公园提供了文化协同基础。在现代产业方面，栾城区依托石家庄通用航空产业园及无人机产业园，已形成高端装备制造产业集群，为无人机技术研发提供了硬件支撑。

其次，栾城区空域资源充足，场地条件与交通区位优势明显。栾城区拥有大面积可开发土地，适合无人机演艺所需的广阔空域和地面设施建设。在交通方面，栾城区紧邻石家庄正定国际机场与高铁网络，"1小时经济圈"覆盖北京、天津及雄安新区，便于京津冀客群快速抵达。现有文旅设施如栾城樱花节、装备制造博览会、通用航空机场等场地，可借用为无人机演艺的临时或固定舞台，降低了主题公园建设成本。

最后，栾城区无人机产业技术储备企业与科研支撑强劲。区域内已集聚多家无人机产业相关企业，具备无人机生产、运维和技术服务能力。无人机产业的发展已经展现出了显著的活力和潜力，通过5G-A网络的部署和低空覆盖优化，石家庄在无人机应用领域取得了显著进展，仅栾城区就已获批10条中国移动专属航线，实现了运送时间节省70%、运送成本降低40%的显著成效。此外，2024年第九届国际无人飞行器创新大奖赛在栾城区举办，吸引了南京航空航天大学、北京航空航天大学等顶尖团队参赛，验证了栾城区在无人机蜂群技术、运输任务等领域的科研实力，为无人机演艺提供了技术合作基础。

2. 面向京津冀消费需求，栾城区无人机演艺发展潜力较大

首先，京津冀文旅消费升级使科技体验成为核心驱动力。京津冀地区人均可支配收入持续增长，文旅消费从传统观光向"科技+文化"沉浸式体验转型。据统计，2023年，京津冀文旅市场规模超5000亿元，其中夜间经济、科技体验类项目占比达35%。无人机演艺以其震撼的视觉冲击力和互动性，契合都市人群对"短途游+新奇体验"的需求，可填补区域科技文旅空白。

其次，青少年与家庭亲子市场存在科普教育与娱乐双重需求。青少年对科技体验的兴趣高涨，无人机操作模拟、编程体验等项目可以吸引研学团队与家庭游客群体。例如，深圳人才公园通过万架无人机表演结合爱国主义教育主题，单场活动吸引游客超10万人次，验证了"科技+教育"的市场潜力。栾城区可依托本地中小学校资源，开发无人机科普课程与亲子互动项目，形成差异化竞争力。

最后，夜间经济与沉浸式消费偏好的需求进一步增大。夜间文旅消费占比逐年提升，无人机灯光秀、地面投影联动表演可延长游客停留时间，带动餐饮、住宿等二次消费。栾城区可结合现有的樱花节、无人机大赛等节庆活动打造常态化夜间演艺品牌，激活区域夜间经济。

综上所述，栾城区无人机演艺主题公园项目的发展基础兼具资源禀赋优势与市场需求潜力，但仍需通过文化差异化定位、技术成本优化与政策协同创新实现突破。依托京津冀区位红利与低空经济政策机遇，该项目有望成为全国"文化+科技"融合的标杆案例，栾城区将成为北方地区乃至全国的低空经济发展的示范区和引领者。

（二）国内外同类型项目的经验借鉴

国际方面，美国无人机博览会集合了最新的无人机技术与创意应用，为参与者提供了深入了解行业发展趋势的机会。迪拜灯光节不仅展现城市现代美学，还促进跨文化交流，推动旅游业与经济融合发展。

国内方面，如深圳无人机试飞基地，不仅提供了无人机的试飞平台，还定期举办无人机演艺活动，吸引了大量游客，有效地提升了基地的知名度与影响力。该基地还与教育机构合作，进行无人机驾驶员培训，促进了无人机技术的普及和产业的发展。北京无人机科技创新园，依托强大的科研力量，不仅为无人机企业提供了研发和制造的空间，还建立了测试验证平台，为无人机产品的创新提供了有力支持，为企业提供了全方位服务。国内外同类型项目的核心模式与可借鉴要素如表1所示。

表1 国内外同类型项目的核心模式与可借鉴要素

项目名称	核心模式	可借鉴要素
美国无人机博览会	"专业化协会主导+技术沉浸体验+市场化运作"	行业协会建设、技术展示创新及商业模式优化
迪拜灯光节	"政府背书+企业技术集成交付"	大型节庆营销带动全域流量
深圳无人机试飞基地	"企业主导+市场化运营"	常态化演艺形成持续盈利模型
北京无人机科技创新园	"企业主导+科技创新测试验证"	企业全方位服务与科技创新全流程支持

从以上案例可以看出，该项目的建设需构建"技术供应商+内容创意方+在地运营商"协作机制，并在此机制下做到功能的多样性、活动的常态化、科技创新的重视性、服务的全面性以及市场推广的有效性。

四 栾城区无人机演艺主题公园的策划思路

（一）栾城区无人机演艺主题公园的功能定位与项目特色

主题公园的功能定位是科技赋能与文化赋魂的双重驱动，此定位的核心体现的是建设中国北方首个"无人机+文旅"融合创新示范区。依托栾城区在京津冀协同发展中的区位优势，以无人机技术为核心载体，打造集科技演艺、文化体验、科普教育于一体的综合性主题公园。通过差异化定位填补北方科技文旅市场空白，形成"南有深圳人才公园、北有栾城无人机公园"的产业格局。此定位的文化内核体现的是地域IP的科技化重构。以"三苏文化"为核心叙事线索，将苏轼诗词转化为无人机编队表演的动态符号并结合栾城区现代产业特色设计"科技之光"主题灯光秀，形成"传统—现代—未来"的时空叙事逻辑。此定位的功能体现的是打造全场景沉浸式科技文旅综合体。一是科技演艺，以无人机编队表演为主秀，结合地面投影、水幕电影等媒介，构建"天地联动"的立体化演艺场景。二是文化展示，通过无人机动态光影与栾城非遗元素的结合，打造可交互的数字艺术装置。三是科普教育，设置无人机驾驶模拟器、编程体验工坊，联动本地中小学校开展研学活动，强化科技传播功能。

在主题公园的特色打造上，无人机演艺无疑是最为核心的一环。借助栾城区得天独厚的通用航空产业优势，通过引进国内外先进的无人机技术，精心策划一系列精彩绝伦的无人机演艺。演艺结合音乐、灯光、舞美等多种艺术手段，以天空为舞台，以无人机为演员，呈现极具震撼力和创意性的视觉效果。

除了无人机演艺，科普教育也是该主题公园的一大特色。公园内设立专门的科普教育区，通过展示无人机的发展历程、技术原理和应用领域等内容，让游客在欣赏表演的同时，深入了解无人机的相关知识。这种寓教于乐的方式有助于提升游客的科技素养，进一步激发游客对科技的兴趣和热爱。

互动体验同样是该主题公园不可或缺的一部分。公园通过设计多种互动体验项目让游客更加深入地参与无人机演艺。游客可以在专业人员的指导下，亲自操控无人机进行飞行体验；或者通过AR技术，身临其境地感受无人机演艺的震撼效果。这些互动体验项目能够极大地提升游客的参与感和满足感，使其在游玩过程中收获更多乐趣。

石家庄栾城区无人机演艺主题公园的定位与特色打造充分体现出科技与文化的深度融合，以及娱乐与教育的有机结合。通过精心策划的无人机表演、丰富多彩的科普教育和趣味横生的互动体验，该主题公园将成为吸引国内外游客的热门旅游目的地，为推动栾城区经济、文化和科技融合发展做出积极贡献。

（二）无人机演艺项目的设计理念与功能规划

在对石家庄栾城区无人机演艺主题公园的设计理念与功能规划进行深入探讨时，首先需要明确设计的核心理念，即利用无人机技术打造集自然环境、文化背景和科技于一体的现代公园。核心在于创新与科技的融合，利用无人机的灵活性和其演艺所带来的视觉冲击力，打造一场场视觉盛宴，同时结合公园的自然景观和文化元素，使之成为城市文化符号。这种设计不仅体现了现代科技与传统文化的结合，也展现了公园设计中的创新思维。

1.无人机演艺主题公园打造多样化演艺项目

在石家庄栾城区无人机演艺主题公园中，规划多样化的无人机演艺项目，以满足不同游客的需求和期待。这些项目不仅展示无人机演艺技术的精湛，还注重游客的参与感和体验感。一是光影秀项目将利用无人机搭载LED灯等装置，在空中形成各种图案和文字。这种表演形式不仅具有极高的观赏性，还能让游客深刻感受到科技与艺术的完美结合。二是编队飞行通过精准的编程和操控，多架无人机将实现协同飞行，展示各种复杂的飞行动作和队形变换，这不仅需要高度的技术支持，也充分展现了无人机演艺的灵活性和多变性。三是为了让游客更加深入地了解无人机技术，设置互动体验区。在这里，游客可以通过遥控器亲自操控无人机进行飞行体验，感受无人机的操控乐趣，这种互动方式大大提升了游客的参与感。

2.无人机演艺主题公园构建五大关键功能区

一是演艺表演区。作为公园的核心区域，应设计专门的起降点和表演平台，确保无人机表演的安全与高效。同时，考虑到观众的观赏体验，该区域应设置观众席，并保障良好的观看角度和视线。

二是教育科普。除了表演，公园应提供无人机操作的教学与体验服务，让游客不仅能观赏到精彩的无人机表演，还能亲身体验无人机的操控乐趣，增进对无人机科技的了解。

三是文化体验区。结合地方文化特色，设计与传统文化相关的互动体验项目，如利用无人机进行的地方文化遗产航拍等，使公园成为传承和展现地方文化的新窗口。

四是休闲娱乐区。为满足不同游客的需求，公园应提供多样化的休闲娱乐设施，休息区等，以适应家庭及不同年龄层游客的需求。

五是生态保护区。在公园设计中融入生态保护的理念，采用生态建筑材料等，确保公园的可持续发展。

综上所述，石家庄栾城区无人机演艺主题公园的设计理念与功能规划应以创新科技与生态环保为指导，结合地方文化特色。科学规划功能区域，不仅能够提供丰富多彩的娱乐体验，还能成为推动地方文化传承与科技教育的新平台。此策划思路突破传统主题公园单一娱乐模式，通过"技术—文化—空间"三维融合，构建了"可观看、可参与、可传播"的科技文旅新范式，做到了叙事技术创新，将地域文化转化为动态数字符号，实现文化表达的"从静到动"；交互模式升级，通过AR技术、手势控制等多模态交互提升游客沉浸感；产业协同深化，以无人机为纽带串联制造、文旅、教育产业链，形成区域经济新增长极。

五 促进栾城区无人机演艺主题公园建设的对策建议

（一）顶层设计强化：加强政策赋能与机制协同

一是，加强政策支持。政策支持为项目的实施提供了方向和保障，是项目成功的关键因素之一。参照低空经济发展先进省市奖励政策，推动河北省出台《栾城无人机文旅产业专项扶持办法》，明确对无人机研发、表演运营、内容创意的税收减免与补贴细则。依托河北省《打造和开放创新应用场景三年行动方案（2024—2026年）》中"场景创新赋能产业"的导向，将无人机演艺主题公园申报为省级"文化+科技"融合示范项目，争取专项资金与税收优惠支持。结合石家庄栾城区获批华北最大无人机试飞空域，借鉴先进省市开通低空航线的经验，联合军方与民航部门划定"无人机演艺专属空域"，推动低空空域管理改革试点，争取低空空域管理改革试点资格，探索"表演空域备案制"，缩短审批周期，实现常态化表演的快速审批，保障常态化演出需求。同时，建立空域冲突预警系统，实时协调无人机表演与民航航线的安全间隔。二是，构建多方协同机制。成立由河北省文旅厅、河北省科技厅、石家庄市政府等相关部门组成的"无人机文旅项目推进专班"，统筹解决政策落地障碍。由石家庄市政府、栾城区文旅局、装备制造产业园管委会牵头，联合河北航投低空产业公司、中航通飞华北公司等企业，以及北京航空航天大学等科研机构，成立"无人机文旅产业联盟"，统筹资源整合与分工协作。建立文旅、科技、空域管理、应急等多部门联席会制度，跨部门联动，协调解决无人机演艺中的空域冲突、安全监管等复杂问题。

（二）产业生态构建：推进产业链整合与区域联动

首先，实施产业链纵向整合以吸引技术型企业集聚。依托石家庄装备制造产业园现有无人机相关企业，重点引入无人机编队控制软件研发、内容创意设计、设备运维服务等上下游企业，形成"研发—制造—应用"闭环。与中航通飞华北公司合作研发低噪音、长续航机型的文旅专用无人机，通过规模化采购降低单机成本，并探索氢能源动力技术提升环保性能。

其次，推动"科技+历史"主题线路开发以实现文旅横向融合创新。串联栾城无人机主题公园与赵州桥、正定古城等周边景区，推出"无人机光影秀+古桥夜游"等联票活动，打造京津冀"一日科技+千年历史"特色文旅线路。借鉴深圳"低空+文旅"模式，结合栾城樱花节等节庆等活动拓展夜间经济场景，策划"无人机灯光秀+地面市集"夜间消费场景，延长游客停留时间至4小时以上，带动周边餐饮、住宿综合消费提升。

最后，推进市场化驱动与品牌突围战略共同创新运营模式。建立分时分级票务体系，基础门票覆盖日间科普体验，夜间演艺票溢价，VIP票提供定制化编队表演互动权限。推行企业冠名与IP授权，开放无人机表演内容冠名权，联合故宫文创、河博文创等机构开发联名数字藏品（NFT），实现文化IP的二次变现，达到多元化盈利模式设计。与抖音、快手合作发起"栾城天空艺术节"话题挑战赛，邀请网红达人体验无人机编队操控，进行社交媒体裂变传播。申办"世界无人机编队锦标赛"，吸引全球顶尖团队参赛，同步举办无人机技术论坛，塑造栾城区"北方无人机之都"品牌形象，达到国际赛事引流的营销目的。

此对策通过"政策—产业—运营"三维协同，构建了可复制的科技文旅发展模式：政策创新，依托空域试点与省级场景行动方案，突破制度瓶颈；生态闭环，以无人机为纽带串联制造、文旅、教育产业链，形成"技术研发—内容生产—消费增值"闭环；品牌溢价，通过国际赛事与IP运营，将栾城区从"工业基地"升级为"科技文旅枢纽"。

（三）要素资源保障：创新多元化融资与产学研联动

一是建立栾城区无人机文旅专项资金，优先支持技术研发与场景创新。二是采取政府与社会资本协同PPP模式。政府出资作为引导资金，吸引社会资本参与建设和运营。实施补贴政策，对常态化演出按场次给予补贴，降低企业运营风险。三是推动产业链降本增效。与石家庄通用航空产业园合作开发低成本、长续航的文旅专用无人机，通过规模化采购降低单机成本。同时，采用模块化无人机集群设计，实现编队快速重组与设备复用，减少硬件投入。四是推行校企合作培养模式。联合北京航空航天大学、河北工业大学、河北科技大学等相关高校设立"无人机文旅应用研究中心"，定向培养编队控制算法、内容创意设计等复合型人才。设立低空经济人才的个人奖励政策，给予核心技术人员住房与科研补贴。五是建立职业培训体系。依托石家庄装备制造产业园的产业基础，建立无人机操作员、运维工程师等的职业资格认证体系，培训专业人才，解决行业技能人才缺口问题。

（四）品牌保障：打造国际赛事与 IP 运营

首先，通过申办"世界无人机编队锦标赛"等国际性活动，吸引全球顶尖团队参赛，同步举办"无人机文旅创新峰会"，提升栾城区行业影响力。通过央视直播与短视频平台联动，实现无人机表演的传播效应的超量曝光目标。其次，开发"三苏诗词"主题数字藏品（NFT）、无人机模型盲盒等衍生品，联合各大文创机构推出联名产品，实现文化 IP 商业化。最后，通过"政策—资金—人才—品牌"四维联动，构建可复制的科技文旅项目落地模式：政策创新，以空域试点与专项资金破解制度瓶颈，降低企业进入门槛；生态闭环，通过产学研合作实现技术自主可控，减少对外部供应链依赖；长期价值，以国际赛事与 IP 运营提升品牌溢价，确保项目可持续盈利能力。栾城区将成为京津冀低空经济与文旅融合的标杆，为全国"文化+科技"项目提供政策与实践范本。

综上所述，石家庄栾城区无人机演艺主题公园项目的落地，不仅能够填补北方科技文旅市场空白，更将成为中国低空经济与文旅融合的创新标杆。栾城区打造无人机演艺主题公园项目不仅是文旅产业升级的重要抓手，更是国家"文化+科技"融合战略的落地实践。通过整合无人机技术、区域文化资源和京津冀区位优势，该项目能够有效推动栾城区从"工业基地"升级为"科技文旅枢纽"，形成"低空经济+文旅消费"双轮驱动的产业格局。随着"人工智能+无人机"等技术的成熟，栾城区或将成为全球科技文旅的创新策源地，为城市转型与产业升级提供可复制的"栾城模式"。

参考文献

杨晓春：《河北省无人机产业发展研究》，《合作经济与科技》2019 年第 18 期。

李国强：《京津冀协同创新背景下促进石家庄市科技服务业发展的思考》，《产业与科技论坛》2019 年第 17 期。

薛辉：《数字化推动下的文化产业与科技融合发展研究——以石家庄为例》，《城

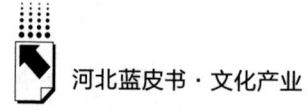

市》2022年第3期。

陈赟、陈浔民、童言：《低空经济产业发展与区域竞争》，《新经济导刊》2024年第7期。

李荣素：《新时代促进民营经济高质量发展的对策研究——以石家庄市栾城区为例》，《中共石家庄市委党校学报》2020年第22期。

向锦武：《发展低空经济　央企要担起"天车"生产和"天网"建设重任》，《国资报告》2024年第6期。

马志超、李玲、武婉玉：《价值链模型视角下河北省体育与旅游融合数字化发展对策研究》，《河北旅游职业学院学报》2024年第2期。

李远杰：《基于多元化应用的无人机产业优化路径》，《中国科技信息》2024年第17期。

王燕、李江丽、张永皓：《推动新型研发机构发展的思考与建议——以石家庄市为例》，《统计与管理》2019年第11期。

陈显中、陈雨帆：《河北省众创空间建设研究》，《合作经济与科技》2020年第13期。

社会科学文献出版社

皮 书
智库成果出版与传播平台

✤ 皮书定义 ✤

皮书是对中国与世界发展状况和热点问题进行年度监测，以专业的角度、专家的视野和实证研究方法，针对某一领域或区域现状与发展态势展开分析和预测，具备前沿性、原创性、实证性、连续性、时效性等特点的公开出版物，由一系列权威研究报告组成。

✤ 皮书作者 ✤

皮书系列报告作者以国内外一流研究机构、知名高校等重点智库的研究人员为主，多为相关领域一流专家学者，他们的观点代表了当下学界对中国与世界的现实和未来最高水平的解读与分析。

✤ 皮书荣誉 ✤

皮书作为中国社会科学院基础理论研究与应用对策研究融合发展的代表性成果，不仅是哲学社会科学工作者服务中国特色社会主义现代化建设的重要成果，更是助力中国特色新型智库建设、构建中国特色哲学社会科学"三大体系"的重要平台。皮书系列先后被列入"十二五""十三五"" 十四五"时期国家重点出版物出版专项规划项目；自2013年起，重点皮书被列入中国社会科学院国家哲学社会科学创新工程项目。

权威报告·连续出版·独家资源

皮书数据库
ANNUAL REPORT(YEARBOOK) DATABASE

分析解读当下中国发展变迁的高端智库平台

所获荣誉

- 2022年，入选技术赋能"新闻+"推荐案例
- 2020年，入选全国新闻出版深度融合发展创新案例
- 2019年，入选国家新闻出版署数字出版精品遴选推荐计划
- 2016年，入选"十三五"国家重点电子出版物出版规划骨干工程
- 2013年，荣获"中国出版政府奖·网络出版物奖"提名奖

皮书数据库　"社科数托邦"微信公众号

成为用户

登录网址www.pishu.com.cn访问皮书数据库网站或下载皮书数据库APP，通过手机号码验证或邮箱验证即可成为皮书数据库用户。

用户福利

- 已注册用户购书后可免费获赠100元皮书数据库充值卡。刮开充值卡涂层获取充值密码，登录并进入"会员中心"—"在线充值"—"充值卡充值"，充值成功即可购买和查看数据库内容。
- 用户福利最终解释权归社会科学文献出版社所有。

卡号：642766478916
密码：

数据库服务热线：010-59367265
数据库服务QQ：2475522410
数据库服务邮箱：database@ssap.cn
图书销售热线：010-59367070/7028
图书服务QQ：1265056568
图书服务邮箱：duzhe@ssap.cn

法律声明

"皮书系列"（含蓝皮书、绿皮书、黄皮书）之品牌由社会科学文献出版社最早使用并持续至今，现已被中国图书行业所熟知。"皮书系列"的相关商标已在国家商标管理部门商标局注册，包括但不限于LOGO（ ）、皮书、Pishu、经济蓝皮书、社会蓝皮书等。"皮书系列"图书的注册商标专用权及封面设计、版式设计的著作权均为社会科学文献出版社所有。未经社会科学文献出版社书面授权许可，任何使用与"皮书系列"图书注册商标、封面设计、版式设计相同或者近似的文字、图形或其组合的行为均系侵权行为。

经作者授权，本书的专有出版权及信息网络传播权等为社会科学文献出版社享有。未经社会科学文献出版社书面授权许可，任何就本书内容的复制、发行或以数字形式进行网络传播的行为均系侵权行为。

社会科学文献出版社将通过法律途径追究上述侵权行为的法律责任，维护自身合法权益。

欢迎社会各界人士对侵犯社会科学文献出版社上述权利的侵权行为进行举报。电话：010-59367121，电子邮箱：fawubu@ssap.cn。

社会科学文献出版社